Glück und Ethik

Glück und Ethik

Herausgegeben von
Joachim Schummer

Königshausen & Neumann

Die Deutsche Bibliothek — CIP-Einheitsaufnahme

Glück und Ethik / Joachim Schummer (Hrsg.). – Würzburg :
Königshausen und Neumann, 1998
ISBN 3-8260-1503-7

Gedruckt auf säurefreiem, alterungsbeständigem Papier
Umschlag: Hummel / Lang, Würzburg
Bindung: Rimparer Industriebuchbinderei GmbH

Printed in Germany
ISBN 3-8260-1503-7

Inhalt

Glück und Moral

Glück und Ethik

Neue Ansätze zur Rehabilitierung der Glücksphilosophie

Joachim Schummer

1. Einleitung: Für eine Rehabilitierung der Glücksphilosophie

Alle Menschen streben nach Glück. Es dürfte schwierig sein, einen Philosophen zu benennen, der diesen Satz jemals ernsthaft bestritten hat. Auf der Basis eines solchen, fast einzigartigen und mehr als zweitausend Jahre haltenden philosophischen Konsenses, so möchte man meinen, konnte eine konstruktive Philosophie des Glücks gedeihen, die sich in der Ausgestaltung der Begriffe des Glücks und des Strebens differenzierte; eine Philosophie, die Antworten gibt auf die Fragen, ob bzw. auf welche Weise wir das jeweils erstrebte Glück erreichen können, und die sich kritisch analysierend zu den wohlfeilen Glücksangeboten verhält, welche uns Werbeagenturen, (Ersatz-) Religionen und selbsternannte Seelenheiler aufdrängen; eine Philosophie, die uns beratend zur Seite stehen kann, wenn wir unsere Bedürfnisse, Lebenshaltungen, -erwartungen und -kontexte aufeinander abstimmen wollen.

Doch eine solche Philosophie gibt es heute nicht, oder besser: sie befindet sich erst wieder im Stadium einer Rehabilitierung, und sie knüpft dabei auffallend häufig an entsprechende Ansätze der griechischen Antike und Klassik an. Diese Renaissance-Bemühung entspringt jedoch weniger dem ahistorischen Geist der so benannten Epoche als vielmehr der historischen Einsicht, daß der glücksphilosophische Ertrag späterer Epochen relativ unbefriedigend ist. Die Gründe dafür liegen zumindest teilweise auf der Hand: Der Zeitraum ist überwiegend durch eine Arbeitsteilung gekennzeichnet, die jede das menschliche Glücksstreben betreffende Kompetenz der Domäne der Theologie zuwies. Philosophische Beiträge wurden oft nur als affirmative Kommentare eines dogmatisch verwalteten jenseitsorientierten Heilswissens zugelassen. Auf indirekte Weise nährt die einstige Arbeitsteilung noch heute den Widerstand gegen die philosophische Rehabilitierung des Glücksthemas.

Denn es sind häufig die sich selber als besonders aufgeklärt verstehenden Philosophen, denen das Thema als anrüchig, theologie-verdächtig erscheint und die – mit einer bemerkenswerten Überschätzung philosophischer Autorität – hinter jeder philosophischen Ausformulierung des Glücksbegriffs eine paternalistische Bevormundung mündiger Bürger in einer pluralistischen Gesellschaft wittern. Hinzu kommt, daß die Säkularisierung der praktischen Philosophie (zumindest in Deutschland) in erster Linie als rationale Moralphilosophie und politische Philosophie gelang, die sich neutral oder zurückhaltend gegenüber dem individuellen Glück verhielt. Und in einer philosophischen Ethik, die sich einseitig als Moralphilosophie institutionalisierte, blieb für glücksphilosophische Fragen kein Platz mehr.

Eine zweite Arbeitsteilung konnte diesen Trend verstärken, nämlich die zwischen Philosophie und Psychologie. Denn wo Letztere in therapeutischer Gestalt die Aufgaben religiöser Seelsorge übernahm, baute sie auf alte philosophisch-anthropologische Grundlagen auf, die von erlösungsreligiösen Heilsmotiven noch frei waren. Angewandte Glücksphilosophie scheint heute eine Domäne der Psychotherapie geworden zu sein, an der nicht so sehr der mangelnde Schutz der Berufsbezeichnung, sondern die mangelnde Klarheit einer philosophisch-anthropologischen Fundierung zu beklagen ist. Man mag es als im schlechten Sinne 'philosophisch' bezeichnen, daß sich Schulen und Moden um den Alleinerklärungsanspruch streiten, ob menschliches Glück etwa libido-ökonomisch, sozial, kognitiv, hormonell, genetisch oder außerirdisch determiniert ist. Deutlich ist jedenfalls der Mangel an einer philosophisch-anthropologischen Integrationsarbeit; und dies gilt auch und gerade angesichts der Flut empirischen Materials, das Sozialwissenschaftler und Psychologen in den letzten Jahrzehnten aus Befragungen zusammengetragen haben.[1]

Für eine Rehabilitierung der Glücksphilosophie spricht aber nicht nur deren existentielle Bedeutung im Hinblick auf ein zu erwartendes kritisches Orientierungspotential. Die Glücksthematik ist auch – allen philosophischen

[1] Positiv hervorzuheben sind hier insbesondere Veenhovens (1984) zusammenfassende Auswertung von 245 (!) empirischen Einzelstudien sowie die auf mehr als 100 000 Interviews beruhende Studie von Csikszentmihalyi (1991). Inzwischen dürfte das ausufernde Material der empirischen Glücksforschung selbst von Spezialisten kaum mehr überschaubar sein. Das hält jedoch die Autoren des boomenden Bereichs psychologischer Glücks- bzw. 'Wellness'-Ratgeber nicht davon ab, ihre Rezepte immer knapper zu formulieren und bedürfnisgerecht anzupreisen. Andererseits sollen sich angeblich auch aus der Philosophiegeschichte (W. Hönes [Hrsg.], *Was ist Glück ...?*, Köln 1991) 1060 knappe Antworten extrahieren lassen.

Einen disziplinen-übergreifenden Ansatz der Glücksforschung verfolgt z.B. seit 1990 recht erfolgreich das deutsche *Institut für Glücksforschung*, Vallendar (vgl. z.B. Bellebaum 1992/94/97).

Abstinenzversuchen zum Trotze – zentral für jede normative Moralphilosophie; und dies in zweierlei Hinsicht:

Erstens bleibt unter motivationalen Gesichtspunkten jede Morallehre in dem Maße abstrakt bzw. in ihrer Umsetzung auf externe Zwänge (z.B. Androhung juristische Sanktionen oder jenseitiger Vergeltung) angewiesen, in dem sie mit menschlichem Glücksstreben disharmoniert. Weder rationale Struktur noch rationale Begründung moralischer Prinzipien enthalten für sich bereits motivationale Komponenten.[2] Moralphilosophische Ansätze müssen sich *nolens volens* auch daran messen lassen, wieweit sie dem menschlichen Glück förderlich oder hinderlich sind. Die Attraktivität antiker eudämonistischer Ethiken bestand gerade darin, daß sie eine Harmonisierung zwischen (diesseitigem) Glück und Moral zumindest versprachen, auch wenn manche ihrer anthropologischen Voraussetzungen heute eher zweifelhaft erscheinen.

Zweitens ist es unter moraltheoretischen Gesichtspunkten äußerst fragwürdig, ob eine moralphilosophische Position ohne eine inhaltliche Bestimmung des Begriffs des Guten auskommt, der nicht schon einen minimalen Begriff des guten Lebens und damit des menschlichen Glücks voraussetzt. „Jede Erläuterung der moralischen Rücksicht“, so Martin Seel im vorliegenden Band, „muß Annahmen darüber einschließen, was in dieser Rücksicht berücksichtigt werden soll.“ Diese Rücksicht „bezieht sich auf die Möglichkeit des guten Lebens für alle die, die moralisch zu berücksichtigen sind. [...] Ein Begriff (zumindest) des guten menschlichen Lebens aber schließt eine Erörterung über das menschenmögliche Glück notwendigerweise mit ein“. Während dieser Zusammenhang in der utilitaristischen Tradition selbstverständlich ist, glauben die an (den halben) Kant anknüpfende formalistische und die liberalistische Tradition, ohne einen inhaltlichen Begriff des Guten auskommen zu können. Moralphilosophie hat es diesen ‘glücksabstinenten’ Traditionen zufolge lediglich zu tun mit der Bestimmung formaler Voraussetzungen bzw. verfahrenstechnischer Regeln, die geeignet sind, diejenigen Bedingungen zu sichern, unter denen beliebige Ausformulierungen des Guten (konfliktfrei) getroffen werden können. Dabei wird unterstellt, daß die Verfahrensregeln (z.B. Regeln der Vertragsbildung oder moralischen Konsensfindung) und Bedingungen tatsächlich neutral gegenüber beliebigen inhaltlichen

[2] Diese Problematik wird besonders deutlich, wenn man sich Kants jahrzehntelange Bemühung um Lösungen dieser Frage vergegenwärtigt, die m.E. alle äußerst unbefriedigend sind. Denn entweder verstrickt sich der Kantsche Wille in nur scheinbar „nicht-pathologische“ Neigungen („Selbstzufriedenheit“, „Achtung vor dem Sittengesetz“, „negatives Wohlwollen“) oder in erlösungsreligiöse Motive („Hoffnung auf eine der Moralität angemessene Glückseligkeit im Reich Gottes“). Neuere wohlwollende Rekonstruktionsversuche dieser in Vergessenheit geratenen Kantschen Glückstheorie sind: Forschner 1993 (Kap. V), Römpp 1994, Wilke 1994 sowie verschiedene Beiträge in Engstrom/Whiting 1996.

Bestimmungen des Guten sein können. Gerade dies aber hat Seel (1995, S. 241) als einen Trugschluß ausgewiesen. Wenn dies, wie ich meine, zutreffend ist, dann wären 'paternalistische Bevormundungen' eher in solchen moralphilosophischen Positionen zu vermuten, die ihre impliziten normativen Annahmen über das gute Leben einer expliziten Diskussion entziehen.

Die Beiträge des vorliegenden Bandes entstammen überwiegend einer Vortragsreihe, die im akademischen Jahr 1996/97 am philosophischen Institut der Universität Karlsruhe unter dem Titel *Glück und Ethik* durchgeführt wurde. Die Vortragsreihe war konzipiert als Bestandsaufnahme der deutschsprachigen Philosophie der vergangenen 5-10 Jahre, in der aus verschiedenen Richtungen die Glücksthematik als Teilbereich der philosophischen Ethik bzw. praktischen Philosophie wieder eingeholt worden ist.[3] Gefragt war dabei auch eine kritische Überprüfung philosophiehistorischer Glückskonzeptionen hinsichtlich ihrer heutigen Tragfähigkeit, Ergänzungs- oder Revisionsbedürftigkeit. Außerdem sollte eine systematische Verortung der gegenwärtigen Glücksphilosophie innerhalb der philosophischen Ethik bzw. praktischen Philosophie erfolgen, wobei besonderes Augenmerk auf der Bestimmung des Verhältnisses zur Moralphilosophie lag.

Da sich viele Autoren gleich mehrerer Themen angenommen haben, ist die vorliegende Gruppierung der Beiträge zwar nicht zwingend, sie läßt sich aber anhand der jeweiligen Schwerpunktsetzungen plausibilisieren. So soll die folgende Darstellung nicht nur dazu dienen, die bisherigen Ergebnisse der Glücksphilosophie systematisch zu verorten, sondern auch die weiterreichenden thematischen Bezüge der Beiträge untereinander zu skizzieren.

2. Grenzen der Glücksphilosophie

2.1 Glücksbegriffe und Glücksverheißungen

Den einleitenden Part hat der 'Altmeister' der deutschsprachigen Glücksphilosophie, Günther Bien, übernommen. Sein Beitrag enthält im Kern eine dif-

[3] Die letzte Bestandsaufnahme wurde von Günther Bien (1978) vor 20 Jahren vorgenommen. Der Vergleich macht deutlich, daß die Thematik damals in erster Linie philosophiehistorisch angegangen wurde. Einen systematischen Ansatz hat ebenfalls 1996 die Schweizerische Philosophische Gesellschaft unternommen mit einem Symposium zum Thema „Ist Glück lernbar? oder: Wieviel Philosophie braucht das Glück?" (vgl. Angehrn/Baertschi 1997, das mir leider bei Manuskriptabschluß noch nicht vorlag).

ferenzierte Analyse des Glücksbegriffs, die durch zahlreiche Beispiele aus Philosophie und Literatur veranschaulicht wird. Ausgehend von der Hauptunterscheidung zwischen Glück als äußerem Schicksal (*fortuna*) und Glück als seelischem Zustand (*beatitudo*) untersucht Bien die verschiedensten Glückskonzeptionen unter dem Leitgedanken der Verfügbarkeit des jeweiligen Glücks. Er gelangt dabei, in Übereinstimmung mit sowohl antiken philosophischen als auch modernen psychologischen Ergebnissen, zu einem Konzept der Lebenszufriedenheit, das eine Bejahung gerade der unverfügbaren Welt- und Selbstanteile umfaßt. Auch wenn sich ein solcher Zustand nach Bien einer direkten, allzu einfachen Verfügbarkeit entzieht, so ist doch ein Streben danach im Unterschied zu dem gänzlich Unverfügbaren nicht hoffnungslos. Biens Begriffsanalyse liefert damit nicht nur eine positive Glückskonzeption, sondern auch die Basis für eine Kritik aller leichtfertigen und allzu optimistisch erscheinender Glücksangebote, die vielmehr als Quelle des Unglücks erwiesen werden.

Diese – für manche pessimistisch erscheinende – Einsicht in eine Bescheidung des Glücksstrebens als Bedingung des Glücks findet sich in mehr oder weniger deutlicher Form bei fast allen philosophischen Autoren nicht nur dieses Bandes, so daß manche wie, z.B. Wilhelm Schmid, den Ausdruck 'Glück' wegen seiner allzu optimistischen Konnotationen eher meiden. Im Grundsatz der Bescheidung bzw. der Zweckökonomie, sich nur solche Zwecke zu setzen, die man auch erreichen kann (Hossenfelder), waren sich bei allen Differenzen schon Kyniker, Stoiker, Epikureer und Skeptiker einig. Die christliche Lehre, von Augustinus über Thomas von Aquin bis Kant, hat diese Bescheidung hingegen nur auf ein Streben nach diesseitigem Glück beschränkt wissen wollen, um dafür die Hoffnungen auf ein jenseitiges Glück um so euphorischer gestalten zu können. Es ist in erster Linie dem Mißbrauch einer moralpädagogischen Funktionalisierung zu verdanken, daß die philosophische Einsicht heute manchem leicht als anrüchig oder lustfeindlich erscheint. Und es sind insbesondere die (ersatz-)erlösungsreligiösen Glücksverheißungen, gegen die sich die philosophische Einsicht einer prinzipiellen Bescheidung behaupten muß. Hinzu kommt, wie Malte Hossenfelder in seinem Beitrag aufzeigt, daß die Neuzeit (im Unterschied zur Antike – und auch zu Bien) die Natur als Verfügbarkeitsbereich für menschliche Glücksverwirklichung begriffen hat. Die damit aufs Diesseits rückgelenkten Glückshoffnungen haben sich jedoch heute nicht nur aus ökologischen, sondern auch aus konsumsoziologischen und -psychologischen Gründen als folgenreicher Irrtum erwiesen.

2.2 Das menschliche Maß

Daß sich die Einsicht in eine Bescheidung des Glücksstrebens auch ins Gegenteil verkehren kann, wenn der menschliche Maßstab aus dem Auge verloren wird, das macht auf eindrückliche Weise die Studie von Gregor Paul deutlich. Hatte die Stoa die Einübung der Unempfänglichkeit und Gleichgültigkeit gegen jede Art von Gefühlen und Bedürfnissen empfohlen, so war der frühe Buddhismus noch eine Stufe weiter gegangen. Er empfahl den Glücksstrebenden mit einer einzigartigen gefühls-asketischen Radikalität, selbst die Empfindung der Gleichgültigkeit zu überwinden. So einsichtig das Erlösungsmotiv vor dem Hintergrund eines als unendlich postulierten Leidensprozesses einerseits erscheinen mag, so ist doch andererseits das versprochene (diesseitige) empfindungslose Nirvana-Heil nicht nur paradoxieverdächtig; es bleibt vor allem auch für Menschen mit einer normalen Bedürfnisstruktur wohl prinzipiell unzugänglich. Die Geschichte der buddhistischen Glücksvorstellungen, die Paul in seiner Studie detailreich entwirft, ist denn auch von zahlreichen Aufweichungen, Korrumpierungen und dialektischen Umdeutungen der ursprünglichen Lehre gekennzeichnet. Und sie gipfelt schließlich in der sich dogmatisch verstehenden Rechtfertigung des buddhistisch-tantristischen Nirvanas in Gestalt des Orgasmus. Paul zieht daraus in systematischer Hinsicht Schlußfolgerungen: Normative Glückstheorien sollten sich nicht nur auf das menschlich Mögliche und Zumutbare beschränken und tolerant gegenüber individuellen Glücksentwürfen sein; sie sollten sich insbesondere auch freihalten von einseitigen moralischen und religiösen Funktionalisierungen.

Bemerkenswerterweise gelangt Annemarie Pieper in ihrem kritischen Durchgang durch die utopischen Glücksentwürfe des Abendlandes unter anderem zu ganz ähnlichen Einsichten. Sowohl die klassischen Utopien (Morus, Campanella, Bacon) als auch die modernen Anti-Utopien (Samjatin, Huxley) basieren auf einseitigen Festschreibungen des individuellen Glücks im Dienste einer Harmonisierung und Maximierung des Gemeinwohls. Während erstere das Glück in asketischen Tugendidealen verorten, setzen letztere auf Massenbefriedigung einer genormten oder gar manipulierten hedonistischen Bedürfnisstruktur. Beiden gelingt eine Harmonisierung gesellschaftsutopischer und individueller Glückskonzeptionen nur auf Kosten der individuellen Freiheit, die Pieper jedoch als unverzichtbare Bedingung des Glücks versteht. Der existentialistische Glücksentwurf (Camus) radikalisiert dagegen die individuelle Autonomie der Sinngebung zur hinreichenden Glücksbedingung; er scheitert jedoch an der Überforderung des Individuums. Im Unterschied zu diesen Extremen betont Pieper die Notwendigkeit utopischer Glückskonzepte, die eine produktive Vermittlung zwischen individuellen und kollektiven Glücksvorstellungen leisten. Möglichkeiten und Schwierigkeiten einer solchen Gratwanderung „zwischen Menschlichkeit und Unmenschlichkeit“ veranschaulicht sie an feministischen Utopien und Anti-Utopien (Perkins Gilman, Russ, LeGuin, Haushofer, Atwood, James). Anstelle von gesamtgesellschaftlichen Totalentwürfen plädiert sie für „Zukunftsentwürfe

kleineren Zuschnitts", die uns auch zu einer kritischen Selbstvergewisserung unsere gegenwärtigen Glücksvorstellungen verhelfen können, für deren Konsequenzen wir verantwortlich sind.
Sowohl Paul als auch Pieper formulieren aus dem historischen Rückblick Warnungen vor allzu einseitigen und engen Festschreibungen des Glücks – Warnungen, denen eine zeitgenössische Glücksphilosophie Gehör schenken sollte. Denn: *Die Freiheit zur Selbstbestimmung des eigenen Glücks ist zugleich auch eine allgemeine Bedingung dieses Glücks*. Dieser paradoxal anmutende Satz kennt zwei Lesarten. Nach der pessimistischen Lesart ist eine Philosophie, der es um eine allgemeinverbindliche Bestimmung des Glücksbegriffs geht, wegen der notwendigen subjektiven Offenheit dieses Begriffs zum Scheitern verurteilt.[4] Inhaltliche Bestimmungen seien stets nur subjektive Ausmalungen, die eine Verbindlichkeit nur für den jeweils eigenen Lebensentwurf besitzen können, während sie für andere lediglich unterhaltsam oder informativ über die Befindlichkeit des Autors, bestenfalls anregend für die eigene Selbstreflexion sind. Das jedoch sei nicht Aufgabe der Philosophie, sondern die der Dichtung, der 'schönen' Literatur, wozu auch das Genre der utopischen Dichtung gehören mag. Mit Recht wenden sich alle Autoren dieses Bandes explizit oder implizit gegen die pessimistische Lesart, und sie verwahren sich damit auch, wie insbesondere bei Bien und Seel deutlich wird, gegen die Arbeitsteilung von Philosophie und Literatur. Denn nach der optimistischen Lesart formuliert der obige Satz mit der Freiheitsbedingung bereits eine erste positive inhaltliche Bestimmung des Glücksbegriffs, die es in einer Glücksphilosophie zu konkretisieren und um weitere Bestimmungen zu ergänzen gilt. Indem sich der Pessimist den Satz zueigen macht, nimmt er bereits eine glücksphilosophische Position ein und verwickelt sich so in einen pragmatischen Selbstwiderspruch. Selbst die nihilistische Leugnung des Glücks ist, wie Seel in Auseinandersetzung mit Bohrer deutlich macht, eine glücksphilosophische Position, die gerade wegen ihrer allgemeinen Annahmen über die menschliche Daseinsverfassung selber auch einer philosophischen Kritik ausgesetzt ist.

2.3 Die dreifache Subjektivität des Glücks

Der philosophische Optimismus bei der Formulierung von Bedingungen des Glücks läßt sich durch drei unterschiedliche Subjektivätsbedingtheiten eingrenzen, die zugleich bereits drei wichtige Ergebnisse der Glücksphilosophie

[4] Hier beruft man sich gerne auf Kants gelegentliche Äußerungen, wonach Glückseligkeit ein „schwankender", „unbestimmter Begriff" sei, dessen Elemente allesamt „empirisch" seien und der daher gar nicht zur praktischen Philosophie gehöre. Derselbe Kant bestimmt aber auch Moralität als apriorische intellektuelle Form des Glücks (vgl. Römpp 1994, S. 276).

zeitigen. *Erstens* ist von einer Pluralität menschlicher Grundverfassungen auszugehen: Was für den einen glücksfördernd ist, kann für den anderen eher hinderlich sein. Eine Glücksphilosophie muß daher entweder hinreichend abstrakt sein und begegnet damit u.U. der Gefahr, sich in Leerformeln zu verlieren; oder sie muß sich auf der Grundlage einer adäquaten Topik menschlicher Grundverfassungen und Lebensituationen differenzieren, wie es Hans Krämer in vorliegenden Entwurf seiner Strebensethik vorschlägt. *Zweitens* scheint, wie bereits erläutert, die subjektive Freiheit bei der Wahl der eigenen Glückskonzeption selber konstitutiv für das Glück zu sein. Eine normative Glücksphilosophie, die diese Bedingung ernst nimmt, kann daher gar keinen vorschreibenden, sondern allenfalls einen empfehlenden oder beratenden Charakter annehmen. *Drittens* schließlich enthält der Glücksbegriff, wie wir ihn heute verstehen, selber eine unaufgebbare subjektive Komponente: Man ist nur glücklich, wenn man sich auch selber glücklich fühlt. Glücklichsein ist eine subjektive Empfindung, für die eine Glücksphilosophie keine hinreichenden, sondern allenfalls notwendige objektive Bedingungen angeben kann. Hinzutreten muß stets noch eine subjektive Einstellung bzw. ein Sich-Verhalten zu diesen Bedingungen, das die meisten Autoren dieses Bandes mit einer auffällig einheitlichen aktivistischen Konnotation 'Bejahung' nennen. Der subjektive Glücksbegriff ist keineswegs eine Selbstverständlichkeit, sondern erst eine Erfindung der griechischen Antike gegen die klassischen Positionen von Platon und Aristoteles, wie Malte Hossenfelder deutlich macht. Und er bedarf sogar noch heute in der Moralphilosophie einer philosophischen Rechtfertigung, wie Dieter Birnbacher am Beispiel des Begriffs der Lebensqualität in der medizinischen Ethik zeigt.

Nimmt man diese drei Subjektivitätskomponenten ernst, dann ist die Glücksphilosophie kein Unternehmen, das Menschen vorschreibt, unter welchen Bedingungen sie glücklich sein sollen; dann greift der Paternalismusvorwurf ins Leere, weil er, wie Seel nachweist, auf einem objektivistischen Mißverständnis der Ethik beruht. Begreift man weiterhin mit Seel Philosophieren als einen Weg, der vom Subjektiven zum Transsubjektiven durch schrittweises Abstrahieren der spezifischen Subjektrelativitäten fortschreitet, dann erscheint das Philosophieren sogar als Methode der Wahl, um über Bedingungen und Formen eines guten, gelingenden, zufriedenen oder glücklichen Lebens Aufschluß zu gewinnen.

3. Themenfelder der konstruktiven Glücksphilosophie

Glücksphilosophie bzw. eine Theorie des guten oder glücklichen Lebens läßt sich im Hinblick auf die Aufgabenstellung in drei verschiedene Themenfelder unterteilen, auf die die Autoren des vorliegenden Bandes jeweils unterschiedliches Schwergewicht legen.

3.1 Lebenskunstlehre

Glücksphilosophie kann *erstens*, worauf insbesondere Schmid und Krämer Wert legen, einen (anthropologisch und methodologisch fundierten) Orientierungsrahmen für unsere eigene Lebensführung entwickeln, der entweder allgemein gehalten (Schmid) oder nach menschlichen Lebens- und Problemlagen differenzierbar ist (Krämer). Ein solcher Orientierungsrahmen kann darüber hinaus auch die theoretische Grundlage für eine Lebensberatung sein (Krämer), wie sie etwa seit einigen Jahren in den Philosophischen Praxen versucht wird. In dieser existenziellen Hinsicht ist die Glücksphilosophie Lebenskunstlehre oder Strebensethik.

Wilhelm Schmid entwirft im Anschluß an Foucaults Spätphilosophie Eckwerte einer allgemeinen Lebenskunstlehre in Gestalt von Fähigkeiten bzw. Tugenden, um das eigene Leben bejahen zu können. Hierzu ist es zunächst notwendig, daß wir unser Leben als eigenes, selbstgestaltetes, auf Akten freier Wahl beruhendes Leben begreifen können. Damit die eigene Lebensgestaltung zwar frei aber nicht beliebig erfolgt, ist zweitens eine Sensibilität für innere und äußere Zusammenhänge zu entwickeln, wozu die volle Entfaltung sinnlicher und geistiger Fähigkeiten gehört. Drittens schließlich müssen wir zu uns ein Selbstverhältnis einnehmen können, das Schmid mit Foucault als irreduzibles ästhetisches Verhältnis bestimmt. Das eigene Leben zu bejahen heißt, es insgesamt aus der jeweiligen Lage heraus als schön zu empfinden. Lebenskunstlehre im Sinne einer Ästhetik der Existenz zielt daher darauf ab, das eigene Leben schön bzw. bejahenswert zu gestalten. Dabei legt Schmid Wert darauf, daß die ästhetische Bewertung nicht mit einer schlichten Lust/Unlustbilanz zu verwechseln ist, denn bejahenswert kann unter Umständen auch das Unangenehme, Schmerzhafte sein. Außerdem bleibt die ästhetische Perspektive nicht individualistisch beschränkt, denn auch die eigenen sozialen Lebensverhältnisse sind Gegenstand der existentiell-ästhetischen Bewertung und Gestaltung.

Während Schmid dem Pluralismus moderner Lebensentwürfe durch eine inhaltliche Offenheit der ästhetischen Perspektive begegnet, schlägt Hans Krämer den entgegengesetzen Weg der inhaltlichen Konkretisierung ein: „Die Strebensethik als philosophische Lebenskunstlehre ist ... in eine Pluralität von Lebenskunstformen und Lebenskunstlehren zu spezifieren". Eine *allgemeine* Strebensethik kann nach Krämer heute nur noch post-teleologisch entworfen werden; d.h., sie kann keine für alle verbindlichen positiven Lebensziele mehr formulieren, sondern allenfalls inhaltlich offene Regeln wie „Bevorzuge richtig" oder „Beachte die Grenzen deiner Möglichkeiten". Dadurch wird aber die praktische Philosophie gerade nicht mehr dem wachsenden Bedarf an Lebens-, Orientierungs- und Entscheidungshilfe gerecht. Um dies zu leisten, muß eine *spezielle* Strebensethik sich ausdifferenzieren nach Lebens-, Problem- und Entscheidungslagen und eine Topik von Handlungszielen, -typen und Haltungen entwickeln. Die Strebensethik führt zu lebenspraktischen Kompetenzen, indem sie verschiedene Funktionen der natürlichen *Praktischen Intelligenz* reflexiv weiterentwickelt und ordnet: die Diagnose von Schwierigkeiten, die Analyse von Handlungsverkettungen, Risiken, Zielordnungen und Sinnzusammenhängen, die Heuristik der Lösungsversuche usw. Damit diese Kompetenzen auch tatsächlich wirksam werden, bedarf es schließlich einer Methodenlehre der Beratung, Vermittlung und Einübung. Krämers Entwurf der Strebensethik ist damit der konsequenteste Ansatz, die praktische Philosophie wieder anwendungspraktisch auszurichten und sie als Grundlage einer Beratungspraxis zu etablieren.

3.2 Prä-moralische Theorie des Guten

Neben dieser existentiellen Bedeutung kommt der Glücksphilosophie *zweitens* auch eine zentrale moraltheoretische Aufgabe zu, die insbesondere Seel und Birnbacher verfolgen. Denn ein Verständnis allgemeiner Bedingungen und Formen eines guten Lebens gibt uns nicht nur Aufschluß über unser eigenes Leben; es expliziert auch, was überhaupt in moralischer Hinsicht an anderen Lebewesen zu berücksichtigen und zu respektieren sein könnte. Für alle nicht-solipsistischen Moraltheorien (sowohl konsequentialistischer als auch deontologischer Prägung)[5] gilt daher, daß ihre Begriffe des moralisch Guten einen außermoralischen Begriff des Guten zumindest voraussetzen. Ein solcher Begriff des Guten bzw. des guten Lebens wird aber erst von der Glücksphilosophie bereitgestellt. Glückphilosophie in dieser moraltheoretischen Hinsicht ist daher prä-moralische Theorie des Guten.

Martin Seel entwickelt den Begriff des guten Lebens aus der Frage nach dem subjektiven Sinn des Lebens: Ein Leben ist für ein beliebiges Subjekt gut, wenn es als subjektiv sinnvoll erfahren wird. Ein Leben kann nach Seel nur in dem Maße als subjektiv sinnvoll erfahren werden, in dem sein Vollzug selbstzweckhaft ist bzw. in dem es um seiner selbst willen gelebt und bejaht wird.

[5] Eine Moraltheorie ist solipsistisch, wenn sie kein eigenes Prinzip der Rücksicht auf andere moralische Subjekte enthält, so daß ihre Handlungsnormen unabhängig davon ausfallen würden, ob andere moralischer Subjekte existieren oder nicht. Hierbei ist weniger an den ethischen Egoismus als an einen radikalen Kantianismus gedacht. Daß die theoretische Priorität des außermoralisch Guten kein Kennzeichen des Utilitarismus ist, wird deutlich an der herausgehobenen Rolle des Prinzips der Menschenwürde in den meisten deontologische Ethiken. Denn ohne eine inhaltliche Bestimmung dessen, was an Menschen moralisch zu berücksichtigen und zu respektieren ist, bleibt das Prinzip der Menschenwürde eine Leerformel.

Oder negativ gewendet: Ein Leben wird subjektiv als sinnentleert erfahren, wenn sein Vollzug stets instrumentell auf anderes bezogen ist. Die Bejahung des eigenen Lebens setzt außerdem (ähnlich wie bei Schmid) voraus, daß wir uns zu unseren Lebenssituationen wertend verhalten können, indem wir manche meiden und andere suchen. Dies wiederum ist nur möglich, wenn uns ein äußerer Freiheitspielraum in der Begegnung mit unseren Lebenssituationen gegeben ist. Daraus gelangt Seel schließlich zur Bestimmung des guten Lebens als eines solchen, das sich im Modus freier Weltbegegnung vollzieht. Die moralische Rücksicht hat daher in erster Linie die für das gute Leben konstitutiven Freiheitsspielräume zu berücksichtigen, die analog auch für nicht-menschliche Lebewesen formulierbar sind.

Während Seel einen Begriff des guten Lebens als Grundlage einer allgemeinen Moraltheorie entwickelt, konzentriert sich Dieter Birnbacher auf den Bereich der medizinischen Ethik, wo der Begriff der Lebensqualität als normative Grundlage für Therapieentscheidungen herangezogen wird. Dabei ist bemerkenswert, daß die verschiedenen medizinethischen Lebensqualitätsmaße bisher mehr oder weniger einseitig an objektiven physiologischen Meßgrößen orientiert sind. Birnbacher argumentiert dagegen für einen konsequent subjektivistischen Lebensqualitätsbegriff, der ausschließlich die reflexive Bewertung des Patienten zur Grundlage hat. Das Prinzip der Bewertungssouveränität des Patienten verlangt, daß bei medizinischen Entscheidungen die Wertpräferenzen, Lebensgewohnheiten, Sensibiliäten und Anpassungsfähigkeiten jedes einzelnen Patienten individuell berücksichtigt werden müssen. Dabei wird der im engeren Sinne medizinische Bereich soweit transzendiert, daß ganz allgemeine glücksphilosophische Überlegungen zur Geltung kommen, wie sie etwa schon bei Schopenhauer vorliegen. Birnbacher warnt aber auch davor, den subjektivistischen Lebensqualitätsbegriff nicht nur deskriptiv, sondern auch evaluativ zur Beurteilung des Werts bzw. Unwerts eines Lebens zu verwenden, etwa bei Fragen der Verteilung medizinischer Ressourcen.

3.3 Glück und Moral

Das dritte und traditionell weiteste Themenfeld der Glücksphilosophie besteht in der Verhältnisbestimmung zwischen Glück und Moral.[6] Hierbei geht es um die Fragen, ob bzw. unter welchen Umständen und in welchem Aus-

6 Zwei zu Unrecht vernachlässigte klassische Arbeiten, die dieses Verhältnis systematisch in verschiedene Richtungen ausloten sind Sidgwick 1909 (insbes. das Schlußkapitel) und Tatarkiewics 1976 (insbes. Kap. XXV: „The Right to, and the Duty of, Happiness"). Nicht berücksichtigt ist im folgenden das Verhältnis von Moral und Glück im Sinne von *fortuna*, wie es in jüngerer Zeit von B. Williams (*Moral Luck*, London 1981) neu thematisiert worden ist.

maße und Sinne strebensethische und moralische Normen und Motive dekkungsgleich sein können. Die Positionen sind entsprechend kontrovers. Glücksphilosophie in dieser Hinsicht ist in der Regel Moralpsychologie oder Moralbegründung bzw. deren Kritik.

Auf der einen Seite stehen begründungstheoretische Versuche, Moralität als notwendige oder sogar auch hinreichende Bedingung des Glücks auszuweisen. Die Rückführung des moralischen Sollens auf ein strebensethisches Wollen besitzt dabei den Vorzug, der Moral eine hinreichende motivationale Basis in Gestalt eines aufgeklärten Eigeninteresses verleihen zu können – und dies, wohlgemerkt, ohne die Postulierung zusätzlicher sozialer (juristischer) oder religiöser Sanktionsinstanzen. Sowohl Forschner als auch Hossenfelder unternehmen diesen Versuch, allerdings aus ganz unterschiedlichen Ansätzen und Glücksbegriffen heraus.

Maximilian Forschner stützt sich dabei auf John Stuart Mills Utilitarismus und dessen qualitativ-hedonistische Wertlehre. Für den Utilitarismus steht zunächst außer Frage, daß Moralität keinen eigenen Wert begründet, sondern nur in einem funktionalen Verhältnis zum Glück steht: Moralisch richtig ist eine Handlung nur insoweit und in dem Maße, als sie das Glück ingesamt befördert. Da Mill mit Bentham den Glücksbegriff hedonistisch bestimmt, zielt moralisches Handeln also auf Vermehrung von Lust bzw. Verminderung von Unlust aller moralisch relevanten Subjekte. Die begründungstheoretische Frage lautet nun, ob moralisches Handeln in diesem Sinne zugleich eine notwendige Bedingung für die Maximierung des individuellen Glücks des Handelnden ist. Mills positive Antwort beruht auf einer Hierarchie qualitativ verschiedener Lustarten, die nach Handlungsintentionen und letztlich sogar nach menschlichen Fähigkeiten und Daseinsformen differenziert sind. In dieser – an Aristoteles und Thomas erinnernden Hierarchie – wird die höchste Lust bzw. das größte Glück erst in einer menschlichen Daseinsform erfahrbar, für die gerade die Überwindung der Egozentrik und die Entwicklung geistiger und moralischer Interessen kennzeichnend ist (ähnlich auch bei Bien und Schmid).

Malte Hossenfelder setzt dagegen bei seinem Versuch der Moralbegründung auf den aufgeklärten Egoismus. In Anknüpfung an hellenistische Positionen bestimmt er Glück als das subjektive Gefühl der Zufriedenheit, das sich einstellt, wenn alle frei gesetzten Zwecke erfüllt sind. Der Satz 'Alle Menschen streben nach Glück' wird damit analytisch wahr. Als eine notwendige Bedingung zur Erlangung des Glücks folgt außerdem, daß alle frei gesetzten Zwecke miteinander harmonieren müssen. Die Zweckharmonie erfordert daher nach dem Prinzip der Zweckökonomie eine freie Bescheidung auf solche Zwecke, die zugleich erfüllbar sind, ohne miteinander zu konfligieren. Was für die subjektiven Zwecke einer Person gilt, muß nach Hossenfelder auch für alle Zwecke aller Personen gelten: Sie müssen (entsprechend dem Kantschen Rechtsgrundsatz) nach allgemeinen Bedingungen miteinander harmonieren können. Glückstreben im Sinne eines aufgeklärten Egoismus impliziert dann die freie Bescheidung auf solche Zwecke, die mit den Zwekken aller anderen nach Grundsätzen der Gerechtigkeit, Gleichheit und Freiheit harmonieren.

Auf der anderen Seite stehen Positionen, wonach moralisches Sollen und strebensethisches Wollen nicht nur tendenziell entgegengerichtet sind, sondern vor allem auch auf ganz disparaten Motivationsquellen beruhen. Auf der Grundlage dieser *phänomenologischen* Einsicht plädiert Krämer (im vorliegenden Band sowie ausführlich in Krämer 1992) für eine strikte Trennung von Strebensethik und Moralphilosophie, die er als zwei Teildisziplinen der Integrativen Ethik mit getrennten aber komplettierenden Aufgabenbereichen versteht. Eine solche Trennung ist aber auch, wie etwa bei Paul, durch die Skepsis genährt, daß alle Versuche einer Moralbegründung Gefahr laufen, den Glücksbegriff zu voreilig, zu vereinheitlichend und zu einseitig zu verengen.

Zwischen diesen extremen Positionen gibt es zahlreiche Versuche einer Vermittlung bzw. Harmonisierung von Glück und Moral, die nicht unbedingt ein strenges Bedingungs- bzw. Begründungsverhältnis implizieren. So findet sich bei vielen Autoren der (auf Epikur zurückgehende) Gedanke, daß ein philosophisch aufgeklärtes Glücksstreben schon alleine aus der Einsicht in die notwendige Bescheidung dieses Strebens (s.o.) zwangsläufig zu einer Minimierung zwischenmenschlicher Interessenkonflikte führt, mithin moralische Reglementierung zumindest ersetzt. Und Bien macht (im Anschluß an Goethe) darauf aufmerksam, daß das eigene Glück in der Regel eine Voraussetzung ist, um andere Menschen glücklich zu machen. Von daher wäre das Streben nach dem eigenen Glück sogar aus moralischen Gesichtspunkten zu empfehlen – falls sich das klassische Gegenargument, wonach sich der Glückliche in Selbstzufriedenheit eher moralisch indifferent verhalte, als begriffliches Mißverständnis erweisen läßt.[7]

Einflußreiche Harmonisierungsversuche wurden bereits in der moralpsychologisch orientierten Gefühlsethik der britischen Aufklärungphilosophie unternommen.[8] Diese (im nach-kantischen Deutschland eher vernachlässigte)[9] Tradition haben in jüngerer Zeit mehr oder weniger explizit Spaemann (1989) und Tugendhat (1993) aufgegriffen. Grundgedanke ist dabei die An-

7 Vgl. hierzu Tatarkiewicz' (1976, S. 349f.) Gegenüberstellung von Scheler und Simmel einerseits und LaRochefoucauld und Hölderlin andererseits.

8 Zu erwähnen sind hier insbesondere R. Cumberland (1631-1718), Shaftesbury (1671-1713), Fr. Hutcheson (1694-1747), D. Hume (1711-1776) und A. Smith (1723-1790).

9 Ausnahmen wären Schopenhauer sowie insbesondere der psychoanalytisch orientierte E. Fromm, auf den sich auch Tugendhat (1993, 14. Vorlesung) bezieht.

nahme originärer moralischer bzw. sozialer Affekte, die einerseits Beweggrund für moralisches Handeln sind und deren Befriedigung andererseits eine notwendige Bedingung menschlichen Glücks ist. Während die Annahme sozialer Affekte sicherlich plausibel ist, so scheint es doch ebenso plausibel, daß diese auf eine engere soziale Sphäre beschränkt bleiben. Nächstenliebe im eigentlichen Sinne kann daher nur eine Gruppenmoral bzw. eine *ordo amoris* (Spaemann 1989, 141ff.) begründen, d.h. eine moralische Bindung zu Personen in Abhängigkeit von ihrer sozialen Nähe. Dies ist jedoch noch keine Moral im philosophischen Sinne.[10] Denn der moralische Standpunkt impliziert die unparteiliche Berücksichtigung *aller*, unabhängig von ihrer sozialen Nähe oder Ferne. Tugendhat (1993, S. 282ff.) hat daher versucht, den moralischen Standpunkt als eine Tugend, d.h. als eine auf Dauer gestellte Haltung, zu begründen, indem er auf die Affekten- und Tugendlehre von Adam Smith rekurriert. Der Kerngedanke dabei ist, daß ein ausgewogenes Verhältnis der Tugenden der Selbstbeherrschung (der eigenen Affekte) und der Sensibilität (für die Affekte der Anderen) die Voraussetzung ist sowohl für ein gelingendes affektives Kommunizieren einerseits, als auch für die Einnahme des Standpunktes des unparteilichen Betrachters andererseits. Die Fähigkeit zur affektiven Kommunikation, wozu wir als Gemeinschaftswesen in gewisser Weise motiviert sind, impliziert demnach die Fähigkeit zur unparteilichen Betrachtung. Das bedeutet freilich noch nicht, wie auch Tugendhat zugesteht (1993, S. 309), daß der moralische Standpunkt als solcher damit schon eine ausreichende motivationale Basis besitzt.

Nimmt man den moralischen Standpunkt ernst, dann läßt sich daraus auch eine weitere Verknüpfung von Moral und Glück ableiten. Denn den moralischen Standpunkt einzunehmen, heißt nicht einfach, den Interessenstandpunkt anderer einzunehmen, sondern die Interessen aller – einschließlich meiner eigenen – aus einer neutralen, unparteilichen Perspektive zu berücksichtigen. Damit ist in einem schwachen Sinne gemeint, daß wir bei unseren moralischen Entscheidungen neben allen anderen auch uns selbst mitberücksichtigen dürfen (Seel 1995, S. 43f.). In einem starken Sinne liefert damit aber auch jede normative Moraltheorie Bewertungskriterien dafür, welche Ansprüche und Forderungen, die von anderen an uns herangetragen werden, überhaupt gerechtfertigt sind. Moral erfüllt eben auch eine, im Zuge des Moralpredigens leider immer wieder übersehene, wichtige Schutzfunktion vor pseudo-moralischen Ansprüchen, Gewissensinfiltrationen und -nötigungen. Man muß nicht bis in die Psychopathologie der Ich- bzw. Selbststörungen

[10] Ähnlich argumentiert auch Seel (1995, S. 208f.), daß die für das eigene Glück notwendige Bedingung einer gegenseitige Anerkennung als Personen bereits durch eine „selektive", d.h. nur gelegentlich bzw. auf wenige beschränkte, moralische Einstellung erfüllt wird.

gehen, um zu erkennen, welche elementare Bedeutung dieser Schutz für das psychische Wohlergehen jedes Einzelnen besitzt.

Literaturauswahl

Angehrn, E.; Baertschi, B. (Hrsg.): *Die Philosophie und die Frage nach dem Glück*, Bern u.a. (P. Haupt) 1997.

Annas, J.: *The Morality of Happiness*, New York-Oxford (Oxford Univ. Press) 1993.

Baurmann, M.; Kliemt, H. (Hrsg.): *Glück und Moral. Arbeitstexte für den Unterricht*, Stuttgart (Reclam) 1995.

Bellebaum, A. (Hrsg.): *Glück und Zufriedenheit*, Opladen (Westdeutscher Verlag) 1992.

Bellebaum, A. (Hrsg.): *Vom guten Leben. Glücksvorstellungen in Hochkulturen*, Berlin (Akademie) 1994.

Bellebaum, A., Barheier, K. (Hrsg.): *Glücksvorstellungen. Ein Rückgriff in die Geschichte der Soziologie*, Opladen (Westdeutscher Verlag) 1997.

Bien, G (Hrsg.): *Die Frage nach dem Glück*, Stuttgart-Bad Cannstadt (Frommann-Holzboog) 1978.

Birnbacher, D. (Hrsg.): *Glück. Arbeitstexte für den Unterricht*, Stuttgart (Reclam) 1993.

Carson, Th.L.; Moser, P.K. (Hrsg.): *Morality and the Good Life*, New York (Oxford Univ. Press) 1997.

Csikszentmihalyi, M.: *Flow – Das Geheimnis des Glücks*, Stuttgart (Klett) 1991 (i.O: *Flow. The psychology of optimal experience*, New York u.a. 1990).

Engstrom, St.; Whiting, J.: *Aristotle, Kant, and the Stoics. Rethinking Happiness and Duty*, Cambridge u.a. (Cambridge Univ. Press) 1996.

Foot, Ph.: *Virtues and Vices*, Oxford (Blackwell) 1978.

Forschner, M.: *Über das Glück des Menschen. Aristoteles, Epikur, Stoa, Thomas von Aquin, Kant*, Darmstadt (WBG) 1993.

Griffin, J.: *Well-Being. Its meaning, measurement, and moral importance*, Oxford (Oxford Univ. Press) 1986.

Hossenfelder, M.: *Antike Glückslehren. Quellen in deutscher Übersetzung*, Stuttgart (Kröner) 1996.

Krämer, H.: *Integrative Ethik*, Frankfurt/M. (Suhrkamp) 1992.

Marten, R.: *Lebenskunst*, München (Fink) 1993.

Nussbaum, M.C.: *The Therapy of Desire. Theory and Practice in Hellenistic Ethics*, Princeton (Princeton Univ. Press) 1994.

Römpp, G.: „Kant's Ethics as a Philosophy of Happiness: Reflections on the *Reflexionen*", *The Modern Schoolman*, 71 (1994), 271-284.

Schmid, W.: *Auf der Suche nach einer neuen Lebenskunst*, Frankfurt/M. (Suhrkamp) 1991.

Seel, M.: *Versuch über die Form des Glücks*, Frankfurt/M. (Suhrkamp) 1995.

Sidgwick, H.: Die *Methoden der Ethik*, Leipzig (W. Klinkhardt) 1909 (insbes.: IV. Buch, Schlußkapitel).

Spaemann, R.: *Glück und Wohlwollen*, Stuttgart (Klett-Cotta) 1989.
Steinfath, H. (Hrsg.): *Die Frage nach dem guten Leben*, Frankfurt/M. (Suhrkamp) 1997.
Tatarkiewicz, Wł.: *Analysis of Happiness*, The Hague (M. Nijhoff), Warszawa (Polish Scientific Publisher) 1976 (dt.: *Über das Glück*, Stuttgart (Klett-Cotta) 1984; das polnische Original wurde 1939-43 verfaßt und erschien zuerst als *O szczesciu*, Warszawa 1962).
Tugendhat, E.: *Vorlesungen über Ethik*, Frankfurt/M. (Suhrkamp) 1993.
van Wright, G.H.: *The Varieties of Goodness*, London (Routledge) 1963.
Veenhoven, R.: *Conditions of Happiness*, Dordrecht u.a. (Reidel) 1984.
Wilke, V.S.: *Kant on Happiness in Ethics*, Albany (State Univ. of New York Press) 1994.
Williams, B.: *Ethics and the Limits of Philosophy*, London (Fontana) 1985.
Wolf, U.: *Die Suche nach dem guten Leben. Platons Frühdialoge*, Reinbek (Rowohlt) 1996.

Über das Glück

Günther Bien

1. Einleitung

1.1 Glückwunsch und Glück-Wünschen

Die Menschen pflegen einander zu bestimmten regelmäßig wiederkehrenden kalendarischen Gelegenheiten Glück zu wünschen sowie aus besonderen Anlässen andere zu beglückwünschen.

Fragen wir uns also, was denn das sei, das Glück, und wodurch sich ein Glückwunsch vom Glück-Wünschen unterscheidet. Fragen wir uns weiter: Woran liegt es, daß man einem Menschen nicht befehlen oder überhaupt ihn nicht dazu auffordern kann, glücklich zu sein, daß man vom Glück vielmehr im Modus des Wünschens zu sprechen zu pflegt?

Jemanden beglückwünschen bedeutet, so meine ich, daß man ihm zu vorhandenem Glück – worin immer dies im jeweiligen Fall bestehen mag – seine Zustimmung, teilnehmende Anerkennung und Freude äußert, daß man also sagt: „Du hast etwas Positives, Gutes, Beglückendes, Wunderbares getan und geleistet", oder aber: „Es ist dir etwas Beglückendes widerfahren", und: „Es ist gut so, du hast es verdient", und weiterhin: „Ich freue mich mit dir, ich nehme teil an deiner Freude und deinem Glück".

(Übrigens: Daß der Mensch nicht nur im Inneren seiner Seele und nicht nur für sich alleine glücklich sein will, sondern daß er – ich meine: durchaus zurecht – möchte, daß sein Glück von anderen wahrgenommen und auch akkreditiert wird, ist ein interessantes und bedenkenswertes anthropologisches und glückstheoretisches Faktum. Man muß dieses Faktum nicht notwendigerweise im Sinne von Samuel Johnsons sarkastischem Diktum interpretieren: „Das Glück bedeutet nichts, wenn andere davon nichts wissen, und es bedeutet sehr wenig, wenn sie uns darum nicht beneiden."[1])

[1] Zitiert nach: W. Tatarkiewicz, *Über das Glück*, Stuttgart (Klett-Cotta) 1984, S. 143.

Daß man vom Glück nur im Modus des Wünschens sprechen kann, hat zwei Gründe. Zum einen – das ist eine moralphilosophische Trivialität – braucht man zu solchem nicht aufzufordern oder solches nicht durch einen Befehl vorzuschreiben, was die Menschen schon von sich aus tun oder wollen, wünschen und erstreben. Nun ist es aber so: Alle Menschen streben von Natur und daher unaufgebbar nach Glück. Das haben denn auch die Kenner des menschlichen Herzens, haben Platon und Aristoteles, Epikur und Seneca (wie auch alle anderen Stoiker[2]), haben Augustinus und Thomas ebenso behauptet wie Leibniz, Immanuel Kant, die angelsächsischen Utilitaristen J. Bentham und J. St. Mill, der Pragmatist und Religionsphilosoph William James, Dichter und Schriftsteller wie Dostojewski, Hermann Hesse und Henry Miller, und in unserem Jahrhundert noch Sigmund Freud und Teilhard de Chardin. Bei Sigmund Freud lesen wir:[3]

> Wir wenden uns der Frage zu, was die Menschen selbst durch ihr Verhalten als Zweck und Absicht ihres Lebens erkennen lassen, was sie vom Leben fordern, in ihm erreichen wollen. Die Antwort darauf ist kaum zu verfehlen; sie streben nach dem Glück, sie wollen glücklich werden und so bleiben.

Sodann: Für das Glück ist schlechterdings konstitutiv, daß es sich nicht durch einen einfachen Willensakt und Entschluß auf eine Aufforderung hin einstellt und bewirkt werden kann. Glück kann nun einmal nicht direkt intendiert werden, sondern ist seiner Natur nach immer eine Nebenfolge. Muß das aber bedeuten, daß der Mensch für sein Glück gar nichts tun kann? Nein, denn immerhin kann man es sich und anderen wünschen.

Überhaupt sollte man hier nicht vorschnell urteilen; denn man stößt immer wieder auch auf Äußerungen, in denen in Befehlsform vom Glücklichsein gesprochen wird. Wittgenstein beispielsweise hat in seinem Tagebuch notiert:[4] „Man scheint nicht mehr sagen zu können als: Lebe glücklich! Die Welt des Glücklichen ist eine andere Welt als die des Unglücklichen. Die Welt des Glücklichen ist eine glückliche Welt." Und er hat auch angegeben, wie man das macht, glücklich leben:[5] „Um glücklich zu leben, muß ich in Übereinstimmung sein mit der Welt, und dies heißt ja 'glücklich sein'." Hat Wittgenstein mit diesen Feststellungen recht? Was ist Glück?

[2] Vgl. M. Forschner, *Die Stoische Ethik. Über den Zusammenhang von Natur-, Sprach- und Moralphilosophie im altstoischen System*, 2. Aufl., Darmstadt (WBG) 1995, Sachregister S. 236.

[3] S. Freud, *Abriß der Psychoanalyse. Das Unbehagen in der Kultur*. Frankfurt/M. (Fischer) 1953, S. 105.

[4] L. Wittgenstein: „Tagebücher 1914-1916", in: *Ludwig Wittgenstein: Schriften*, Bd. 1, Frankfurt/M. (Suhrkamp) 1960, S. 166 ff. (Eintragung zum 29.07.1916).

[5] A.a.O., S. 167 (Eintragung zum 08.07.1916).

1.2 Über die Glückskompetenz von Dichtern und Philosophen

Bevor wir uns dieser Frage direkt zuwenden, möchte ich einen poetischen Text in Erinnerung rufen. Ich tue dies vor dem Hintergrund folgender Überlegung. Über die Angelegenheiten und die wesentlichen Dinge des menschlichen Lebens können, so möchte man manchmal meinen, die Dichter besser und angemessener belehren, jedenfalls aber anschaulicher und schöner sprechen als die Philosophen. Dennoch aber: Mindestens sechs Bedenken sind gegen diese für die Glückskompetenz der Philosophie ungünstige Vermutung zu erheben.

1. Es wäre um die Philosophie schlimm bestellt, wenn sie zum Glücksthema nichts Sinnvolles würde sagen können. Das gilt jedenfalls dann, wenn Ciceros Feststellung zutreffend und auch heute noch gültig ist:[6] *„Die Untersuchung des glücklichen Lebens ist der einzige Gegenstand, den sich die Philosophie zum Zweck setzen muß.“*
2. Es ist immerhin ein Dichter gewesen, nämlich Robert Walser, der behauptet hat: „Das Glück ist kein guter Stoff für Dichter. Es ist zu selbstgenügsam. Es braucht keinen Kommentar. Es kann in sich zusammengerollt schlafen wie ein Igel.“ (Dieses ist in unserem Zusammenhang allerdings kein starkes Argument, weil es in gleicher Weise die Kommentierungsunbedürftigkeit des Glücks durch die Philosophie mitbetrifft.)
4. Geschichten und Parabeln müssen entschlüsselt werden, und die Urteilskraft, die solches unternimmt, bedarf der theoretischen und also philosophischen Schulung.
5. Geschichten enthalten ihrerseits immer auch eine eigene „Philosophie“, die zu entschlüsseln und zu überprüfen zu den Geschäften der eigentlichen, als Fach betriebenen Philosophie zu zählen ist.
6. Allen (oder doch wenigstens den meisten) Geschichten ist naturgemäß eine besondere Art von Einseitigkeit eigen, die eine um Allgemeingültigkeit bemühte philosophische Reflexion zu vermeiden trachten wird.

Dennoch aber, diesen Einwänden gegen die Zuständigkeit der Dichtung zum Trotz, sei mit einem poetischen Text begonnen. Die kleine Geschichte, an die ich in unserem Zusammenhang denken möchte, ist die Erzählung „Das Tempelchen“ von Werner Bergengruen.[7] Wiedergegeben ist hier der Lebensbericht, den eine alte russische Dame ihrer Enkelin Jelisaweta erzählt, genauer

[6] M.T. Cicero, *De finibus bonorum et malorum / Über das höchste Gut und das größte Übel*, übers. u. hrsg. von H. Merklin, Stuttgart (Reclam) 1989, V 5.12.

[7] W. Bergengruen, *Das Tempelchen*, Zürich (Die Arche) 1950.

gesagt: die Erzählung einer Episode aus ihrer Kindheit, von der diese Enkelin bemerkt, daß sie,

> nachdem sie selber bereits zu Jahren gekommen war und nachdem sich aufgrund der Umgestaltung, die vom zweiten Jahrzehnt unseres Jahrhunderts an über die östlichen Länder hingingen, auch in ihrem Leben vieles geändert hatte, diese Großmuttergeschichte im Sinn behalten und gemeint habe, in ihr ein stattliches Maß angedeuteter Aufschlüsse und Erfahrungen niedergelegt zu finden, und vielleicht mehr, als die Großmutter selbst gewußt hatte. Manchmal gar wollte es ihr – man möchte annehmen: irrigerweise – fast scheinen, als läge hier eine Art Schlüssel zur Dechiffrierung des Lebens und der menschlichen Schicksale bereit. Doch war es auch [so bemerkt der reflektierende Erzähler] der Enkelin nicht gegeben, diesen Gehalt zu erkennen und für das eigene Dasein fruchtbar zu machen.

Ob es uns in distanzierter Reflexion gelingen mag, diesen Gehalt zu erkennen und für unser Dasein fruchtbar zu machen? In den Kategorien einer ausgearbeiteten Glücksphilosophie diskutiert geht es in dieser Geschichte darum, ob und wie es uns gelingt, die zumeist kurzen Perioden intensivsten Glückserlebens und ausgesprochener Höhepunkterfahrung („den Extrakt von tausend Rosenblättern") in ein ganzes, auch mit Perioden der Langeweile und des Unglücks durchsetzte Leben zu integrieren. – Erzählt werden in dieser Geschichte drei Tage aus dem Leben einer jungen Frau, in denen sie einen flüchtigen und gesuchten Offizier in einem Tempelchen im Park ihres elterlichen Anwesens versteckt gehalten hat. Von diesen Tagen berichtet sie, nun sehr alt und auch weise geworden, ihrer Enkelin:

> Ach, ich habe noch viel über Jerome nachgegrübelt und darüber, daß diese drei Tage mit ihm etwas so Einzigartiges waren! Weißt Du, wenn ich sie mit meinem übrigen Leben vergleiche, dann ist das wie ein großer Garten, wo alles mögliche wächst, eins besser, eins schlechter, und da sind natürlich auch sehr bunte und stark riechende Blumen dabei. Aber diese drei Tage, das war der Extrakt, tausende von Rosen braucht es wohl, bis ein Fläschchen mit Rosenöl zustande kommt, und manchmal möchte man dazu den ganzen übrigen Garten verachten. Nun, das ist wohl falsch, und später habe ich das auch nicht mehr getan.

Wie also verhalten sich, zu dieser Frage regt uns der Text an, Glück und Unglück eines ganzen Lebens zu drei kurzen Tagen letzter Erfüllung? Wiegen drei Tage dieser Art alle übrigen Widerfahrnisse eines ganzen Lebens auf? Vielleicht sagen die Schlußsätze der kleinen Erzählung einiges darüber:

> Also, wie gesagt Kindchen, wenn schon nicht Glück, dann wenigstens Zufriedenheit. Nur manchmal denkt man, wir könnten auch mit der Zufriedenheit nie ganz zufrieden sein, so wie mit dem Glück nie ganz

> glücklich. Nun, das wäre noch lange nicht das Schlimmste. Denn alsdann könnte man immer noch denken, man könnte auch mit dem Unglück nie ganz unglücklich und mit der Unzufriedenheit nie ganz unzufrieden sein.

Diese kleine Geschichte und die in sie eingestreuten allgemeinen Reflexionen enthalten, wenn man einmal darauf achtet, eine ganze Glücksphilosophie und zugleich eine ganze Philosophie des menschlichen Lebens. Was also ist Glück? Was bedeutet das Wort 'Glück'? Wie verhält sich das Wort (und dann auch die Sache) 'Glück' zu den anderen Worten und Bedeutungen aus dem hedonischen Wortschatz und Sinnbezirk, also zu Zufriedenheit, Seligkeit, Sinnerfüllung, Selbstverwirklichung, Lebensqualität, Wohlbefinden, Vergnügen, Freude, Spaß? Haben die Kulturkritiker recht, die sagen, daß es bald gar kein Glück mehr geben werde, sondern nur mehr Spaß?

2. Das Glück als Thema der Philosophie

2.1 Die Frage nach dem Glück

Das Glück ist Glücks- und Philosophensache, behauptet eine alte Sentenz. Ich möchte ihr zwei weitere Sentenzen hinzufügen: Glück ist Ansichtssache, und: Glück ist Charakterangelegenheit, und ich behaupte: eine vollständige Philosophie des Glücks könnte schlicht darin bestehen, diese vier Feststellungen angemessen zu explizieren und zusammenzudenken.

Mit der Behauptung, daß das Glück Philosophensache sei, soll sicher nicht gesagt werden, daß die Gattung der philosophischen Menschen regelmäßig eine besonders glückliche Sorte von Menschen sei. Gemeint ist vielmehr, daß das Glück seit Anbeginn ein besonders bevorzugtes Thema der Philosophie gewesen ist, und daß daher die Philosophen vom Fach seit je die in besonderer Weise kompetenten Theoretiker in bezug auf Fragen des Glücks seien, sowie schließlich, daß Glück eben nicht nur Glücks- und Zufallssache, sondern auch eine Angelegenheit der *ars vitae*, der vernünftigen Lebensführung und sinnvollen Lebensplanung eines jeden Menschen sei, der bewußt und mit Vernunft – das aber heißt: der weisheitsliebend – lebt. Die Philosophie ist daher denn auch über Jahrhunderte hin verstanden worden als Lehre von und Anweisung zum glücklichen Leben, als erlernbare und auszubildende Kunst einer richtigen, gelingenden und erfüllten Lebensführung, als *ars bene beateque vivendi.*[8]

Denn das gehört zu den ausgemachten Selbstverständlichkeiten, seitdem man sich mit der Frage nach dem Glück beschäftigt hat, daß das Glück das einzige der möglichen menschlichen Lebensziele ist, das den Charakter hat, letztes Ziel zu sein, d.h. in keiner Weise auf ein anderes, übergeordnetes Ziel hin als Mittel oder Durchgangsstufe funktionalisiert werden zu können. Es ist darum auch immer als das höchste, durch Handeln realisierbare Gut (das *summum bonum*) des Menschen und als der Endzweck (*finis ultimus*) des menschlichen Lebens angesehen worden. Was auch immer die Menschen je nach ihrer Lebens- und Willensausrichtung wollen und vom Leben erwarten, das wollen sie, weil sie meinen, daß es das sei, was in letzter Instanz das Streben und Begehren ihres Herzens zur Ruhe kommen läßt.

Angesichts der von Philosophen, Dichtern und Psychologen über eine so lange Zeit hin behaupteten Allgemeinheit, Notwendigkeit und Unaufgebbarkeit des menschlichen Glücksstrebens, das zudem noch durch die amerikanische Unabhängigkeitserklärung vom 4. Juli 1776 neben dem Leben und der Freiheit in den Rang eines natürlichen Rechtes erhoben worden ist,[9] mag es überraschen, daß es doch immer eine beträchtliche Zahl von Menschen gibt, die erkennbar nicht zu denen gehören, die bei einer von Meinungsforschern organisierten Umfrage das Feld „uneingeschränkt glücklich" als für sie zutreffend ankreuzen dürften.

Wie ist diese Tatsache zu erklären? Was ist die Ursache für ein so verbreitetes Unbehagen und Negativgefühl? Liegt es an den äußeren Verhältnissen oder aber an einer falschen Lebensführung und Lebensgestaltung oder vielleicht an zu hohen Erwartungen in bezug auf das, was man vom Leben erwarten darf? Was machen wir Menschen falsch? An welcher Stelle liegen die Schwierigkeiten, die wir mit dem Glück zu haben pflegen?

Was überhaupt macht uns glücklich? Worin besteht das Glück – in welchen Dingen, Erlebnissen, Tätigkeiten, Lebensformen oder Lebensverhältnissen? D.h., um welche Dinge, Tätigkeiten und Einstellungen, um welche Gestaltung der Weltverhältnisse soll man sich bemühen – als Einzelner und als Gemeinschaft, um als Einzelner und in Gemeinschaft glücklich zu leben? Kurz (und das ist wohl die Grundfrage, an deren Beantwortung uns allen am meisten gelegen sein muß, und die hier zu stellen ist): Was kann der Mensch

8 Vgl. G. Bien: „Lebensführungskompetenz", in: R. Breuninger (Hrsg.), *Philosophie der Subjektivität und das Subjekt der Philosophie. Festschrift für Klaus Giel zum 70. Geburtstag.* Würzburg (Königshausen & Neumann) 1997, S. 24 – 35.

9 D. Sternberger: „Das Menschenrecht nach Glück zu streben", in: Ders., *Ich wünschte ein Bürger zu sein: Neun Versuche über den Staat*, 2. Aufl., Frankfurt/M. (Suhrkamp) 1970, S. 131 ff.

seinerseits für sein Glück oder wenigstens für die Verhinderung von Unglück und Leid tun? Stimmt es aber überhaupt, daß der Mensch in jeder Hinsicht seines Glückes Schmied ist?

Ist Glück ein Gemütszustand, ist es überhaupt ein Zustand? Wenn es das nicht ist, was ist es dann? Vielleicht eine Tätigkeit? Oder ist es weder eine Tätigkeit noch ein Gemütszustand, sondern eine Ideologie, eine Illusion, ein Traum? Wenn es eine Illusion und ein Traum ist, ist es dann ein notwendiger und unaufgebbarer oder ist es ein über reales Unglücklichsein hinwegtäuschender und damit vielleicht hilfreicher Traum? Oder aber ist das Glück als Traum ein das reale Glück verhindernder Traum?

Was die einzelnen Glücksgüter angeht, so kann man fragen: Hat Schopenhauer mit seinem Diktum recht: „Gesundheit ist nicht alles, aber alles ist nichts ohne Gesundheit."? Hat das Sprichwort recht, welches sagt: „Geld macht nicht glücklich, aber es beruhigt."? Oder hat die Korrektur daran recht, welche uns versichert: „Doch, Geld macht sehr wohl glücklich. Zwar nicht alle immer, jedoch viele oft."?

Soviel ist sicher: Jeder Versuch einer Antwort auf diese Fragen setzt als erstes unabdingbar eine Verständigung darüber voraus, was das denn eigentlich sei, das Glück.

2.2 Begriffliche Unterscheidungen und Klärungen

Das Wort 'Glück' wird im Deutschen offensichtlich in zwei wohl zu unterscheidenden Grundbedeutungen verwendet, die in anderen Sprachen regelmäßig auch durch terminologische Varianten auseinandergehalten werden, im Lateinischen etwa als *fortuna* und *beatitudo*, im Griechischen als *eutychia* und *eudaimonia*, im Französischen als *la bonne chance* und *le bonheur*, im Englischen als *luck* und *happiness.*

Gemeint ist in dem einen Falle der Glückszufall, die Glücksgabe, die wir nicht erzwingen können, das Glück, das man hat; im anderen Falle das Glücklichsein, die Glückserfahrung, das Glückserlebnis, aber auch der gute Geist, der uns innerlich erfüllen muß, wenn wir fähig sein sollen, die äußerlich zufallende Gabe glücksbringend zu empfangen beziehungsweise beim Ausbleiben solcher Zufälle nicht unglücklich zu werden.

Nur wenn man diese Doppeldeutigkeit des Wortes im Auge behält, versteht man die Pointe der selbstverfaßten Grabinschrift des (im Jahre 1881 verstorbenen) Dichters Franz Dingelstedt: *„Er hat im Leben viel Glück gehabt, und ist doch niemals glücklich gewesen"*, sowie die (durchaus richtige) Beobachtung von Juliane Windhagen *"Zum Glück braucht man nicht viel zum Glück"* und die Sentenz von Marie von Ebner-Eschenbach: *„Sich glücklich fühlen können, auch ohne Glück – das ist Glück"*. (Genau besehen werden hier gleich drei Glücksbegriffe ins Spiel gebracht.)

Innerhalb dieser beiden Grundunterscheidungen lassen sich noch jeweils weitere Differenzierungen treffen.

2.2.1 Glück als *fortuna*

Innerhalb des Begriffes von Glück als *fortuna*, also dem, was einem zufällt und was man hat oder haben kann, lassen sich mindestens die folgenden Unterscheidungen treffen:

1. Mit dem Worte 'Glück' meint man zumeist das einzelne Ereignis, den einzelnen günstigen Zufall. Gemeint sein kann dabei einmal (a) das einzelne positive Ereignis, der glückliche Zufall: das vierblättrige Kleeblatt und das gewinnbringende Lotterielos; gemeint sein kann daneben aber auch (b) das einzelne, zufällige und von uns nicht herbeizuführende Ereignis, wodurch ein Übel verhindert wird. Das Glück in diesem letzten Sinne dürfte gemeint sein in jener geistvollen „Definition" von Bernard Shaw, nach der das Glück der Stuhl ist, der zufällig dasteht, wenn man im Begriffe ist, sich zwischen zwei andere zu setzen.
2. Mit 'Glück' meint man sodann die Glücksgüter, die man haben oder nicht haben kann, also das, was man sich und anderen aus Anlaß des Geburtstages oder zum Jahreswechsel zu wünschen pflegt: Gesundheit, Wohlstand, Erfolge und sonstige einzelne Güter.
3. Das Wort 'Glück' bezeichnet weiterhin den Zustand des vom Glück (im ersten und zweiten Sinne) Begünstigtseins: Glücklich nach dieser Bedeutung ist der Mensch, der bei allen oder doch den meisten seiner Bestrebungen Glück und Erfolg hat, also das „Glückskind", das „Sonntagskind" und der „Glückspilz". (Daß es eine solche Sorte von glücksbegnadeten Menschen tatsächlich gibt, weiß nicht nur das Märchen von der Glücks- und der Pechmarie, es ist auch die Voraussetzung des Napoleon zugeschriebenen Ausspruchs, er könne nur Offiziere brauchen, die *fortune* haben.)

2.2.2 Glück als *beatitudo*

Auch bei dem Glück, das man empfindet, beim Zustand des Glücklichseins kann man bei genauem Hinsehen wiederum mehrere Bedeutungen unterscheiden.

2.2.2.1 Glück als Hochgefühl

Glück kann erstens das Glück des Augenblicks sein, das Hochgefühl und das Höhepunktserlebnis. Hierbei mag man, je nach dem Niveau, vielleicht zwei Unterscheidungen treffen:

a) Das Glück im Sinne von Spaß, Vergnügen, Genuß, oder im Sinne von Sigmund Freud:[10] „das Erleben starker Lustgefühle. Im engeren Wortsinn wird 'Glück' nur darauf bezogen." Wenn Freud von diesem Glück sagt, daß es seiner Natur nach nur als episodisches Phänomen möglich sei, daß jede Fortdauer einer vom Lustprinzip ersehnten Situation nur ein Gefühl von lauem Behagen ergebe, daß wir so eingerichtet seien, nur den Kontrast intensiv genießen zu können, den dauernden Zustand hingegen nur sehr wenig, so ist dies alles nur dann richtig, wenn man mit Freud unter 'Glück' eine „eher plötzliche Befriedigung hoch aufgestauter Bedürfnisse" versteht. Freud (ebd.) hat daraus die anthropologische Konsequenz gezogen: „Somit sind unsere Glücksmöglichkeiten schon durch unsere Konstitution beschränkt", und „die Absicht, daß der Mensch 'glücklich sei', ist im Plan der 'Schöpfung' nicht enthalten." Die Richtigkeit dieser Konsequenz hängt freilich davon ab, daß 'Glück' ausschließlich in diesem Sinne einer an physiologische Bedingungen geknüpften Erlebnisqualität verstanden wird.

b) Von diesem ausgesprochen sensualistischen Glücksbegriff möchte ich die doch eher geistigen Höhepunktserlebnisse unterscheiden. Hören wir einige poetische Beschreibungen solcher Situationen. Friedrich Nietzsche behauptet:[11]

> Das Wenigste gerade, das Leiseste, das Leichteste, einer Eidechse Rascheln, ein Hauch, ein Husch, ein Augenblick – wenig macht die Art des besten Glücks.

Der chinesische Dichter Chin Shengt'An fragt uns:

> Ich trinke in einer Winternacht, und plötzlich fällt
> mir auf, daß es ungewöhnlich kalt geworden ist. Ich
> stoße das Fenster auf und sehe Schneeflocken wirbeln,
> so groß wie eine Hand, und der Schnee liegt schon drei
> oder vier Zoll hoch. Ist das vielleicht nicht Glück?

Von Bert Brecht gibt es einen kleinen Text, der zwar auch mit dem Titel „Vergnügungen" überschrieben ist, der aber doch – anstelle von bloßen Stimmungen und dem Erleben von Spaß – Dinge, objektive Situationen und auch Tätigkeiten als glückspendend nennt, für die sämtlich kennzeichnend ist, daß sie das Niveau rein sinnlicher Erregung weit überbieten. Brecht zählt als solche „Vergnügungen" auf:

> Der erste Blick aus dem Fenster am Morgen
> Das wiedergefundene alte Buch

[10] S. Freud, *op. cit.*, S. 105.

[11] Die beiden folgenden Zitate nach J. Thiele (Hrsg.), *Glück. Das Buch der schönen Augenblicke*, Stuttgart (Kreuz) 1987, S. 66 ff.

Begeisterte Gesichter
Schnee, der Wechsel der Jahreszeiten
Die Zeitung
Der Hund
Die Dialektik
Duschen, Schwimmen
Alte Musik
Bequeme Schuhe
Neue Musik
Schreiben, Pflanzen
Reisen
Singen
Freundlich sein.

Bei dem Wiener Philosophen Moritz Schlick, einem Vertreter des höchst nüchternen sog. Neopositivismus lesen wir:[12]

> Glück – das sind diejenigen wenigen Viertelstunden im Leben, in denen die Welt mit einem Male vollkommen wird durch das Zusammentreffen unscheinbarer Umstände – die Berührung einer warmen Hand, der Blick in ein kristallklares Wasser, die Stimme eines Vogels – wie könnte man nach dergleichen 'streben'?

Die Schlußfrage dieses Textes ist offensichtlich als rhetorische Frage gemeint und will zum Ausdruck bringen: solches kann man nicht erstreben und bewirken wollen. Das stimmt zweifellos dann, aber auch nur dann, wenn man unter Glück ausschließlich solche von der Welt auf uns zukommende und uns geschenkten Höhepunktserlebnisse versteht. Freilich läßt es auch Schlick nicht bei der Feststellung bewenden, daß das Glück uns vollkommen unverfügbar von außen zukommt; er hat geradezu als Summe der Moralphilosphie den Satz fomuliert:[13] „Halte dich jederzeit glücksbereit." oder noch kürzer: „Sei glücksbereit." Denn: „Wer fähig ist, den Wert wertvoller Güter in hohen Freudegefühlen auszuschöpfen, der macht eben den rechten Gebrauch davon. Die Natur ist nicht geizig oder sparsam und knüpft keine andere Bedingung an die Verleihung ihrer Güter, als daß man fähig sei, sie zu empfangen. Glücksfähigkeit ist schon Glückswürdigkeit. Wer imstande und bereit ist, an den Freuden der Welt teilzunehmen, der ist zu ihnen eingeladen."

Überhaupt läßt sich beobachten, daß die in der Philosophie und auch Psychologie ausgearbeiteten verschiedenen Glückskonzepte sich im wesentlichen dadurch voneinander unterscheiden, welche der semantisch zu unterscheidenden Bedeutungen des *Wortes* 'Glück' jeweils als die *Sache* selbst gesetzt

[12] M. Schlick, *Fragen der Ethik*, Frankfurt/M. (Suhrkamp) 1984, S. 194.

[13] A.a.O., S. 193.

wird. Für die Neuzeit und Gegenwart gilt, daß auf weite Strecken eigentlich nur das sensualistisch-hedonistische Glückskonzept (a) gelten gelassen wird.

Ein Beispiel dafür bietet das weit verbreitete Buch von Rolf Schneider *Glück – was ist das?*.[14] Auch Schneider unterscheidet das Glück, das man hat, das objektive Glück, von dem Glück, das man empfindet, dem subjektiven Glück. Innerhalb dieses „subjektiven Glücks", des Zustandes des Glücklichseins, unterscheidet Schneider das Glücksempfinden des Augenblicks von dem stetigen Glücksempfinden, der Grundstimmung des Glücklichseins. Er favorisiert eindeutig die erste Form und wirft der Glücksphilosophie, zumal der antiken vor, diesen Aspekt zugunsten der Chimäre eines Lebensdauerglücks vernachlässigt zu haben. Das Glück des Augenblicks ist das einzige, was er gelten läßt und also das Kernthema seines Buches, und dementsprechend definiert er:[15]

> Glück ist das befristete positive Lebensgefühl eines bestimmten Menschen zu einer bestimmten Zeit – gleichgültig:
> * ob der Mensch dieses Gefühl bewußt registriert oder nicht
> * ob er sich darüber äußert und wie er sich darüber äußert
> * ob er es „Glück" nennt oder wie sonst er es nennt, zum Beispiel Vergnügen, Lust, Befriedigung, Selbstverwirklichung, Seligkeit, Lebensqualität, soziales Wohlbefinden
> * ob andere Menschen es „Glück" nennen oder wie sonst sie es nennen
> * ob es sich aus Glücksgütern und Glückszufällen speist oder nicht
> * ob es ein positives Gefühl des Leibes, des Geistes oder der Seele ist
> * gleichgültig auch, ob es in das Unglück anderer Menschen eingebettet ist oder dies gar zur Voraussetzung hat – in sozial gebilligter Form bei jeder Art von Wettbewerb.

Man kann es nicht übersehen: Genau dies ist der Begriff, der, heute von der Sprache vorgegeben, mit dem Wort 'Glück' für uns fast unlöslich verbunden ist. Glück ist demnach ein im Grunde egoistisches, jedenfalls ein sensualistisch-hedonistisches Programm. Nur wenn man diese Tatsache im Auge behält, versteht man die heute verbreitete und auch oft explizit geäußerte Meinung, daß glücklich sein zu wollen moralisch unanständig und unstatthaft sei. An dieser Bedeutungsfixierung dürfte auch Kant mit seiner einprägsamen, geradezu klassischen Definition beteiligt gewesen sein, dergemäß Glück die extensive, intensive und protensive Erfüllung unserer Bedürfnisse und Triebe sei:[16] „Glückseligkeit ist die Befriedigung aller unserer Neigungen (sowohl extensive, der Mannigfaltigkeit derselben, als intensive, dem Grade, und auch

[14] R. Schneider, *Glück – was ist das? Traum und Wirklichkeit*, München-Zürich (Piper) 1978.

[15] A.a.O., S. 48.

[16] I. Kant, *Kritik der reinen Vernunft*, A 806/B 834.

protensive, der Dauer nach)". Glück ist „das Bewußtsein eines vernünftigen Wesens von der Annehmlichkeit des Lebens, die ununterbrochen sein ganzes Dasein begleitet".[17] Dies war keine Kantische Sonderlehre, sondern die allgemeine Überzeugung und der verbindliche Sprachgebrauch – am Ende des 18. Jahrhunderts – und er ist es noch heute.[18] Dieses semantische Faktum bedenkend wird, wer heute an einer Neuformulierung des klassischen Konzeptes von *eudaimonia* und *beatitudo* interessiert ist, tunlichst das Wort 'Glück' vermeiden und statt dessen lieber von geglücktem oder gelungenem oder von erfülltem Leben sprechen.[19] Wer von einem erfüllten und geglückten Leben spricht, denkt – um das Wenigste zu sagen – dabei nicht nur an die "glücklichen" Epochen, in denen in der Seele Kirmes war, sondern er schließt auch die anderen, die belasteten oder gar leidvollen, aber doch ebenso zur *conditio humana* notwendig gehörenden Seiten des irdischen Daseins mit ein, und er denkt, daß die gelungene Integration auch dieser Aspekte eine Lebensleistung, die Leistung einer ausgebildeten Lebensführungskompetenz ist.

c) Neben den genannten einzelnen Widerfahrnissen des individuellen Lebens können sodann auch die mehr oder weniger institutionalisierten Formen von Lebenshöhepunkten gemeint sein: das Fest, das Mahl, das Singen, das Tanzen.

17 I. Kant, *Kritik der praktischen Vernunft*, 1. Teil, § 3 (Akademie-Ausg., Bd. V, S. 22).

18 Vgl. E. Platner, *Philosophische Aphorismen*, Stuttgart-Bad Cannstatt (Frommann) 1977, II. 28. F. Mauthner: Artikel „Glück", in: ders., *Wörterbuch der Philosophie. Neue Beiträge zu einer Kritik der Sprache* 1910 (Nachdruck: Zürich 1980) Bd. I, S. 440: „Glückseligkeit im psychologischen Sinn des Worts ist der Zustand angenehmer Empfindungen. Im praktischen Sinn ist es die Mehrheit angenehmer Zustände in der Totalität des Lebens". K.H.L. Pölitz, *Die Staatswissenschaften im Lichte unserer Zeit dargestellt. II. Theil: Die Volkswirtschaftslehre, die Staatswirthschaftslehre und Finanzwissenschaft und die Polizeiwissenschaft*. 2., ber. und verm. Aufl. Leipzig 1827, S. 1: „Der Mensch ist, nach der Gesammtheit seiner sinnlichen und geistigen Anlagen, Vermögen und Kräfte, zur Sittlichkeit und Glückseligkeit bestimmt. Beide, Sittlichkeit und Glückseligkeit in Harmonie, bilden den Endzweck seines Daseyns. Die Glückseligkeit, gedacht als der Zweck des sinnlichen Theiles der menschlichen Natur, besteht in der möglichst gößten Summe angenehmer Empfindungen während der Dauer eines irdischen Lebens. Dieser Zweck, in ursprünglichen Anlagen und Kräften der menschliche Natur verbürgt, würde der höchste und einzige des Menschen seyn, wenn er, wie das Thier, ein Wesen mit blos sinnlichen Anlagen und Kräften wäre."

19 Vgl. G. Bien: Artikel „Glück, philosophisch", in: *Lexikon für Theologie und Kirche*, begr. von M. Buchberger, hrsg. von W. Kasper, Bd. 4 , Freiburg u.a. (Herder), 1995, Sp. 757 – 759.

2.2.2.2 *Glück als Charakterangelegenheit*

Glück ist fernerhin der Geist, das Talent und der Charakter, der das Glück im Sinne der günstigen Fügungen und Lebenswiderfahrnisse herbeiruft und mit ihnen umzugehen weiß. Als Seelenverfassung meint es auch jenen guten Geist, der den Menschen innerlich so erfüllt, daß er in relativer Unabhängigkeit von äußeren Glücksfällen oder deren Ausbleiben im Innersten *eudaimon*, glücklich wird.[20] Diese Wendung mag wiederum in einem doppelten Sinne verstanden werden: mehr psychologisch oder mehr ethisch.

Ich möchte es offen lassen, an welche dieser beiden Bedeutungen eher zu denken ist bei Goethes Ausspruch *„Das Glück tut's nicht allein, sondern der Sinn, der das Glück herbeiruft, um es zu regeln"*. Unzweideutig ist hingegen Börnes Feststellung, daß glücklich sein auch eine Tugend ist. So konnte denn auch Emile Auguste Chartier geradezu davon sprechen, daß Glück nicht nur eine Tugend sei, sondern daß es eine Pflicht gibt, glücklich zu sein, und daß man sogar geloben müsse, glücklich zu sein.[21] Eindeutig psychologisch muß man Mitscherlichs Feststellung hören:[22]

> Ob jemand fähig ist, sein Glück zu finden, Glück zu ertragen, sich glückliche Umstände zu erhalten, das enthält eine wesentliche Aussage über diesen Menschen. Im umgekehrten Fall gilt das vielleicht noch mehr: Ob einer einfach kein Glück hat, wie er sein Unglück erträgt – das verrät viel von der Struktur des Menschen, von der Struktur dessen, was wir seinen Charakter nennen.

Zeitgenössische Psychologen haben diese Fähigkeit zum Glück mit dem Terminus „Lebenszufriedenheitskompetenz" benannt und so definiert:[23]

> Die Möglichkeit, Glück, Lebenszufriedenheit und Sinn zu erfahren, muß wesentlich auf einem 'Talent', auf einer Lebenszufriedenheitskompetenz beruhen. Sie besteht in einer je persönlichen Kombination von komplexen Reaktionsmustern, das heißt von Dispositionsfaktoren, und besagt sowohl Bereitschaft als auch Fähigkeit zu Positiverfahrungen; Bereitschaft im Sinne von Motiviert-, Ansprechbar- und Sensibelsein, und zwar mit einem Gefüge von verhältnismäßig stabilen und in einem Wertsystem geordneten Einstellungen zu Personen und Zielen;

[20] R. Schaeffler, *Fähigkeit zum Glück*, Zürich-Einsiedeln-Köln (Benziger) 1977 (*Theologische Meditationen*, Nr. 46).

[21] Alain (Pseudonym für Aug. E. Chartier), *Die Pflicht, glücklich zu sein*, Frankfurt/M. (Suhrkamp) 1977; dort die Kapitel LXXXIX („Glück ist Tugend"), XCII („Die Pflicht, glücklich zu sein"), XCIII („Man muß geloben, glücklich zu sein").

[22] A. Mitscherlich, in: *Glück, Gerechtigkeit: Gespräche über zwei Hauptworte*, hrsg. A. Mitscherlich, G. Kalow, München (Piper) 1976, S. 11.

[23] B. Grom, N. Brieskorn, G. Haeffner, *Glück – Auf der Suche nach dem 'guten Leben'*, Frankfurt/M.-Berlin (Ullstein) 1987, S. 133ff.

> Fähigkeit verstanden als Erlebnis-, Denk- und Verhaltensmuster, die (als Strategien) ein Verarbeiten, Gewinnen („Maximieren") und Erhalten von Positiverfahrungen ermöglichen. Diese Lebenszufriedenheitskompetenz entwickelt sich vermutlich in einem komplexen Lernprozeß, der in einem Wechselspiel von Fremd- und Selbstsozialisation besteht.

Auch dieser Begriff von Glück ist auf seine Weise immer noch bezogen auf die Fähigkeit des Umgangs mit äußeren Glücksgütern und Glückszufällen bzw., wie die Sozialpsychologen sagen: mit Situationsfaktoren. Denkbar wäre darüber hinaus ein weiterer Begriff, der wenigstens tendenziell von diesem Bezug abzusehen vermag: Glück im Sinne der Freudigkeit des Herzens, des Friedens der Seele, der Ruhe des Gemütes, der Meeresstille des Geistes.

Woher aber, das ist nun die wichtigste Frage, kommt dem Menschen dieser Friede der Seele zu? Ist er eine reine Naturtatsache, die der eine hat, der andere nicht, oder handelt es sich um eine Struktur der Seele, also um eine psychologisch zu behandelnde Gegebenheit oder um eine sittliche, d.h. vom Menschen zu verantwortende, weil auf irgendeine Weise beeinflußbare Angelegenheit?

Der Friede der Seele gehört offenbar zu den Dingen, die man nicht auf direktem Wege und überhaupt nicht durch irgendeine technische Bemeisterung oder gar einen einfachen Entschluß bewirken kann; dieser Friede kann daher einerseits als ein Geschenk und als Gnade erwartet und erbetet werden. Und so singen die Christen in einem alten – man beachte wohl: in den tödlich-schlimmen Zeiten des dreißigjährigen Krieges von Martin Rinckart und Paul Gerhardt gedichteten – Danklied: *„Der ewig reiche Gott woll' uns in unserem Leben ein immer fröhlich Herz und edlen Frieden geben."*

Eine philosophische Beschäftigung mit dem Thema Glück und dessen Realisierungsmöglichkeiten im eigenen Leben und also insgesamt das Konzept der Philosophie als einer *ars vitae*, einer von jedem Menschen auf irgendeine Weise methodisch auszubildenden und zu erwerbenden Lebensführungskunst wären nun ganz sinnlos, wenn der Mensch hier nicht seinerseits selbst doch wenigstens etwas bewirken könnte.

Was aber kann der Mensch von seiner Seite her selbst tun? Er kann, ich wiederhole, nur wenig direkt tun, er kann sehr wohl aber auf negativem Wege manches verhindern, was dem Frieden der Seele mit Gewißheit abträglich ist.

Fragen wir aber zunächst uns selbst: Was ist denn das, wodurch die Ruhe des Herzens am meisten gefährdet ist? Ich meine: Es ist die Gier des Menschen, dieses Wort in seiner weitesten Anwendung gemeint und bezogen auf alles, was den Sinn und das Gemüt des Menschen packen und gefangennehmen kann: vitale Interessen und Bedürfnisse sowie sinnlicher Genuß, ferner äußere Besitztümer, und nicht zuletzt das bedingungslose Streben nach Ehre und Anerkennung durch andere Menschen (das oft Indiz für eine wenig ausgebidete Ich-Stärke ist, andererseits aber durchaus auch auf dem berechtigten Anspruch des Menschen beruht, in seiner Menschenwürde anerkannt und angemessen geachtet zu werden.)

Neben der Gier, d.h. der Angst des Menschen davor, im Leben zu kurz zu kommen, ist wohl noch eine andere Grundangst und -beunruhigung schuld daran, daß wir Menschen unglücklich sind. Ich meine die Grundangst vor Leid – also vor Krankheit und Schmerz – und vor allem vor dem Tod sowie die ängstliche Besorgnis vor dem, was vielleicht nach dem Tode kommt.

Gelassene Distanz zu sich und den Dingen der Welt ist die erste Glücklichkeitsbedingung. Denn um das Innerste des Menschen, um sein Herz ist es so bestellt, wie er gewillt und gesinnt ist, wie er sich

1. zu sich selbst,
2. zu den Dingen und Lebensgütern, und
3. zur Welt insgesamt stellt – wie er also eingestellt ist.

Ich meine damit etwas Letztes und Tiefes, aber doch nicht etwas Tiefsinniges, sondern das Folgende. Eine bekannte Redewendung belehrt uns: „Es gibt kein schlechtes Wetter, es gibt nur falsche Kleidung." Es gilt, die richtige und gültige Einsicht, die hier für einen konkreten einzelnen Lebenszusammenhang festgehalten ist, sich nutzbar zu machen im Umgang mit dem Weltlauf überhaupt und mit dem, was uns von dort aus zukommt. „Es gibt kein schlechtes Wetter, es gibt nur falsche Kleidung" meint: Es kommt darauf an, wie man sich zu den Situationen, zu den Dingen und zum Lauf der Welt mit seinem Herzen, seinem Geist und seinem Verstand verhält. Wie ist das zu verstehen?

3. Empirische Glücksforschung: Von der Lebenszufriedenheit zur Welt- und Selbstbejahung

Die Tatsache, daß im Deutschen das Wort 'Glück' zwei so heterogene Bedeutungen umfaßt, das Zufalls- und das Empfindungs- bzw. Befindlichkeitsglück, ist oft als Ungenauigkeit und Differenzierungsschwäche kritisiert worden. Man sagt, es handele sich um eine reine Zufallshomonymie, etwa so wie, ohne daß eine sachliche Gemeinsamkeit bestehe, das Wort 'Ball' gleichzeitig eine festliche Tanzveranstaltung und ein rundes Sport- und Spielgerät bezeichnet, oder das Wort 'Schloß' das prunkvolle Haus des Königs und die Sicherungsmöglichkeit einer Türe oder einer Tasche.[24] Ich meine diesen Kri-

[24] Es besteht allerdings durchaus ein historischer Zusammenhang zwischen beiden Wortgebräuchen, insofern das Schloß früher einmal – in der Funktion einer Burg –

tikern gegenüber: Im Falle des deutschen Wortes 'Glück' ist die Doppeldeutigkeit als durchaus sachgerecht zu begreifen. Denn einmal gehören zur realen Konstitution des menschlichen Lebens diese beiden Seiten: das, was wir selbst tun können und was in unserer Hand liegt einerseits, und das Unverfügbare und Kontingente andererseits. Und, noch wichtiger: Zwischen diesen beiden Momenten besteht ein eigenartig dialektisches Bedingungsverhältnis. Das ist nicht nur die Überzeugung der Philosophie seit je gewesen, es ist durch die gegenwärtige empirische Glücksforschung auf interessante und überzeugende Weise bestätigt worden.

Inzwischen nämlich nehmen sich des Glücks-Problems auch die praktische und die theoretische Politik, d.h. die Parteiprogrammkommissionen und die Politologen sowie die empirische Sozialforschung unter dem Titel „Lebensqualität" an; es gibt ferner eine ganze Sparte der Psychologie, die sich unter der Bezeichnung „Happyologie" der Untersuchung der Bedingungen von Positiverfahrungen widmet; als Positiverfahrung wird hier sehr vorsichtig das bezeichnet, was man ansonsten – nämlich im Alltag, in der Philosophie und Dichtung und ebenso in der Unterhaltungskultur der Schlager, Filme und Familienromane – Glück zu nennen pflegt. Meinungsforscher haben inzwischen ein differenziertes Instrumentarium von Test- und Befragungsmöglichkeiten entwickelt, um die Glücks- und Zufriedenheitsgefühle der Zeitgenossen – nach Alterstufen, Einkommenshöhe, Geschlecht, Konfessionszugehörigkeit, Wohnverhältnissen, Familienstand, Stellung im Beruf und was es sonst noch alles an Differenzierungsmöglichkeiten für die Lebenslagen von Menschen gibt – zu erheben und zu quantifizieren.

Die Glückspsychologie nun – jedenfalls in ihren reflektiertesten Gestalten – unterscheidet heute zwischen folgenden vier Gegebenheiten. Sie kennt

1. das Glück im umfassenden Sinne von Lebenszufriedenheit im Ganzen und von Erfahrung von Lebenssinnerfüllung überhaupt. Als dessen Konstituentien thematisiert sie:
2. die bereits genannte und im Zitat (Anm. 23) definierte Lebenszufriedenheitskompetenz, d.h. die psychologische (oder auch sittlich zu verstehende) Glücksfähigkeit und -bereitschaft der einzelnen Menschen als Dispositionsfaktor,
3. bestimmte Situationsfaktoren, also alles das, was in dem Glück, das man haben kann, konkret gemeint ist, sowie
4. etwa fünfzehn (in anderen Untersuchungen gar einunddreißig) Arten von sog. Bereichszufriedenheiten.

dazu diente, ein Tal abzuschließen und zu sichern. Auch im Falle des Wortes 'Bank' (Sitzmöbel und Geldinstitut) besteht ein plausibler geschichtlicher Zusammenhang, insofern Bankgeschäfte ursprünglich öffentlich auf Bänken (und an „Wechslertischen") erledigt wurden.

Man hat in raffiniert durchdachten Verfahren durch Umfragen erhoben und in Zahlenwerten vermessen, wie zufrieden die Menschen mit den 15 bzw. 31 Sektoren sind, nach denen man ihre Lebenslagen definieren kann, also mit dem Einkommen, der Wohnung, der Bildung, der Arbeit, der Familien- und Ehesituation und den politischen Verhältnissen usw. Dabei sind mehrere sehr bedeutungsvolle Einsichten gemacht worden.[25]

Man hat zum einen gelernt, daß sehr wohl zu unterscheiden ist zwischen der Höhe des Einkommens und der Einkommenszufriedenheit; zwischen der objektiven Qualität der Wohnung (definiert durch Größe, Ruhe, Bequemlichkeit,[26] Zimmerzahl, Lage, Ausstattung) und der Wohnungszufriedenheit; zwischen der durch Abschlüsse und besuchte Schulen angebbaren Bildung und der Bildungszufriedenheit usw. Für die Befindlichkeit der Menschen sind nicht die äußeren und objektiven Gegebenheiten entscheidend, sondern die Einstellung des Menschen zu ihnen. Grundsätzlich also: Einkommens- und Lebensausstattungsniveaus, also objektive und objektiv meßbare Lebensbedingungen, auf der einen Seite und subjektiv wahrgenommene Lebensqualität auf der anderen Seite differieren durchaus. Zwischen den objektiven Lebensbedingungen und dem Lebensstandard einerseits und der psychologischen Zufriedenheit mit der Lebenssituation andererseits besteht – das war ein erstes wichtiges Ergebnis – ein nur lockerer Zusammenhang. Man kann diese Befunde dahingehend zuspitzen, daß durchaus objektiv gute Lebensbedingungen mit einer als schlecht wahrgenommenen Lebensqualität zusammengehen können, man spricht hier von einem „Unzufriedenheitsdilemma“, und andererseits, daß trotz schlechter Lebensbedingungen sehr wohl eine positive Bewertung des Lebens und der Glücksbefindlichkeit gegeben sein kann, eine Tatsache, die mit dem Begriff „Zufriedenheitsparadox“ benannt wird.

Grundsätzlich sind die folgenden Möglichkeiten von „Befindlichkeitspositionen“ denkbar:

1. Die objektiven Lebensbedingungen eines Menschen sind gut, und auch sein subjektives Wohlbefinden ist gut. Der Fall ist problemlos.
2. Die objektiven Lebensbedingungen eines Menschen sind gut, er empfindet dagegen sein Wohlbefinden als schlecht; diesem Menschen müßte geholfen werden.
3. Die äußeren Lebensverhältnisse sind schlecht, der betreffende Mensch nimmt dennoch seine Lebensqualität als durchaus gut und zufrieden-

[25] Vgl. zum folgenden Grom et al., *op. cit.*, S. 130ff.

[26] Hierzu gehören weitere Einzelaspekte wie etwa Heizung, bequemer Grundriß und dergleichen; vgl. W. Glatzer, W. Zapf, *Lebensqualität in der Bundesrepublik. Objektive Lebensleistung und subjektives Wohlbefinden* (Schriftenreihe des SFB 3 der Universitäten Frankfurt und Mannheim „Mikroanalytische Grundlagen der Gesellschaftspolitik“, Bd. 10, S. 89, Tab. 4.10), New York u.a. (Campus) 1984.

stellend wahr. Bei einem solchen Menschen müßte man in die Lehre gehen um zu sehen, wie man das macht.

4. Der Fall, daß die objektiven Bedingungen und das subjektive Wohlbefinden in gleicher Weise schlecht sind, ist – jedenfalls theoretisch gesehen – problemlos. Eine praktische Frage wäre: Wo soll, wer helfen will, eher ansetzen: bei einer Verbesserung der objektiven Lebenslage oder mit psychologischen Maßnahmen, d.h. mit einer Herabminderung etwaiger überzogener Glückserwartungen und Lebensansprüche?

Es hat sich außerdem ergeben, daß auch die einzelnen Bereichszufriedenheiten partiell unabhängige Dimensionen des subjektiven Wohlbefindens darstellen. Wer mit den Gegebenheiten des einen Bereichs zufrieden ist, muß es nicht notwendigerweise mit einem bestimmten anderen oder gar mit allen anderen sein.

Man hat schließlich erkannt, daß die einzelnen Bereichszufriedenheiten untereinander in einem bestimmten Rangverhältnis stehen, daß es eine Hierarchie zwischen ihnen gibt, d.h., daß sie in verschiedener Wertigkeit zur Gesamtlebenszufriedenheit beitragen. Geordnet nach den Testgrößen „Koeffizient der Produkt-Moment-Korrelation“ ergab sich die folgende Rang- und Wichtigkeitsordnung der einzelnen Bereichszufriedenheiten: An der Spitze steht die Zufriedenheit mit sich selbst; darauf folgt die Zufriedenheit mit den Gegebenheiten.

Lebensstandard
Familienleben
Ehe
Einkommen (der Familie)
Freundschaftsbeziehungen
Ersparnissen
Berufstätigkeit
Haushaltsarbeit
Wohnung
Nachbarschaft
Gesundheit
Gemeinde
Bildung

Ordnet man diese Momente in konzentrischen Kreisen an, so ergibt sich eine aufschlußreiche „Strukturierung des Lebensraumes“ aufgrund einer Situierung der Lebenszufriedenheitsbedeutsamkeit jener Situationsfaktoren in der Abstufung: Im Kernbereich steht die Einstellung zum Selbst, darauf folgen die Kreise Ehe, Familie, Lebensstandard, dann Einkommen, Arbeit, und schließlich Staat/Gemeinde und Bildung.

Was hier unter den Bereichszufriedenheiten den ersten Rang erhält, die Zufriedenheit des Menschen mit sich selbst und darin mit der Welt, entspricht in letzter Hinsicht dem, was die große Tradition der philosophischen und religiösen Lebenslehre seit je thematisiert hat als Glück, als *beatitudo* und *eudaimonia* im Sinne der Freudigkeit des Herzens, des Friedens der Seele, der Ruhe des Gemütes, der Meeresstille des Geistes, als Zustimmung zu sich selbst und zur Welt. Das Glück und die Lebenszufriedenheit eines Menschen hängt zwar auch zu einem Teil von seinen äußeren Bedingungen ab. Aber die grundlegende Bedingung dafür, daß ein Mensch seine einzelnen äußeren Lebensbedingungen überhaupt als beglückend zu erfahren vermag, daß er also mit seiner objektiven Lebenssituation und Lebensqualität – wie immer diese beschaffen sei – auch subjektiv zufrieden ist, ist vielmehr darin zu sehen, daß der Mensch mit sich selbst identisch ist, daß er sich und seine Existenz in der Welt (und damit auch diese insgesamt) freudig akzeptiert und bejaht. Das ist das wohl wichtigste Ergebnis der modernen Glückspsychologie.

Ich hatte am Anfang von der besonderen Glücksformulierungskomptenz der Dichtung gesprochen; so mögen denn nunmehr statt langer abstrakter Umschreibungen zwei Gedichte verdeutlichen, was unter einer solchen Selbst- und Weltbejahung zu verstehen ist. Das erste stammt von der zeitgenössischen Dichterin Mascha Kaléko:[27]

Ich freu mich, daß der Mond am Himmel steht
Und daß die Sonne täglich neu aufgeht.
Daß Herbst dem Sommer folgt und Lenz dem Winter,
Gefällt mir wohl. Da steckt ein Sinn dahinter,
Wenn auch die Neunmalklugen ihn nicht sehn.
Man kann nicht alles mit dem Kopf verstehn!

Ich freue mich. Das ist des Lebens Sinn.
Ich freue mich vor allem, daß ich bin.

In mir ist alles aufgeräumt und heiter:
Die Diele blitzt. Das Feuer ist geschürt.
An solchem Tag erklettert man die Leiter,
Die von der Erde in den Himmel führt.
Da kann der Mensch, wie es ihm vorgeschrieben,
- Weil er sich selber liebt – [auch] seinen Nächsten lieben.
Ich freue mich, daß ich mich an das Schöne
Und an das Wunder niemals ganz gewöhne.
Daß alles so erstaunlich bleibt, und neu!
Ich freu mich, daß ich ... Daß ich mich freu.

Das zweite Gedicht verdeulicht in besonders schöner und sachgemäßer Weise das von uns Gemeinte: den engen Zusammenhang zwischen dem Frieden und der Ruhe der Seele, dem Frieden der Welt und der Offenheit der Seele zur

[27] M. Kaléko, *In meinen Träumen läutet es Sturm*, München (dtv) 1977, S. 70.

Welt; es stammt von Theodor Fontane; seine Überschrift lautet schlicht „Glück“:[28]

Sonntagsruhe, Dorfesstille,
Kind und Knecht und Magd sind aus,
Unterm Herde nur die Grille
Musizieret durch das Haus.

Tür und Fenster blieben offen,
Denn es schweigen Luft und Wind,
In uns schweigen Wunsch und Hoffen,
Weil wir ganz im Glücke sind.

Felder rings – ein Gottessegen
Hügel auf- und niederwärts,
Und auf stillen Gnadenwegen
Stieg auch uns er in das Herz.

Die Psychologie weiß heute, daß die Fundamente eines solchen Selbst- und Weltvertrauens in der ersten Kindheit gelegt werden. Es besteht keineswegs in narzißtischer Selbstbezogenheit, Selbstvoreingenommenheit und Kreisen um das eigene Ich, sondern es impliziert einerseits zwar ein Ruhen in sich, aber es umfaßt und setzt andererseits in nur scheinbar paradoxer Spannung gerade Selbsttranszendenz und – wie die Psychologen sagen – „erfüllende Anderngerichtetheit“ voraus, also die Fähigkeit, sich andern Menschen positiv und in Freude, in Freundschaft und Bejahung zuzuwenden wie auch, sich zu Dingen und Wirkungsmöglichkeiten außerhalb unserer selbst interessiert und aktiv verhalten zu können, statt ihnen gelangweilt und passiv gegenüberzustehen und dadurch zu verarmen. Einen solchen sicheren Stand in der Welt durch Akzeptieren seiner selbst, verbunden mit aktiver Zuwendung zu anderen und zu anderem zu vermitteln, gehört zu dem Wichtigsten, was Eltern ihren Kindern mitgeben müssen, und was vielleicht sie allein ihnen mitgeben können.

4. Glück und Moral: Glücklichsein und glücklich machen

Manchem wird dieses Glückskonzept vielleicht allzu egoistisch und selbstbezogen erscheinen,[29] so daß man ihm gegenüber die in der Tat oft formulierte

[28] Th. Fontane, *Romane und Gedichte*, München (Droemer) 1952, S. 1063.

[29] Robert Holden, der als Psychologe im Exeter-College in Oxford regelmäßig ‘Lachseminare’ und ‘Happiness-Workshops’ veranstaltet, geht davon aus, daß, wer

Gegenthese einwenden kann: „Am glücklichsten macht den Menschen, andere Menschen glücklich zu machen."

Diesem Einwand ist grundsätzlich und auch nachdrücklich durchaus zuzustimmen. Einen widerlegenden Einwand sehe ich darin freilich insofern nicht, als ich ausdrücklich die „Anderngerichtetheit" in meine Bestimmung mit einbezogen hatte. Zu einem anderen Verhalten kann man in der Tat sinnvollerweise auch niemanden auffordern, man kann es darum nicht, weil nach Viktor Frankls Definition die sture Selbst-Zentriertheit just das Wesen der Neurosen ausmacht,[30] – und weil, wie eine bekannte Redewendung zurecht einschärft, die Tür zum Glück immer nur nach außen aufgeht.

Ich wiederhole daher noch einmal und verstärke das Gesagte: Das Glück ist nicht direkt intendierbar, und vor allem: es ist nicht durch Selbsteinschluß konservierbar, es stellt sich ein als eine Nebenfolge eines anspruchsvollen und als sinnvoll begriffenen Tuns, d.h. einer Selbstüberschreitung. Man könnte (nach einem Vorschlag von Hans Lenk) geradezu von einem Ruheparadox sprechen. Die antike Theorie des Glücks vor allem lehrt uns, daß uns Lebensglück nur zufällt, wenn wir tun, was sich an Aufgaben von außen an uns heranbewegt, wenn wir die Verantwortung erfüllen, die wir für Personen und Sachen übernommen haben, und wenn dieses Tun des evident Sinnvollen unsere Kräfte fordert, moralisch, psychisch, physisch, ohne uns geradezu durch Überforderung zu zerrütten.[31]

Dennoch möchte ich dem Satz „Am glücklichsten macht den Menschen, andere glücklich zu machen" – nicht korrigierend, aber doch komplementierend – seine Umkehrung zur Seite stellen: Nur wer selbst glücklich ist und daher Glück ausstrahlt, kann andere beglücken; nur ein Mensch, der in sich selbst unbelastet ist, fällt auch anderen nicht zur Last; nur wer selbst – soweit dies überhaupt möglich ist – angstfrei ist, verbreitet keine Angst und kann auch beitragen, anderen die Lebensangst zu nehmen. „Wie soll denn einer gegen andere Wohlwollen empfinden und ausüben, wenn es ihm selber nicht wohl ist?", hat in diesem Sinne Goethe gefragt.[32] Wer so eingestellt ist, hat

einen wirklichen Durchbruch zum Glücklichsein erzielen will, sich als erstes einmal selbst erlauben muß, glücklich zu sein; denn eine weitverbreitete Überzeugung der Unglücklichen sei gerade die Annahme: „Ich habe kein Recht auf Glück; der Wunsch nach Glück ist zu selbstsüchtig." Vgl. B. Kerber: „Läßt sich glücklichsein erlernen? Ein ungewöhnliches Experiment macht Hoffnung", *Psychologie heute*, **24** (1997), Nr. 3, 26f.

[30] Nach W.F. Bonin, *Die großen Psychologen*, Düsseldorf (Econ) 1983, S. 100.

[31] Zitat im Anschluß an H. Lübbe: „Das neue Selbstverständnis der Menschen und ihre Erwartungen an die Gesellschaft", in: *Für eine neue Kultur der Selbständigkeit. Ein Symposium zu Ehren von Reinhard Mohn*, Gütersloh (Bertelsmann) 1991, S. 7.

[32] Zitat nach H.J. Schrimpf, *Goethes Begriff der Weltliteratur*, Stuttgart (Metzler) 1968, S. 7.

zumindest *einen* nicht ganz unerheblichen Vorteil: Er wird nie einsam sein müssen. Selbst wenn er alleine ist, hat er doch immer gute Gesellschaft – er hat gute Gesellschaft an sich selbst, denn er hat, wie Platon dies ausgedrückt hat, eine mit sich selbst befreundete Seele. Übrigens haben davon auch andere durchaus einen Vorteil, wenn sie in Partnerschaft oder Kooperation mit ihm treten wollen: denn nur wer mit sich selbst befreundet ist, ist fähig, eine gelingende, ersprießliche und belastbare Freundschaft mit anderen aufzubauen und zu erhalten, wie denn auch nur jemand, der für sich selbst (wenigstens einigermaßen) aufzukommen weiß, fähig ist, auch für jemand anderen zu sorgen oder doch wenigstens von sich aus keine Belastung für den anderen und für die Beziehung mit ihm darzustellen. Das unauflöslich enge Verhältnis zwischen dem eigenen Glück und dem Beglückendsein für andere könnte man – freilich überscharf – auch so formulieren: Wer im Frieden der Seele lebt, weiß, daß er den anderen ein Engel sein muß, wenn er nicht sich selbst zum Teufel werden soll.

5. Schluß: Weisheit, Tatkraft und Gelassenheit

Zum Glück gehören, so hatten wir gesehen, eine äußere, von der Welt herkommende und unverfügbare sowie eine seelische (ethische oder psychologische) Komponente. Letzteres meint den guten Geist, der uns in den Stand setzt, uns auf rechte Weise zu den Glücks- und Zufallsgütern und den Situationsfaktoren zu verhalten. Dazu muß abschließend noch ein Wort gesagt werden.

Ich hatte die sprichwörtliche Wendung vom Wetter und der rechten Kleidung zitiert. Die gleiche Einsicht hat der stoische Philosoph Epiktet so formuliert:[33]

> Verlange nicht, daß alles so geschieht, wie Du es wünschst, sondern sei zufrieden, daß es so geschieht, wie es geschieht, und Du wirst in Ruhe leben.

Damit diese Sentenz nicht quietistisch und passivistisch mißverstanden wird, beeile ich mich, ihr in freier Umschreibung den bekannten, Oettinger zugeschriebenen Gebetstext anzufügen:

> Der Herr gebe uns Einsicht und Tatkraft, um das zu ändern, was geändert werden kann und muß; er gebe uns Gelassenheit, das hinzuneh-

[33] Epiktet, *Encheiridion*, 8 (*Handbüchlein der Moral. Griechisch/Deutsch*, Stuttgart (Reclam), 1992, S. 14).

> men, was nicht geändert werden kann. Und er gebe uns vor allem die Weisheit, das eine vom anderen unterscheiden zu können.

Wer so lebt, wer sich und die Welt bejaht, und wer mit Klugheit und Gelassenheit, mit Tatkraft und Weisheit tätig ist und dabei mit den äußeren Gütern hinlänglich versehen ist, der, so können wir unsere Überlegungen zusammenfassend (und zugleich an Wittgensteins anfänglich zitierte Tagebucheintragung erinnernd) sagen, lebt glücklich in einer glücklichen Welt.

Das wünsche ich den Lesern dieses Textes, das wünsche ich mir, das wünsche ich uns allen.

Buddhistische Glücksvorstellungen

Eine historisch-systematische Skizze

Gregor Paul

Freudvoll
Und leidvoll,
Gedankenvoll sein;
Hangen
und bangen
In schwebender Pein,
Himmelhoch jauchzend,
Zum Tode betrübt;
Glücklich allein
Ist die Seele, die liebt.[1]

Krone des Lebens,
Glück ohne Ruh,
Liebe, bist du![2]

Die Kümmernisse, Wehklagen und Leiden,
Die stets erneut in dieser Welt erscheinen,
Sie sind nur da, solang wir etwas lieben.
Wenn man nichts liebt, hat man nichts zu beweinen,
Drum sind die glücklich nur und ohne Trauer,
Die hier auf Erden nicht an etwas hangen.
Wer frei von Trübsal, frei von Leid will werden,
Befreie sich von liebendem Verlangen.[3]

1. Einleitung: Zwei exemplarische Glücksbegriffe

In einer Reihe von Versen gibt Goethe der Überzeugung Ausdruck, daß die Liebe das Leben lebenswert mache. Sie sei das höchste, ja einzige Glück, das ein Mensch erfahren könne. Dabei handle es sich freilich um kein Gefühl der Zufriedenheit, kein Empfinden innerer Ruhe, keine Bedürfnislosigkeit. Vielmehr bestehe dieses Glück auch und gerade darin, von einem Bewußtsein steter Gefährdung begleitet zu sein, das die Momente der Erfüllung um so wunderbarer und erstrebenswerter erscheinen lasse. Glücksvorstellungen

[1] Goethe, *Egmont*, 3. Akt.

[2] Goethe, *Rastlose Liebe.* Vgl. auch das Gedicht *Es schlug mein Herz [...].*

[3] *Udāna* VIII 8. Übers. Glasenapp 1956, S. 88. Vgl. auch S. 87.

unterscheiden sich von Mensch zu Mensch. Und ein Wort wie das deutsche 'Glück' besitzt unterschiedlichste Bedeutungen.[4] Außerdem variiert die Bedeutung entsprechender Bezeichnungen von Sprache zu Sprache. So besitzen das Lateinische und Englische mit Wörtern wie *fortuna* und *felicitas* bzw. *luck* und *happiness* explizite Differenzierungsmöglichkeiten zwischen dem Glück als glücklichem Zufall oder glücklichem, unverdientem Schicksal einerseits und Glücksgefühl andererseits, die das Wort 'Glück' allein nicht bietet. Diese Vielfalt kommt auch in den unterschiedlichen Bezeichnungen und Einschätzungen der von Goethe so positiv beurteilten Liebe zum Ausdruck. Obwohl es sich dabei um ein Gefühl handelt, das die meisten Menschen einmal auf ähnliche Weise empfunden oder doch bei anderen kennengelernt haben, so galt und gilt doch selbst eine erfüllte Liebe nicht für alle Menschen als Glück, geschweige denn, daß sie als Ziel und Sinngebung des Lebens betrachtet würde. Die zitierten buddhistischen Strophen nennen gängige Gründe für solch eine kritische Einschätzung: Bleibe Liebe unerfüllt, so fühle man Kummer, Schmerz und Leid. Und werde sie erfüllt, so doch nur für eine begrenzte Zeit. In ihrer notwendigen Vergänglichkeit führe sie zwangsläufig zu erneutem Leid. Aber auch die innere Unruhe und Sorge, die erfüllte Liebe häufig begleiten, werden im Buddhismus oft eher als Leid denn als Elemente eines Glücks beurteilt. Dabei sprechen die Verse mit 'Liebe' nicht nur die zwischenmenschliche Liebe, sondern fast jede Art von Zuneigung und Besitzbedürfnis an.

Goethes Gedichte und die buddhistischen Strophen formulieren auf exemplarische Weise zwei extreme, einander widersprechende Einschätzungen menschlicher Liebe, die dabei in wichtigen deskriptiven Merkmalen durchaus übereinstimmend begriffen wird. Liebe gilt beiden als ein Gefühl innerer Unruhe, als ein Zustand, der stets zu enden droht, und der schließlich auch ein Ende findet. Insofern diese Vergänglichkeit auch für andere Glücksgefühle charakteristisch ist, lassen sich beide Positionen zugleich auch als exemplarische Glückskonzepte verstehen.

In meiner Skizze buddhistischer Glücksbegriffe geht es mir freilich nicht nur wegen dieser zweifachen Exemplarität vor allem um das Thema zwischenmenschlicher Liebe. Wie angesprochen, ist sie ein mehr oder weniger universales oder doch allseits bekanntes Phänomen. So erlaubt ihre Erörterung allgemeinere *meta*theoretische Reflexionen von Glückskonzepten. Außerdem handelt es sich um eine existentiell relevante Erscheinung, so daß eine Auseinandersetzung nicht nur akademisches Interesse besitzt. Schließlich aber zwingt das weite und für niemand überschaubare Feld buddhistischer Lehren, Positionen, Strömungen, Texte und Schulen ohnehin zu einer radikalen Auswahl.

4 Man lese nur die entsprechenden Artikel im *Grimmschen Wörterbuch*.

Es existieren Hundertausende Seiten buddhistischer kanonischer Werke in unterschiedlichsten Sprachen. Zahlreiche Doktrinen widersprechen sich schon in fundamentaler Hinsicht. So finden sich atheistische Lehren und Buddhakonzepte, die kaum von christlichen Gottesbegriffen zu unterscheiden sind. Der im *Lotos-Sutra* thematische Buddha existiert in alle Ewigkeit, ist allmächtig und allgütig, greift zum Wohl der Menschen in deren Schicksal ein und fordert und belohnt Opfer und Gebet[5]. Dagegen sind die Merkmale, die alle buddhistischen Positionen und Schulen miteinander verbinden, eher formaler Art. Zu ihnen gehören Faktoren wie die Berufung auf irgendeinen Buddha und der *Bezug* auf Lehren wie die *Vier Wahrheiten vom Leiden*. Außerdem stehen alle Lehren und Strömungen in gewissen historischen Zusammenhängen, die sich insgesamt als Geschichte des Buddhismus bezeichnen lassen. Wie klar werden soll, sind einzelne dabei vertretene Leidensbegriffe miteinander inkompatibel. Daß dies auch für einzelne Buddha-Begriffe gilt, habe ich angedeutet.

Wenn ich in meiner Skizze buddhistischer Glückbegriffe von den *Vier Wahrheiten vom Leiden* ausgehe, so freilich nicht nur, weil dieses Lehrstück zu den wenigen gemeinsamen Bezugspunkten aller buddhistischen Lehren gehört. Da Leid ein wichtiger Gegenbegriff zu Glück ist, liegt es auch von der Sache her nahe.

Im übrigen möchte ich mehr bieten, als nur einige Glückskonzeptionen zu referieren und zu erläutern. In meiner metatheoretischen (metaethischen) Auseinandersetzung mit buddhistischen Glückskonzepten will ich auch die folgende These verteidigen:

Glückstheorien, die bestimmte und vor allem gemeinhin geschätzte Formen individuellen Glücks negieren, überzeugen nicht. Sie erscheinen schon in ihrem deskriptivem Bereich fragwürdig. Ihnen mangelt es an empirischem Gehalt. Als Beispiele nenne ich vorab nur solche Theorien, die Glück allein in spirituellen, von körperlichem Empfinden freien Zuständen sehen.

2. Das negative Glückskonzept in den *Vier Wahrheiten vom Leiden*

Der *Pāli-Kanon* enthält zahlreiche Formulierungen der *Vier (Edlen) Wahrheiten vom Leiden*. Viele von ihnen sind identisch. So heißt es wiederholt:[6]

[5] Vgl. Paul 1993 und 1997.

[6] *Dhammacakkapavattana-sutta* (pāli), 'Sutra, mit dem das Rad der Lehre [des Buddhismus] in Bewegung gesetzt wurde', Oldenburg o.J., S. 137f., Frauwallner 1956,

> Dies nun [...] ist die edle Wahrheit vom Leiden [sanskrit: *dukha*]. Geburt ist Leiden, Alter ist Leiden, Krankheit ist Leiden, Sterben ist Leiden, mit Unliebem vereint zu sein, ist Leiden, von Liebem getrennt zu sein, ist Leiden, nicht zu erlangen, was man begehrt, ist Leiden; kurz gesagt, die fünf Daseinsaggregate [sanskrit: *skandha*], die das Haften [an den Dingen, am Leben, an der Welt] bedingen, sind Leiden.

Der Formulierung dieser ersten Wahrheit vom Leiden schließen sich die Formulierungen der drei weiteren Wahrheiten an. Dabei bezieht sich die zweite Wahrheit auf die Entstehung des Leidens und besagt, daß ein jedes Leiden notwendigerweise seine Ursachen habe. Sie lägen insbesondere in der Unkenntnis bzw. einer fehlerhaften Vorstellung der Leidens-relevanten Sachverhalte und Verhältnisse, im sinnlichem Begehren und im Selbsterhaltungstrieb. Die dritte Wahrheit zieht bereits eine Konsequenz aus der zweiten Wahrheit und stellt fest, daß kein Leid entstehen könne bzw. jedes Leid vergehen müsse, wenn die entsprechenden Ursachen fehlten oder beseitigt würden. Die vierte Wahrheit gibt an, wie dies zu erreichen sei. Dabei betonen einschlägige Stellen, daß jedenfalls jedes sinnliche Begehren auszulöschen sei.[7] Sexuelles Interesse, Liebe, Interesse an (im landläufigem Sinn) Schönem, an einem komfortablen, angenehmen Leben, und das Streben nach Macht, Ruhm und Besitz gelten als besonders Leid-trächtige, der Befreigung vom Leid hinderliche Formen sinnlichen Begehrens.[8]

Es bedarf keiner Erläuterung, daß die Verwirklichung gerade solcher Ziele, Wünsche und Hoffnungen gemeinhin als eine Art Glück (*felicitas*, *happiness*) gilt. Der dabei erreichte Zustand der Befriedigung oder Zufriedenheit wird weithin als Glücksgefühl bezeichnet. Auch die einschlägigen buddhistischen Texte, die in Pāli, Sanskrit, Chinesisch, und Japanisch überliefert sind, sprechen in diesen Fällen oft von Glück (pāli und skt. *sukha*, chin. *le* und jap. *raku*). Im *Pāli-Kanon* und anderen, den Lehren des frühen Buddhismus (des sogenannten Hinayana[9]) verpflichteten Werken, und dort insbesondere in

S. 10f., Glasenapp 1956, S. 84, Gunsser 1973, S. 35f., Nyanatiloka 1976, S. 187, Mylius 1983, S. 203f.

7 *Ibd.*

8 So heißt es z.B.: „Alle Sinnenlüste sind vergänglich, leidvoll, dem Wechsel unterworfen." (*Anguttara-Nikāya* IV 185, S. 176f., Übers. Bd. 2., S. 150). Eine Stelle, die sich auch auf die sexuelle Anziehungsgkraft der Frau bezieht, lautet: „Die Gefahr des Haies aber [...] ist eine Bezeichnung des Weibes." (*Anguttara-Nikāya* IV 122, S. 126; Übers. Bd. 2, S. 109). Nach einer anderen Passage (*Anguttara-Nikāya* III 114, S. 266; Übers. Bd. 1, S. 223) wird, wer sinnlichem Genuß verfällt, in der Hölle – einer besonders qualvollen „Welt" – wiedergeboren. Vgl. auch die einschlägigen Zitate im folgenden.

9 Zur Problematik dieses Ausdrucks vgl. meine Ausführungen in Paul 1993, S. 62f. und 116ff.

dem einflußreichen scholastischen *Abhidharmakośa* (aus dem 5. Jh.), werden sie freilich als bloß weltliches, häusliches, flüchtiges, ja minderwertiges oder gar bloß scheinbares (irrigerweise für Glück gehaltenes) Glück ausgegeben.[10] Dabei heißt es häufig, daß sie, genau besehen, auch widerwärtig und ekelerregend seien. Vor allem sexuelle Befriedigung und lukullischer Genuß werden diskreditiert, indem auf die häßlichen, abstoßenden Seiten der Körperlichkeit und des Essens und Trinkens aufmerksam gemacht wird. Von der Unausweichlichkeit des Alterns, dem Verfall des Körpers und modernden Leichnamen sowie von Urin und Kot ist da die Rede. Der Tenor gleicht in Manchem den *Memento-mori*-Gedichten des christlichen, clunyazensischen Mittelalters. So lehnt Buddha einer Stelle zufolge das „kotige, träge Glück von Besitz, Ehre und Ruhm" ab und tritt für ein „Glück der Entsagung, Loslösung, des Friedens und der Erleuchtung" ein.[11] Und andernorts heißt es:[12]

> Wahrlich [...] Essen, Trinken, Kauen und Schmecken enden in Kot und Urin: das ist der Ausgang. Beim Wechsel und Wandel der liebgewordenen Dinge [...] entstehen Sorge, Jammer, Schmerz, Trübsal und Verzweiflung: das ist der Ausgang. Wer sich [...] jedoch in der Betrachtung des Widerlichen übt, bei dem festigt sich der Ekel vor der Vorstellung des Lieblichen [...]

Ähnlich schließen zahlreiche andere Passagen: Als vergängliche und, einmal durchschaut, abstoßende Gefühle seien all diese minderen und bloß scheinbaren Formen des Glücks zwangsläufig Quellen eines Leids, dessen Reflexion es von vornherein ratsam erscheinen lasse, sie gar nicht erst anzustreben. Selbst das sehr viel höher einzuschätzende Glück, das in dem gefühlsmäßigen Gleichmut (skt. *upekṣā*), einem Empfinden frei von Gefühlen der Freude (skt. *pīti*), des Glücks und des Leids bestehe, wird als relativ minderwertig eingestuft. Als körperliches Gefühl ist es von einer Art, die den Menschen dazu verführen mag, es um seiner selbst willen anstreben und erhalten zu wollen. Als höchstes und einzig wahres Glück gilt deshalb ein Zustand, dem selbst diese Art Gleichmut, ja (buddhistischer Sicht zufolge) jedes körperliche Gefühl fehlt.[13] Zwar wird auch das höchste Glück mitunter als *upekṣā* be-

[10] Vgl. *Anguttara-Nikāya* II 65-67, S. 80ff. (Übers. Bd. 1, S. 83); IV 62, S. 69f. (Übers. Bd. 2, S. 69f.) und X 46, S. 84 (Übers. Bd. 5, S. 9).

[11] *Anguttara-Nikāya* IV 163, S. 150f. (Übers. Bd. 2, S. 129f.), Zitat leicht verändert.

[12] *Anguttara-Nikāya* V 30, S. 31f. (Übers. Bd. 3, S. 25); vgl. auch VIII 86, S. 341ff. (Übers. Bd. 4, S. 180f.).

[13] Vgl. *Anguttara-Nikāya* I 35 S. 39f. (Übers. Bd. 1, S. 36); II 13, S. 53f. (Übers. Bd. 1, S. 61); III 35, S. 138 (Übers. Bd. 1, S. 127); III 64, S. 182 (Übers. Bd. 1, S. 165); IX 33, S. 412 (Übers. Bd. 4, S. 219). *Pīti* wird auch mit „Verzückung" übersetzt.

zeichnet, doch ist dann eine ethische Haltung gemeint, die der frühen Dogmatik zufolge kein körperliches Empfinden einschließen soll.[14]

Es überrascht nicht, daß einschlägige Stellen des *Pāli-Kanons* dieses (nach früher buddhistischer Sicht) höchste Glück mit dem Nirvana oder doch einer Art Wissen oder Bewußtsein um den Eingang oder den realisierten Zustand des Nirvana identifizieren.[15] Es ist wichtig, sich klar zu machen, daß das höchste Glück danach rein negativer Art ist. Es besteht in (1) dem *ethischen* Gleichmut gegenüber *jedem* Gefühl (der Lust, dem Leid aber auch dem Gefühl der Indifferenz gegenüber positiven und negativen Empfindungen) und/ oder (2) dem Wissen, daß mit dem eigenen Tod jedes Leid vorbei sein wird, und/oder (3) dem eigenen Tod.

Im ersten Fall spreche ich gern von einem buddhistischen Konzept der Souveränität oder der Erhabenheit über jedes Gefühl und Empfinden. Leid wird nicht mehr als Leid aufgefaßt oder empfunden. Dieses Konzept ähnelt der stoischen Idee des Gleichmuts. Wird die Souveränität zum kontinuierlichen Habitus, so sind damit auch alle Ursachen beseitigt, die zu neuem Leid führen könnten. Dies impliziert nach buddhistischer Auffassung, daß man nicht mehr wiedergeboren werden kann. Sowohl der zur zweiten Natur gewordene Zustand ethischen Gleichmuts als auch das Wissen um ihn sind Momente eines im Leben realisierbaren Nirvana. Denn ein Mensch kann sich (auch) nach frühbuddhistischer Doktrin schon während seines Lebens im Zustand des Nirvana befinden. Das dabei realisierte höchste und wahre Glück besteht (um es der Klarheit willen noch einmal anders zu sagen) vor allem darin, Leid nicht mehr als Leid zu empfinden oder aufzufassen und gewiß zu sein, daß dieser Zustand bis zum Tod erhalten bleibt und jede Wiedergeburt ausschließt. Das in jeder Hinsicht vollendete Nirvana wird freilich erst mit dem Tod erreicht, denn erst dann ist die körperliche Existenz, die zu den notwendigen Bedingungen jedes Leidempfindens gehört, – unbuddhistisch ausgedrückt: die physisch-psychischen Bedingungen (Ursachen) des Leidens – ein für alle Mal dahin.

Die damit grob skizzierten, für frühe buddhistische Lehren kennzeichnenden Leid- und Glückskonzepte lassen sich zusammenfassend folgendermaßen charakterisieren:

1. Die Leidensbegriffe sind positive Begriffe. Sie konzeptionalisieren die für das „normale" Leben kennzeichnenden Zustände.
2. Es gibt die unterschiedlichsten Glücksvorstellungen. Viele dieser Vorstellungen beziehen sich aus buddhistischer Sicht jedoch auf ver-

[14] Vgl. *Anguttara-Nikāya* IX 34, S. 414f. (Übers. Bd. 4, S. 220) sowie *Nyanatiloka* 1976, S. 230.

[15] Vgl. *ibd.*

gleichsweise minderwertige oder gar nur scheinbare Formen des Glücks. In der ein oder anderen Weise, so heißt es, seien sie nämlich durch Leid getrübt oder zögen zwangsläufig Leid nach sich. Wahres und höchstes Glück dagegen bestehe in völliger, kontinuierlicher Leidensfreiheit. Der Begriff wahren Glücks wie der des mit ihm verbundenen oder identifizierten Nirvana sind danach negative Konzepte. Sie ähneln in dieser Hinsicht Schopenhauers Theorie des Glücks.[16]

3. Da alle Formen minderwertigen, relativen oder scheinbaren Glücks notwendigerweise Wirkungen bestimmter Ursachen sind, gibt es keinerlei Glück im Sinne eines glücklichen Zufalls, im Sinne von *fortuna* oder *luck*. Zwar ist das wahre und höchste Glück – wie das Nirvana, in dem es besteht –, *konsequent terminologisch-konzeptionell gefaßt*, in signifikanter Hinsicht sogar *ohne Ursachen*, aber eben kein Resultat eines glücklichen Zufalls. Es „ergibt" sich ja gerade und allein deshalb, weil alle nur irgend möglichen Ursachen irgend möglichen Leidens beseitigt sind oder gar nicht erst auftraten. Da diese Beseitigung oder Verhinderung Folge eines auf das Heil hin orientierten, im frühbuddhistischen Sinne sittlichen (insbesondere durch keinerlei Sinnlichkeit bestimmten) richtigen Denkens, Sprechens und Handelns sein soll, ist es freilich auch als Funktion, Verdienst und Lohn buddhistischer Moralität gezeichnet.

3. Rechtfertigung und Kritik des negativen Glücksbegriffs

3.1 Phänomenologische und metaphysische Begründungen

Wie vielleicht deutlich wurde, bleiben die Texte, in denen die skizzierten Glücksbegriffe formuliert (erwähnt, zitiert, entwickelt, bewertet) sind, nicht auf bloße Behauptungen beschränkt. Insbesondere die Hypothese, die in der ersten Wahrheit zum Ausdruck gebracht ist, wird wiederholt begründet. Nach dieser Hypothese ist das Leben (wie es normalerweise abläuft oder geführt wird) im großen und ganzen oder jedenfalls in seinen wichtigsten Momenten Leiden. Schon die Formulierung der ersten Wahrheit selbst schließt eine empirische Begründung ein, die kaum überzeugend in Frage zu stellen

[16] Vgl. Schopenhauer, *Die Welt als Wille und Vorstellung*, § 58, in: *Sämtliche Werke*, Bd. I, S. 438ff.

sein dürfte. In der Tat ist die Geburt für das Kind ein schmerzhaftes Erlebnis; Altern und Tod werden gemeinhin als Übel empfunden; Liebeskummer nimmt oft geradezu tragische Form an. Und wer empfindet es nicht als lästig, mit Leuten zusammen zu sein, die ihm entschieden zuwider sind? Im übrigen dürfte es jedem leicht fallen, die Liste alltäglicher menschlicher Leiden zu erweitern. In der Tat geben die frühen buddhistischen Texte noch andere Beispiele. Verleumdung, Beleidigung, Benachteiligung, Demütigung, Haß, Mißgunst, Neid, Hunger, Durst, Armut, schmerzhafte Verletzungen, Folter, Naturkatastrophen und Kriege sind nur einige der mehr oder weniger gängigen Leiderfahrungen.

Es sind (a) der empirische Gehalt und die existentielle Relevanz der Leidensphänomenlogie, (b) die kompromißlose Integrität, die in ihr zum Ausdruck kommt, und (c) schließlich die plausibel erscheinende Verheißung, sich von allem Leid befreien zu können, die den frühen Buddhismus für so viele Menschen attraktiv machten.

In der Formulierung der ersten Wahrheit ist freilich auch eine metaphysische Begründung angedeutet. Am Ende heißt es ja: „kurz gesagt, die fünf Daseinsaggregate, die das Haften [an den Dingen, am Leben, an der Welt] bedingen, sind Leiden." Der *Pāli-Kanon* gibt hierzu an mehreren Stellen folgende Explikation, die auf eine ontologisch-phänomenologische Theorie von Leben und Leiden hinausläuft. Danach sind alle Lebewesen Konglomerate von Elementen der fünf Gruppen (*skandha*) der Körperlichkeit, der Gefühle, des Wahrnehmens, der Gestaltungen und des Bewußtseins. Derart zusammengesetzt, sind sie steter Veränderung unterworfen und damit notwendigerweise vergänglich. Was aber vergänglich ist, so die im *Pāli-Kanon* gezogene Schlußfolgerung, ist notwendigerweise leidhaft. Weiter heißt es, daß Zusammengesetztes – als Zusammengesetztes und überdies Vergängliches – ohne Substanz, ohne „Ich" oder „Selbst" (skt. *ātman*) sei und in diesem Sinn nur in Abhängigkeit von anderem „existieren" könne. Es gibt danach keine *causa sui*, keine Existenz, die sozusagen Herr ihres eigenen *Daseins* wäre. *Als Dasein* (Leben, Existenz) bleibt es stets von anderen Ursachen und Bedingungen abhängig. Auch in dieser Ohnmacht wird ein Moment des Leidens gesehen.

Nach dominanter frühbuddhistischer Auffassung ist also alles Leben und jeder Lebensaspekt vergänglich und substanzlos, ohne festen, unverrückbaren und „eigenmächtigen" ontologischen Kern und deshalb Leiden oder eine Quelle des Leidens. Als einziger, aber gangbarer Ausweg bleibt dieser Auffassung zufolge nur der Weg, sich vom Leben (der Summe der Ursachen des Leidens) selbst loszusagen bzw. zu lösen, indem man, genährt von der Einsicht in die tatsächlichen Verhältnisse von Leid und Glück, in ethischem Gleichmut und frei von jedem Begehren sein Leben zuende lebt.

3.1 Phänomenologische und logische Gegenargumente

Wenn auch die einschlägigen buddhistischen Texte und alle mir bekannten Interpreten diesen Weg als „Mittleren Weg" zwischen Askese und Hedonismus bezeichnen, erscheint dies doch kaum treffend. Es mag seine Berechtigung haben, wenn er mit den weit harscheren Methoden oder Jainas oder anderer (nichtbuddhistischer) indischer Asketen vorchristlicher Zeit verglichen wird. Nach gängigem „europäischem" – aber auch nach heute gängigem „indischen" Verständnis – ist er eine Form asketischer Lebensführung, und zwar regider asketischer Lebensführung. Und was er als höchstes Glück verspricht, erscheint, so besehen, kaum befriedigend. Dies gilt nicht nur in bezug auf die *bhikṣus* und *bhikṣuṇīs*, die Männer und Frauen, die zum Sangha, der buddhistischen Gemeinschaft, gehören, sondern auch in bezug auf die sogenannten Laien-Buddhisten und -Buddhistinnen. Denn nach dominanter frühbuddhistischer Auffassung ist nur ein Mitglied des Sangha und d.h. eben nur ein Mensch, der sich regider Selbstdisziplin unterwirft, fähig, ins Nirvana einzugehen.

In der Tat legen die frühen negativen Glücksbegriffe eine Reihe von Einwänden nahe:

1. Viele Erfahrungen können nur insofern als leidvoll gelten, als sie Leid *nach sich ziehen*. Sie selbst sind mitunter nicht nur leidfrei, sondern sogar Glückserlebnisse.
2. Auch Leid ist vergänglich. Wenn das Wissen um das Ende eines Glücks und das daraus resultierende Leid die Glückserfahrung trübt, dann sollte umgekehrt auch das Wissen um das Ende eines Leids als Glück verstanden und empfunden werden. Jedenfalls ist es klar, daß das Leben nicht nur eine Kette des Leidens ist. Eine solche Hypothese würde den alltäglichen Glückserfahrungen und Glücksvorstellungen nicht gerecht.
3. Es ist nicht einzusehen, worin eine Glückserfahrung bestehen soll, die keinerlei Gefühle einschließt. Die Konzepte eines ethischen, völlig gefühlsfreien Gleichmuts und eines entsprechenden Nirvanas erscheinen empirisch fragwürdig. Zudem erscheint die damit gewählte Glücks-Terminologie willkürlich, wenn nicht gar im schlechten Sinn des Wortes ideologisch.
4. Der frühbuddhistischen Systematik der *skandha* zufolge müßte jeder Mensch auch aus Elementen der Gruppe der Gefühle „bestehen". Unter dieser Annahme ist der Begriff einer völlig gefühlsfreien menschlichen Existenz in sich widersprüchlich.
5. Man mag sich fragen, ob nicht manches Glück so wertvoll ist, daß das mit ihm verbundene Leid vergleichsweise gering anmutet. Ich erinnere an die eingangs zitierten Verse Goethes. Die Liebe, von der sie spre-

chen, ist das vielleicht beste Beispiel für solch ein Glück. Dieses fünfte Argument besitzt grundsätzliche Relevanz. Wer ihm folgt, lehnt nicht nur die wichtigste These des frühen Buddhismus, sondern letztlich sogar diesen selbst ab. Daraus erklärt sich denn auch die Nachdrücklichkeit der buddhistischen Versuche, jeden diesbezüglichen Zweifel auszuräumen und jede hohe Bewertung sinnlichen Glücks als Folge und Zeichen von Unwissenheit, Verblendung und Fehlurteil hinzustellen und das Phänomen selbst als schlechten Schein auszuweisen. Solche Versuche sind systematisch unumgänglich und überdies widerspruchsfrei durchführbar. Die Frage freilich, warum es denn nur schlechter Schein, Illusion, Trug und letztendlich gar leidvoll sei, was so viele Menschen für Liebesglück halten, ist nicht nur ein Problem innerer Systematik, und sei sie dabei noch so konsequent. Diese Frage kann auch im Rahmen anderer Systeme oder Theorien entschieden werden.

4. Aufweichungen der frühbuddhistischen Glückstheorie

Die frühen Glückskonzeptionen blieben denn auch innerhalb des Buddhismus selbst nicht unwidersprochen.[17] Einwände der Art (1) bis (4) wurden auch von Vertretern des Sangha und da insbesondere von gelehrten Mitgliedern geäußert. Außerdem bringen sie die Bedenken derjenigen zum Ausdruck, die zwar mit einzelnen Lehrstücken des frühen Buddhismus sympathisierten, aber die Askese und den Elitarismus des Sangha nicht mitmachen konnten oder ablehnten. Schon einige Stellen des *Pāli-Kanons* reflektieren vorsichtige Skepsis. So berichtet der *Kanon*, daß Sāriputta, einer der Gefährten und Anhänger Buddhas, behauptete: „Ein Glück [...] ist das *Nibbāna*! [...]“, und daraufhin gefragt wurde: „Wie kann denn [...] ein Glück dort bestehen, wo es keine Gefühle mehr gibt?“ Sāriputtas Antwort: „Darin besteht ja gerade das Glück, daß es dort keine Gefühle mehr gibt“ dürfte den Skepti-

[17] Die folgenden Ausführungen sind weithin programmatisch. In anderer Form wären sie auch gar nicht möglich. Die erforderlichen detaillierten und ausführlichen historischen Studien stehen meines Wissens noch aus. Außerdem darf das Folgende – sowenig wie das Vorhergehende – nicht in dem Sinn verstanden werden, als thematisierte ich *den* Buddhismus. Um in dieser Hinsicht jedes Mißverständnis auszuschließen, wiederhole ich: ich referiere lediglich einzelne Lehren und Strömungen. Dabei handelt es sich zwar – und das ist unbestritten – um systematisch wie wirkungsgeschichtlich wichtige Positionen und Bewegungen, aber sie sind nicht für den Buddhimus als Ganzes repräsentativ.

ker jedoch kaum überzeugt haben.[18] Verse wie die folgenden machen sogar Zugeständnisse an alltägliche Glücksbedürfnisse und Hoffnungen und werben, wie es später üblich wurde, plump um Opfer und Gaben. Wer buddhistischer Lehre, Buddha und Sangha vertraut, sie verehrt und unterstützt, „dem erwächst [danach] der höchste Segen,/ hohes Alter, Schönheit, Ruhm,/ Glück und Kraft und hohes Ansehen."[19] De facto äußerte sich die Ablehnung der skizzierten frühbuddhistischen Glückstheorie bereits in den unmittelbar nach Buddhas Tod einsetzenden Kulten, die sich um die Stupas mit Buddhas Relikten entwickelten.[20] Spätestens im 2. vorchristlichen Jahrhundert wurden Sutren verfaßt, in deren Zentren (quasi)göttliche Buddha-Gestalten stehen, die Stupa-Kult, Gebete, Bitten, und Opfer mit allem gewünschten irdischen Glück belohnen. In vielen Schriften gelten die (!) Buddhas gar als „die Ursache des Glücks der Welt".[21] Sie unterscheiden sich damit signifikant von jenen frühen Texten, denen zufolge sich Buddha als ein Mensch verstand, der lediglich als Lehrer bzw. über seine Lehre zum Heil zu führen vermochte. Das *Nirvana-Sutra* lehrt, „daß der letztendliche Zustand des Nirvana [ein Zustand] der Glück(seligkeit) und Reinheit sei, der vom ewigen Selbst (!) genossen werde."[22] Eines der besten Textbeispiele für das Versprechen mühelos erreichbaren irdischen Glücks und ewigen Heils ist das *Lotos-Sutra*, das im Japan des 10. bis 16. Jahrhunderts selbst als Quelle so gut wie allen Glücks galt und *deshalb* zum Zentrum schier unglaublich aufwendiger und ausgedehnter Kulte wurde.[23]

Schon vor der Zeitenwende gewann auch der Glaube an buddhistische Paradiesvorstellungen an Macht und Verbreitung. Die wirkungsgeschichtlich einflußreichste Vorstellung war und ist die des „Reinen Landes". Bezeichnenderweise lautet der Sanskritname *sukhāvatī*, 'Höchste Glückseligkeit'. Dasselbe bedeuten das chinesische *taile* und das (zeichengleiche) sinojapanische *gokuraku*. Die etwa 1200 gegründete japanische „Wahre Schule des Reinen Landes", die Jodō-shinshū, wurde zur größten und einflußreichsten buddhistischen Organisation Japans überhaupt. Gewiß existieren auch buddhistische Theorien, die es erlauben, Paradiesvorstellungen als letztlich gegenstandslose Metaphern zu interpretieren. Aber ihr Einfluß beschränkt(e) sich auf scholastische Kreise.

[18] *Anguttara-Nikāya* IX 34, S. 414f. (Übers. Bd. 4, S. 220).

[19] *Anguttara-Nikāya* IV 34, S. 39f. (Übers. Bd. 2, S. 40).

[20] Vgl. Paul 1997.

[21] Vgl. Lamotte 1988, S. 644ff. (insbesondere S. 647), sowie Paul 1997.

[22] So treffend Ch'en 1964, S. 117f.

[23] Vgl. Paul 1993.

Selbst Glücksgötter wurden zum Gegenstand buddhistischen Kults. Nach einem Bericht des chinesischen buddhistischen Gelehrten Yi Jing (635-713) fanden sich in *jedem* der von ihm in Indien besuchten buddhistischen Tempel Standbilder des Glücksgottes der Bankiers und Kaufleute.[24] In Japan betrachtete man Hotei, einen der sogenannten Sieben Glücksgötter (jap. *shichifukujin*), als Inkarnation des zukünftigen Buddhas Maitreya (jap. Mirokubosatsu).[25]

Der Glaube an Formen des irdischen Glücks, das in bequemer Weise über die Anrufung (quasi)göttlicher Buddhas erreichbar ist, der Wunsch, in ein – faßbare glückliche Existenz verheißendes – Paradies wiedergeboren zu werden, sowie die schließliche Verehrung von Glücksgöttern lassen sich nur über terminologisch-begriffliche Manipulation (und d.h. sachlich überhaupt nicht) mit den skizzierten frühbuddhistischen Konzepten vereinbaren. Wenn seit dem 2. Jahrhundert vor der Zeitenwende immer mehr Texte immer mehr positives Glück verhießen, dann wurde dadurch nicht nur eigener, veränderter Überzeugung Ausdruck gegeben, sondern man wollte damit auch missionieren und Erwartungen erfüllen. Der Siegeszug des Buddhismus von Indien über China bis nach Japan ist auch darauf zurückzuführen, daß der Buddhismus die Gunst der Mächtigen suchte und gewann, indem er mit seinen neueren Sutren den Herrschenden ungefährdete Macht – also ein aus früher buddhistischer Sicht minderwertiges oder bloß scheinbares Glück – verhieß und garantierte. Vor allem in Japan wurden – seit etwa 800 – einige Sutren offiziell zu staatsschützenden Sutren erklärt.[26]

5. Scholastische Verteidigungsversuche

Dies alles heißt nicht, daß die frühbuddhistische negative Glückstheorie zwischen 200 vor und 800 nach der Zeitenwende jede Wirkung verloren oder keine Anhänger mehr gefunden hätte. So wird sie z.B. im 5. Jahrhundert im scholastischen *Abhidharmakośa* systematisch exponiert und verteidigt, und nicht nur im Ceylonesischen Theravada, der 'Lehre der Älteren', besitzt sie noch heute Gültigkeit. Die folgenden Zitate vermitteln einen Eindruck von der Systematik des *Abhidharmakośa* und dokumentieren zugleich die innerbuddhistischen Auseinandersetzungen um eine überzeugende Glückstheorie:[27]

[24] Lamotte 1988, S. 688.

[25] Vgl. Antoni 1994, S. 235f.

[26] Vgl. dazu Paul 1993.

[27] D.h., daß die Umkehrung falsch ist.

Es gibt drei Arten des Leidens: Leiden, das Leiden in und an sich ist (*duḥkhaduḥkhatā*), Leiden aufgrund der Tatsache, bedingt zu sein (*saṃskāraduḥkhatā*), und Leiden, das Veränderung und Transformation ist (*parināmaduḥkhatā*).

[...]

Akzeptable Empfindung ist Leiden aufgrund von Transformation. So sagt das Sutra: 'Akzeptable Empfindung ist akzeptabel, wenn sie entsteht, akzeptabel, während sie andauert, aber Leiden in ihrer Veränderung.'

Inakzeptable Empfindung ist von Natur aus Leiden. So sagt das Sutra: 'Leidhafte Empfindung ist Leiden, wenn sie entsteht, und Leiden, während sie andauert.'

Weder-akzeptable-noch-inakzeptable Empfindung ist Leiden, weil sie ihre Ursachen dazu bestimmen. So sagt das Sutra: 'Was vergänglich ist, ist Leiden'.

[...] Aber da das Akzeptable oder Glück existiert, warum ist nur [die Existenz des] Leiden[s] und nicht auch [die des] Akzeptable[n] eine Wahrheit für den Ārya [den buddhistischen Weisen]?

1. Gemäß einer Erklärung, weil Glück etwas Geringes ist. [...] so würde niemand von irgendwelcher Intelligenz eine Wunde für akzeptabel halten, [nur] weil man eine sehr geringe akzeptable Empfindung erfährt, wenn man diese Wunde wäscht.

2. Und weiter: 'Weil es eine Ursache von Leiden ist, weil es durch viele Leiden bewirkt ist, weil man nach ihm strebt, wenn man leidet, ist das Akzeptable, so folgern sie, Leiden'.

3. Aber selbst wenn von Glück begleitet, besitzt Existenz in ihrer Gesamtheit aufgrund der Tatsache, bedingt zu sein, dieselbe Atmosphäre des Leidens. [...] Deshalb ist [nur] Leiden und nicht [auch] Glück eine Wahrheit des Ārya.

[...]

Aber wenn die Āryas das Akzeptable als Leiden ansehen, weil es vergänglich ist, was ist dann der Unterschied zwischen den Aspekten des Leidens und der Vergänglichkeit? [...]

Man sieht Dinge als vergänglich an, weil es ihre Natur ist, zu entstehen und zu vergehen. Man sieht sie als Leiden an, weil sie hassenswert sind. Wenn man sie als vergänglich gesehen [erkannt] hat, werden sie hassenswert. Das Merkmal der Vergänglichkeit impliziert das Merkmal des Leidens, aber ist diesem Merkmal nicht untergeordnet.

Aus den Buddha zugeschriebenen Behauptungen „Leiden findet sich in jeder und allen Empfindungen", „Akzeptable Empfindung sollte als Leiden betrachtet werden" und „Es ist ein Irrtum, Leiden als akzeptabel zu betrachten" hatten bestimmte Buddhisten die These abgeleitet, wonach Buddha die Existenz jeglichen alltäglichen Glücks bestritten habe. Das *Abhidharmakośa* versucht dagegen im Detail zu zeigen, daß eine solche Interpretation unhaltbar sei.[28] Im übrigen schließen die Auseinandersetzungen um fragliche Aspekte buddhistischer Leidenskonzepte auch höchst kritische Passagen ein. Sie sind jedoch derart scholastisch, daß ihr Referat eine zu ausführliche Erklärung verlangen würde. Hier sei lediglich angemerkt, daß selbst das *Abhidharmakośa* die Hypothese bezweifelt, daß *alles* Vergängliche (wenn schon nicht in anderer Weise leidhaft) Ursache von Leiden sei. Dabei bezieht es sich auf nach frühbuddhistischer Sicht bestehende Bereiche („Welten") der Existenz, in denen das Dasein zwar vergänglich ist, deren *skandhas* jedoch kein Leiden verursachen können.[29]

Resumierend ist freilich erneut festzuhalten, daß die referierte Verteidigung frühbuddhistischer Glückbegriffe nur soweit überzeugt, wie man der innerbuddhistischen Systematik folgt. Beruft man sich auf alltägliche Erfahrung und hält positive Glücksbegriffe für empirisch treffender, so erscheint insbesondere die frühe Leidensphänomenlogie fraglich. In einer weitergehenden Kritik wären zudem die eminent metaphysischen Implikationen zu prüfen, die mit den Konzepten lückenloser moralischer Determination (der im Deutschen als 'Karma-Theorie' bezeichneten Lehre) und näherhin des determinierten Glücks bzw. des ursachenlosen höchsten Glücks sowie des Kreislaufes der Wiedergeburten (Samsara) ins Spiel kommen.

6. Rechtfertigung positiver Glückskonzepte im Tantrismus

Als das *Abhidharmakośa* im fünften Jahrhundert kompiliert wurde, waren allerdings Buddha-Kult, Vergöttlichung und Paradiesglauben schon so weit entwickelt und so einflußreich, daß die im *Kośa* verteidigten asketischen und negativen Glückskonzepte nur noch von einer (wenn auch beachtlichen) Minderheit des Sangha anerkannt und *de facto* respektiert wurden. Sicher ist, daß solch große Tempelanlagen wie Nalanda den dort residierenden „höheren" *bhikṣus* spätestens ab etwa 600 ein geradezu luxuriöses und jedenfalls von jeder materiellen Sorge ungetrübtes Leben erlaubten. Wie Waley ironisch bemerkt, war ihr Dasein alles andere als ein Kampf mit Hindernissen des äußeren Lebens, so daß es nicht verwundere, daß „Nalanda zum Zentrum des Idealismus wurde, der Lehre, derzufolge allein mentale Ereignisse real

[28] In der Tat enthält vor allem der *Pāli-Kanon* zahlreiche Stellen, die, isoliert betrachtet, die Interpretation nahelegen, daß Buddha das Leben für durch und durch leidhaft gehalten hat.

[29] Vgl. Pruden 1989f., Bd. IV, S. 899-908. Dort finden sich auch die Zitate.

sind."[30] Im Kreise der Laien, die sich als Buddhisten betrachteten, galt hingegen weltliches Glück ohnehin längst als ein Ziel, das man zu den Zwecken und Segnungen des Buddhismus selbst rechnete, und Sutren wie das *Lotos-Sutra* legitimierten und förderten diese Einstellung.

Die Vorstellungen und Hoffnungen positiven irdischen Glücks, die sich schon damals an den Buddhismus knüpften und von ihm selbst verbreitet wurden, und die, wie skizziert, bis nach Japan drangen, erfuhren im sogenannten Linkshändigen buddhistischen Tantrismus eine weitere Steigerung. Er faßte vor allem in Tibet Fuß, fand aber auch in China und Japan Anhänger. Ich beziehe mich dabei ausschließlich auf den Tantrismus, für den der Geschlechtsverkehr Mittel der Erleuchtung ist. Der Klarheit halber rede ich im folgenden von einem Erotischen Tantrismus. Der Erotische Tantrismus entstand aus einer Vermischung von Elementen indischer Volkskulte mit Lehrstücken des Kult-betonten, Laien-freundlichen und irdischem Glück aufgeschlossenem späterem Buddhimus, wie er im 6. und 7. Jahrhundert im indischen Raum verbreitet war. Zu den Elementen zählten schließlich auch ekstatische Rituale, in denen sexuelle Praktiken eine zentrale Rolle spielten. Diese Entwicklungen sind in zahlreichen Studien dargestellt und analysiert worden. Im gegebenen Zusammenhang kommt es nur darauf an, zu erklären, wie es buddhistischer Dogmatik gelang, solche Kulte zu legitimieren zu und sogar zu integrieren.

Eine wichtige Rolle spielte dabei die Doktrin, wonach die Lehre, daß alles „Existierende" substanzlos („ichlos", „ohne Selbst" etc.) sei, selbst substanzlos sei. Diese Schlußfolgerung ist konsequent und bereits im *Pāli-Kanon* angelegt. Aus ihr wurde allerdings auch vielfach geschlossen, daß alle Dinge identisch seien und daß insbesondere kein Unterschied zwischen dem Leben im Kreislauf der Wiedergeburten (Samsara) und dem (Erreichen des) Nirvana bestehe. Strenggenommen, war (und ist) das eine unsinnige, in sich widersprüchliche Konklusion. Sie kann – wie das Dogma von einem allmächtigen und allgütigen Gott – nur *blind geglaubt* werden, besagt sie doch insbesondere, daß es *keinerlei* Differenz zwischen Leid und Glück oder zwischen Gut und Böse gebe. In den argumentativ angelegten buddhistischen Texten (wie z.B. Nāgārjunas [um 200] *Mūla-mādyamaka-kārikā*) ist sie meines Erachtens denn auch nicht so gemeint. Sie bedeutet dort vielmehr, daß das Wissen um Leben, Leid und Nirvana sowie das entsprechende Bewußtsein, das die durch solch ein Wissen bestimmte Lebenshaltung und Lebensführung begleitet, das Nirvana ausmachen. Man lebt weiterhin in demselben Raum, derselben raumzeitlichen Welt, aber man sieht sie und das Leben anders als vorher. Semantisch läßt sich das auch so ausdrücken, daß die Begriffe des Samsara und Nirvana sich zwar auf den gleichen Gegenstandsbereich beziehen (extensionale

[30] Waley 1952, S. 45ff. (hier S. 46); Zitat leicht verändert.

Übereinstimmungen aufweisen), sich aber in ihren Bedeutungen bzw. Intensionen klar unterscheiden.[31]

Schon dieses – wohl widerspruchsfreie – Verständnis der Lehre von der „Identität" von Samsara und Nirvana war und ist geeignet, Sexualität im Rahmen der Dogmatik zu rechtfertigen: Der Wert oder Unwert von Sexualität ist allein eine Funktion der Einstellung und des Bewußtseins, mit der sie praktiziert wird. Es bleibe dahingestellt, wieweit dieses Argument theoretisch akzeptabel ist. *De facto* diente es wohl vielfach einfach der Rechtfertigung des eigenen Trieblebens und in diesem Sinne der Verfolgung „körperlichen Glücks"; außerdem konnte es Privilegien der (angeblich) Erleuchteten legitimieren.

Das zweite dogmatische Moment, das der Rechtfertigung erotischen Glücks diente, kam aus den erotisch-tantristischen Volkskulten selbst. Sie enthielten Lehren, wonach das Männliche und das Weibliche zwei grundlegende Prinzipien allen Seins exemplifizierten, repräsentierten und symbolisierten. Die vollständige, einheitliche Realisation des Seins wurde dann in der Verbindung und (das ist eben auch wörtlich zu nehmen) wechselseitigen Durchdringung dieser Prinzipien gesehen. Vor diesem Hintergrund wurden Orgasmen zu Momenten der Aktualisierung und Realisierung der, ich sage es etwas ironisch, Gänze und Fülle in sich unterschiedslosen Seins.

Im buddhistischen Erotischen Tantrismus, der etwa ab 700 im tibetischen und chinesischen Raum Eingang fand und im 12. Jahrhundert in Japan eine kurze, mehr oder weniger geheime Blüte erlebte, rechtfertigten Texte wie die folgenden Verse den Sexualverkehr als Mittel der Erleuchtung: [32]

> Sinnengenuß, der ihn beglückt,
> Wird ihn nicht beim Genießen beflecken,
> Wie man die Lotusblüte pflückt,
> Ohne die Hand ins Wasser zu stecken.

Einige als buddhistisch-tantristisch bezeichnete Werke empfehlen oder fordern gar sexuelle Praktiken, die gemeinhin als pervers betrachtet werden. Dabei ist freilich zu beachten, daß diese Praktiken oft in Rituale eingebunden bleiben, z.B. in Initiationsriten. Die Attraktivität eines erotischen Ritualismus lag und liegt sicherlich darin, daß er geradezu befiehlt, was viele Menschen tun möchten, aber sonst nie zu tun wagen, und dies überdies theoretisch, ja soteriologisch rechtfertigt. Außerdem eröffnet der rituelle Rahmen einen Freiheitsraum und bietet (ähnlich einer Bühne) zugleich Schutz. Verwiesen sei in diesem Zusammenhang auf die Anziehungskraft, die um 1980 von den

[31] Vgl. dazu und zum Folgenden die ausführlichere Darstellung und Erörterung in Paul 1993, insbes. S. 290-95. Dort auch weiterführende Literaturhinweise.

[32] *Subhāṣita-saṁgraha*, Glasenapp 1956, S. 206.

– freilich hinduistisch-tantristischen – Lehren Bhagwans ausging. Solange sich ein Mensch an den rituellen Rahmen gebunden fühlt, wird er jedoch seine sexuellen Interessen nicht leicht als das individuelle, private Glück erfahren können, nach dem so viele streben. Einige einschlägige Passagen aus dem *Hevajra-tantra* lauten:

> Indem er den Penis (*linga*) in die Vagina (*bhaga*) schob und sie wieder und wieder küßte und so die Erfahrung Höchster Glückseligkeit (*mahāsukha*) erzeugte, sprach der Diamantene Eine über das Feiern.[33]

> Der Yogin ist aus Kollagiri, die Yoginī [die Partnerin] aus Munmuni.
> Laut ertönt die Trommel. Liebe, nicht Uneinigkeit ist unser Geschäft.
> Fleisch wird da mit Lust gegessen, Alkohol getrunken.
> Heh da! Werte sind wir, die wir hier sind. Die Unwerten werden ferngehalten.
> Duftende Salben und Muskat, Weihrauch und Kampfer werden benutzt.
> Gewürzte Speise und besonderer Reis werden genossen.
> Wir kommen und gehen (im Tanz) ohne Gedanken an Reines und Unreines.
> Die Glieder geschmückt mit Knochen-Schmuck und der Körper gegenwärtig, wie es sich gehört,
> kommt es beim Treffen zum Geschlechtsverkehr [...][34]

Die Form, in der die Verse, wörtlich genommen, die frühbuddhistischen Normen konterkarieren, läßt auf bewußte Absicht schließen. Was den frühen *bhikṣu* verboten war, wird nun geradezu gefordert. Das gilt insbesondere für Fleisch, Alkohol, Tanz, Schmuck und Geschlechtsverkehr. Da solche Texte oft jedoch gar nicht wörtlich gemeint waren, ist bei jeder Interpretation Vorsicht geboten. So sollen sich die fünfte und sechste Zeile auch auf Fäkalien, Urin, Blut und Samen beziehen können, und die Wendung 'besonderer Reis' soll auch Menschenfleisch meinen können.[35] Hier ist von Fall zu Fall zu unterscheiden.

Im vorliegenden Zusammenhang ist das erste Zitat wichtiger als die Verse. Dabei ist es signifikant, daß es den Orgasmus als *mahāsukha* (jap. *dairaku*), 'höchste Glückseligkeit', bezeichnet, und er dann mit der Erleuchtung und dem (Eingang ins) Nirvana identifiziert wird. Der inflationäre Gebrauch, der von diesem Ausdruck im sogenannten Mahayana und im buddhistischen Tantrismus gemacht wird, ist ein sicheres Indiz für eine gegenüber den skiz-

[33] *Hevajra-tantra* II.7.5-13; zit. nach Snellgrove 1987, S. 160.

[34] *Hevajra-tantra* II.4.6-8; zit. nach Snellgrove 1987, S. 169. Vgl. auch Snellgrove 1987, S. 179f. und 259ff. Dort finden sich weitere einschlägige Zitate. Vgl. zudem Nakamura 1980, S. 332-340, sowie Paul 1993.

[35] Snellgrove 1987, S. 169.

zierten Glückskonzepten des *Pāli-Kanons* radikal veränderte Glücksauffassung. Wie Nakamura Hajime[36] bin ich der Ansicht, daß die Rechtfertigung sexueller Begierden geradezu ein charakteristisches Merkmal des Erotischen Tantrismus ist.

Abgesehen von der tantristischen Identifikation von *mahāsukha*, Geschlechtsverkehr, Orgasmus, Erleuchtung und (Eingang ins) Nirvana ist von einem *mahāsukha-kāya*, einem 'Körper Höchster Glückseligkeit', die Rede, der in der Erleuchtung realisiert werde und noch bedeutender sei als der *dharmakāya*, der 'Körper der Wahren Wirklichkeit'. *Sukha-śūnya*, das 'Glück der Leere [Ich- und Substanzlosigkeit]', wird als *mahāsukha* eingestuft. Ein bestimmtes Zeichen, das man auf der Stirn trägt, heißt *mahāsukha*.[37] Selbst Namen buddhistischer Idealgestalten und Titel buddhistischer Texte entstanden, in die die Wendung 'Höchste Glückseligkeit' einging.

Der Erotische Tantrismus hatte (und hat) gewiß viele Spielarten und Facetten. Ich bestreite denn auch nicht, daß die Erotik in manchen Fällen dazu dienen sollte, sexuelles Interesse *zu überwinden*. Das mag vor allem dann intendiert gewesen sein, wenn sexuelle Praktiken in einem Rahmen zu vollziehen waren, der Perversion, Morbidität und Ekel einschloß. Ebenso unbestreitbar bleibt jedoch, daß der Erotische Tantrismus weithin auf die Erfüllung alltäglicher Glücksvorstellungen und insbesondere auf die Rechtfertigung und Befriedigung sexueller Interessen zielte, die er dabei überdies als heilsrelevant ausgab.

7. Schlußfolgerungen

Zusammenfassend läßt sich feststellen, daß die negative Glückskonzeption des frühen Buddhismus in den buddhistischen Lehren und Strömungen, die später die meisten Anhänger fanden, faktisch *und theoretisch* aufgegeben wurde. An die Stelle der rein negativen Begriffe des wahren und höchsten Glücks traten schließlich positive Konzepte, die im Extremfall des Erotischen Tantrismus gar den Orgasmus als (Eingang ins) Nirvana charakterisierten. Ich interpretiere diese innerbuddhistische Entwicklung als ein Indiz dafür, daß die frühe Geringschätzung alltäglicher Glückserfahrungen die Menschen nicht zu überzeugen vermochte und daß das versprochene Heil – bloße Leidensfreiheit – vielen einfach zu wenig war. Das Konzept eines Nirvana, das *de facto* lediglich ein asketisches Leben sowie die Gewißheit bot, mit dem Tod

[36] Vgl. Nakamura 1980, S. 332.

[37] Vgl. Snellgrove 1987, S. 251, und Wayman 1990, S. 127, 175f. und 178.

ein für alle Mal tot zu sein, erschien den meisten Menschen unattraktiv und als das höchste Heil und Glück unglaubwürdig.

Die skizzierte Geschichte buddhistischer Glücksvorstellungen und insbesondere buddhistischer Glückstheorien dokumentiert letztendlich bekannte Tatsachen:

1. Die meisten Menschen sind aufgrund ihrer Erfahrung überzeugt, daß es lebenswertes Glück gibt und daß es sich dabei nicht um eine Täuschung oder einen Irrtum handelt. Diese Einschätzung braucht nicht auf persönlicher Glückserfahrung zu beruhen. Sie kann auch auf die Beobachtung fremden Glücks zurückgehen.
2. Die meisten Menschen halten ein Glück, das in bloßer Leidensfreiheit bestehen soll, für zu gering und unbefriedigend, um erstrebenswert zu sein. Gemessen an dem, was sie als möglich erachten, ist es ihnen zu wenig.
3. Letzteres gilt insbesondere, wenn soteriologische und religiöse Interessen ins Spiel kommen. Heilslehren, eingeschlossen religiöse Heilslehren, die so gut wie kein positives Glück verheißen, sprechen nur wenige an.
4. Selbst wenn eine soteriologische Theorie negativen Glücks in beeindruckender argumentativer Form entwickelt und dabei bewundernswert konsistent und konsequent ist, vermag sie *damit* nur eine sehr kleine Minderheit zu gewinnen.

So ist es denn auch ohne weiteres verständlich, daß die frühbuddhistischen Glückskonzepte schließlich nur noch in wenigen buddhistischen Schulen und Strömungen überlebt haben. Ebenso nachvollziehbar ist, daß es sich dabei um Orientierungen handelt, deren Vertreter vor allem nüchterne gelehrte *bhikṣu* oder (von Natur aus) asketisch eingestellte Charaktere sind. Das beste Beispiel dafür liefert, wie gesagt, der Ceylonesische Theravada-Buddhismus.

Zahlenverhältnisse sind freilich keine Argumente gegen eine negative Glückstheorie. Auch Minderheiten können Recht haben. Zwar sind die metaphysischen und (quasi)religiösen Lehrstücke der einzelnen buddhistischen Doktrinen – wie Karma-, Samsara-, Paradieskonzepte und die Vergöttlichungen Buddhas – leicht in Frage zu stellen. Aber läßt man sie beiseite, so wird es schwierig, Stichhaltigkeit und Wert einer Theorie negativen Glücks, wie sie der frühe Buddhismus formulierte, und einer empirischen Theorie positiven Glücks gegeneinander abzuwägen. Beide Alternativen dürften konsistent formulierbar sein. Beide besitzen einen gewissen empirischen Gehalt. Gesichert erscheint mir, daß auch jede Theorie positiven Glücks einräumen und würdigen sollte, daß auch bloße Leidensfreiheit als Glück erfahren und *begriffen* werden (kann), ohne daß dabei Selbstbetrug oder Unwissenheit im Spiel sein müßten. Umgekehrt ist es zumindest denkbar, daß all unser Empfinden positiven Glücks Folge und Reflex von Irrtum, Ignoranz oder gar Selbstbetrug ist. Angesichts der seit mehr als zwei Jahrtausenden in den Schriftkulturen bezeugten weitverbreiteten Skepsis erscheint dies jedoch unplausibel (mag das Faktum der Skepsis an sich auch kein Argument sein). Eine weitere Schwäche des frühbuddhistischen Begriffs eines rein negativen höchsten Glücks liegt darin, daß er sich auf einen *völlig gefühlsfreien* Zustand beziehen soll. Es ist nicht leicht einzusehen, wie sich solch ein Zustand vom Tod oder einer todesähnlichen Verfassung unterscheiden soll. Außerdem erscheint in diesem Fall die Bezeichnung 'Glück' begriffspragmatisch fragwürdig, ja irreführend. Es wäre dem Verständnis zuträglicher, wenn statt dessen alles, was gemeinhin als Glück gilt, kritisiert und *explizit* einem Ideal gefühlsarmer Gleichgültigkeit oder Souveränität oder gar einer Erlösung durch den Tod nachgeordnet würde.

Für die Formulierung normativer philosophischer Glückstheorien ergibt sich danach folgendes metatheoretische Fazit:

1. Normative *philosophische* Glückstheorien sollten die Klasse ihrer Glückskonzepte nur soweit einschränken, wie es ethische Kriterien erfordern. Das heißt vor allem, in Rechnung zu stellen, daß die Suche nach individuellem Glück erst da ihre Grenze zu finden braucht, wo Würde und Freiheit des anderen verletzt werden. Anders gesagt, ist insbesondere das *Toleranzprinzip* zu beachten. Der Grund für diese metatheoretische Forderung nach theoretischer Liberalität liegt in dem Sachverhalt, daß die einschlägige Erfahrung für empirisch mehr oder weniger gleichwertige und für gleichermaßen systematisch konsistente Interpretationen offen ist.
2. Glückstheorien, deren Glückskonzepte Funktion ihrer Heilsbegriffe und religiösen oder moralischen Normen sind, sind deshalb empirisch wie metatheoretisch fragwürdig. (Nichtsdestoweniger sind auch ihre Glücksbegriffe soweit zu akzeptieren, wie der mit ihnen verbundene normative Anspruch den Rechten anderer genügt.) Eine Theorie, die Glück gar *nur* als Funktion – d.h. *nur* als Folge, Resultat, Lohn – von „Wohlverhalten" – d.h. im allgemeinen von Moralität oder gläubiger Religiosität – begreift, mag in ihrem moralisierendem Geruch überdies Ablehnung geradezu provozieren. Und selbst dann, wenn solch eine Relation nur für das „wahre Glück" gelten soll, dürfte die damit artikulierte Verkennung und Abwertung alltäglicher Glücksgefühle für viele nicht nachzuvollziehen sein, sondern eher als Entstellung und Verzerrung erscheinen. Insbesondere dürfte der mit solch einer Abwertung verknüpfte normative Anspruch vielfach als nicht zu rechtfertigende Zumutung, ja mitunter gar als Heuchelei oder Frömmelei betrachtet werden.

Es sollte klar geworden sein, daß die skizzierte frühbuddhistische Glückstheorie auch deshalb weithin scheiterte, weil ihr zufolge nur das als tolerables und höchstes Glück gelten sollte, was ineins heilsrelevant und Heil ist. Denn es war ja das Bemühen, das Nirvana selbst als Glück auszuweisen, welches zu solch empirisch wie terminologisch fragwürdigen Begriffen wie dem eines völlig gefühlsfreien Glücks führte und das dann auch das damit verbundene elitäre Selbstverständnis des Sangha oft als unaufrichtig erwies.

3. Der Versuch, dem Leid auszuweichen, indem man sich möglichst keinem Reiz aussetzt und so möglichst wenig Gefühl aufkommen läßt, bedarf einer umfassenden und detaillierten kritischen Auseinandersetzung. Dies gilt für den Versuch selbst wie auch für die zahlreichen praktischen Theorien, die ihn empfehlen. Auch dabei gilt von vornherein, daß er als individuelles Unterfangen durchaus legitim sein kann. Als normative Theorie mit universalem Anspruch jedoch widerspricht er dem unter Punkt 1 Gesagten. Wird sie als Tugendlehre formuliert, dann ist sie auch als solche angreifbar. Die Ideale völliger Leidensfreiheit und, mehr noch, *völliger* Gefühlsfreiheit sind möglicherweise mit unseren natürlichen Anlagen gar nicht zu verwirklichen (weil im Widerspruch zu den Naturgesetzen). In diesem Falle wäre die Aufforderung, völlige Gefühlsfreiheit anzustreben, sinnlos, und die sie begründende Phänomenologie und Kausalitätstheorie wären grotesk. Realismus (im Sinne einer Beschränkung auf das Mögliche), wenn nicht gar ein gewisser Respekt vor menschlichen Bedürfnissen, deren Legitimität nicht ohne weiteres zu bestreiten ist (d.h. Beschränkung auf das Zumutbare) sowie eine, wenn auch kritische, Orientierung am *Common sense* dürften ebenfalls zu den Prinzipien einer überzeugenden normativen Glücksphilosophie gehören.

Literatur

Antoni, K.: „Fuku und sachi – die religiöse Konzeption des Glücks in der japanischen Kultur", in: Bellebaum 1994, S. 223-265.

Bellebaum, A. von (Hrsg.), *Vom guten Leben: Glücksvorstellungen in Hochkulturen*, Berlin (Akademie-Verlag) 1994.

Ch'en, K., *Buddhism in China. A Historical Survey*, Princeton (Princeton University Press) 1964.

Frauwallner, E., *Die Philosophie des Buddhismus*, Berlin (Akademie-Verlag) 1956.

Glasenapp, H. von, *Der Pfad zur Erleuchtung. Buddhistische Texte. In deutscher Übersetzung von Helmuth von Glasenapp*, Düsseldorf, Köln (Diederichs) 1956.

Gunsser, I.-L., *Reden des Buddha*, Stuttgart (Reclam) 1973.

Lamotte, E., *History of Indian Buddhism. From the Origins to the Saka Era*, Louvain-la-Neuve (Peeters Press) 1988.
Mylius, K., *Die vier edlen Wahrheiten. Texte des ursprünglichen Buddhismus*, Leipzig (Reclam) 1983.
Nakamura Hajime, *Indian Buddhism. A Survey with Bibliographical Notes*, Osaka (KUFS Publication) 1980.
Nyanaponika (Hrsg.), *Die Lehrreden des Buddha aus der Angereihten Sammlung. Anguttara-Nikāya. Aus dem Pāli übersetzt von Nyanatiloka. Überarbeitet und hrsg. von Nyanaponika*, Braunschweig (Aurum) 1993.
Nyanatiloka (Hrsg.): *Buddhistisches Wörterbuch*, Konstanz (Christiani) 1976 (= *Buddhistische Handbibliothek*, Bd. 3)
Oldenburg, H., *Buddha*, Stuttgart (Magnus Verlag) o.J.
Paul, G., *Philosophie in Japan. Von den Anfängen bis zur Heian-Zeit. Eine kritische Untersuchung*, München (iudicium) 1993.
Paul, G.: „Zur Rolle des Rituals bei der Etablierung religiöser Gemeinschaften", in: K. Antoni (Hrsg.), *Rituale und ihre Urheber. Invented Traditions in der japanischen Religionsgeschichte*, Hamburg (LIT) 1997, S. 5-26.
Pruden, L. M., *Abhidharmakośabhāṣyam by Louis de la Vallée Poussin*, 4 Bde. Berkeley (Asian Humanities Press) 1989f.
Schopenhauer, A., *Sämtliche Werke*, 5 Bde. Darmstadt (WBG) 1968ff.
Snellgrove, D.L., *Indo-Tibetan Buddhism. Indian Buddhists and Their Tibetan Successors*, London (Serinda Publications) 1987.
Waley, A., *The Real Tripitaka and Other Pieces*, London (George Allan and Unwin) 1952.
Wayman, A., *The Buddhist Tantras. Light on Indo-Tibetan Esotericism*, Delhi (Motilal Banarsidass) 1990.

Dank

Einige der formulierten Hypothesen gehen auf Studien zurück, die ich im Rahmen des von der VW-Stiftung finanzierten Projekts „Menschenrechte – Philosophische Idee und Begründung in interkultureller Sicht" durchgeführt habe. Ich danke der Stiftung für die Möglichkeiten, die sie mir damit gegeben hat.

Utopische Glücksentwürfe

Annemarie Pieper

1. Einleitung

Utopische Konstrukte beziehen sich auf etwas, das keinen Ort hat, keine empirisch angebbare Raum-Zeit-Stelle, für das aber gefordert wird, es sollte einen Ort haben, wenn schon nicht hier und jetzt, so doch dereinst und überall. Dieser umfassende normative Anspruch, der mit einer antizipatorischen Vorwegnahme von Zukunft verbunden ist, hat seinen Sitz im Leben, in der Lebenswelt, deren soziale Strukturen als unmenschlich und daher als unbedingt veränderungsbedürftig beurteilt werden.

Glück ist einerseits etwas sehr Vertrautes, das von den meisten als ein begehrenswertes Gut aufgefaßt wird, andererseits erweist es sich als etwas überaus Flüchtiges, sich dem direkten Zugriff Entziehendes. Man hat es, und wenn man es hat, ist es schon wieder entschwunden, ohne daß das Verlangen nach Glück befriedigt wäre. So erweist sich auch das Glück als etwas Utopisches. Es hat keinen bleibenden festen Ort in der Empirie. Vielmehr ist es der frei schwebende Ort der Sehnsucht, der Träume, die einen Zustand ohne Konflikte und ohne Mangel ausmalen.

Jene literarische Gattung, die mit dem Namen Utopie bezeichnet wird, hat es mit Entwürfen zu tun, die dem Glück einen empirischen Ort zu geben versuchen, indem sie die Vorstellungen vom Glück in einem politisch-sozialen Gebilde umsetzen, in welchem der Glücksanspruch nach Maßgabe ethischer Rahmenbedingungen eine Konkretisierung erfährt. Konstrukteur von Utopien ist somit die praktische Vernunft, die sich der künstlerisch-technischen Phantasie bedient, um in Form eines Gedankenexperiments eine Handlungsgemeinschaft gleichsam am Reißbrett vorzustellen, deren Mitglieder so miteinander kooperieren, daß das von ihnen allen begehrte Ziel – das Glück – seine Flüchtigkeit verliert und in einen Dauerzustand übergeführt wird.

Dem Menschen als einem endlich-geschichtlichen und als solchen bedürftigen Wesen wird seit altersher von der Ethik ein Recht auf Glück im Sinne der Befriedigung seiner Bedürfnisse zugestanden. Um jedoch zu verhindern, daß aufgrund der unterschiedlichen individuellen Glücksvorstellungen Krieg aller gegen alle herrscht, da jedes Individuum danach trachtet, seine speziellen Glücksansprüche durchzusetzen, muß die praktisch-utopische Vernunft in einem ersten Schritt das im Glücksbegriff angelegte Konfliktpotential entschärfen, indem sie ein normatives Glückskonzept entwickelt, das den Interessenpluralismus kanalisiert und auf ein für alle verträgliches Maß reduziert.

2. Eckwerte der Glücksutopien: Schweineglück und Pferdeglück

Als Eckwerte der Glücksskala lassen sich am einen Ende John Stuart Mills Schweinestaat und am anderen Ende Jonathan Swifts Reich der edlen Pferde festmachen – interessanterweise handelt es sich bei beiden um tierische Lebensformen, die als Konstrastfolie für das menschliche Glück dienen. Während das sinnliche Glück der Schweine ein untermenschlicher, da in schierer Lust aufgehender Genuß ist, übersteigt das geistige Glück einer reinen Vernunftgemeinschaft den Menschen, für den als leibgebundenes Wesen Glück mit Emotionen und Körperempfindungen einhergeht. Wenn uns ganz kannibalisch wohl ist wie fünfhundert Säuen, so können wir mit dieser Art enthemmten Wohlbefindens zwar durchaus einen Zustand assoziieren, der hin und wieder begehrenswert scheint, aber der Zusatz „kannibalisch" läßt bereits erkennen, daß eine derartige Lustbefriedigung nicht als Dauerzustand taugt, da sie den weitergehenden Ansprüchen nicht genügt, die wir mit einer humanen Lebensform verbinden. Die Houyhnhms hingegen, mit deren Staatswesen sich Gulliver während seiner vierten Reise zu den Pferden vertraut macht, kennen überhaupt keine emotionalen Regungen mehr. Sie haben alle Gefühle in sich ausgemerzt und begegnen einander auf der Ebene einer Vernunft, für die sinnlich-materielle Bedürfnisse nur ein notwendiges Übel darstellen. Die hochnäsig-arrogante Verblasenheit einer nur das Geistige hochschätzenden Gesellschaft ist jedoch auf ihre Weise ebenso unbefriedigend wie der Schweinestaat, weil auch das ihr zugrundeliegende Selbstverständnis den Menschen halbiert bzw. auf einen Aspekt reduziert, der einseitig verabsolutiert wird. Die Realitätsnähe utopischer Konstrukte bemißt sich nicht zuletzt daran, wie gut ihnen der Spagat zwischen dem Schweine- und dem Pferdeglück, zwischen sinnlicher und geistiger Bedürfnisbefriedigung gelingt. Als umfassende Gesamtentwürfe müssen sie nicht nur für das größte Glück der größten Zahl besorgt sein, sondern auch einem ganzheitlichen Menschenbild Rechnung tragen, das der individuellen Selbsterfahrung eines sich mittels seines Leibes geistig ausdrückenden Wesens entspricht.

3. Klassische Glücksutopien der Renaissance

Die Erfüllung des Strebens nach Glück wurde in den klassischen Renaissance-Utopien anders entfaltet als in den Anti-Utopien des 20. Jahrhunderts. Die klassischen Utopien setzen auf die Erziehung als Mittel zur Züchtung tugendhafter Menschen. In der idealistischen Tradition Platons stehend, wird in den Utopien von Thomas Morus, Tommaso Campanella und Francis Bacon unter Glück eine *geistige* Zufriedenheit verstanden, eine Harmonie der Seele, die sich nur durch sittliches Handeln einstellt. Entsprechend werden die Bürger des utopischen Staates gleichsam zur Sittlichkeit abgerichtet – in der Annahme, daß das kollektive Glück automatisch auch das Glück des Individuums nach sich ziehe.

Zwar betrachten die Utopier des Thomas Morus „die Lust als den Endzweck und die eigentliche Glückseligkeit" (*Utopia*, 72), aber unter einem lustvollen Leben verstehen sie nicht ein solches, in welchem der sinnliche Genuß den höchsten Rang hat. Vielmehr sehen sie – durchaus in einem epikuräischen Sinn – das wahre Glück in einem naturgemäßen Leben, das als solches tugendhaft ist und damit die Bedürfnisse der unsterblichen Seele befriedigt. Mit Glück ist daher das soziale Gesamtwohl gemeint, zu dessen Erhalt (nicht: Mehrung!) beizutragen jedes Individuum moralisch verpflichtet ist.

In Campanellas Sonnenstaat wird auf das Glück kein Gedanke verschwendet. Es heißt lediglich lapidar, daß niemandem etwas fehlt, was er braucht, „auch nicht zu seinem Vergnügen" (*Sonnenstaat*, 134). Aber alle Regelungen zur Bedürfnisbefriedigung haben auch hier nicht das Interesse des einzelnen, sondern ausschließlich das Wohl der Gemeinschaft zum Ziel. Dies gilt selbst für die intimsten zwischenmenschlichen Beziehungen: „Die Fortpflanzung [...] wird gewissenhaft zum Wohle des Staates und nicht zum Nutzen der Einzelnen geregelt." (Ebd.) Entsprechend wird Gehorsam als die Grundtugend schlechthin deklariert. Und um tugendhaftes Verhalten im Bewußtsein der Bürger so fest zu verankern, daß die sittlichen Normen fast den Status von Naturgesetzen haben, ist das gesamte Staatswesen als personifizierter Moralkodex strukturiert: Der ranghöchste Beamte, Metaphysikus genannt, verkörpert die Idee des Guten, während die drei ihm unmittelbar unterstellten Politiker Pon, Sin und Mor Macht, Weisheit und Liebe repräsentieren. Die diesen wiederum unterstellten Behörden tragen die Namen von Tugenden: Es gibt ein Amt für Gerechtigkeit, für Toleranz und den gastfreundlichen Umgang mit Fremden.

Die Bürger der Insel Bensalem schließlich, von denen Bacon in *Nova Atlantis* berichtet, leben als „fast unbekanntes Volk im Schoße Gottes" (*Neu-Atlantis*, 215). Die „Verhältnisse und die Verfassung dieses glücklichsten aller Länder" (ebd., 184) sind aufgrund jahrhundertelanger Einübung in die Tugend so optimal, daß jeder schon allein dadurch glücklich zu preisen ist, daß er in diesem Staat leben kann. „Glücklich sind die Völker Bensalems!" (ebd.,

198) verkündet der Herold beim Familienfest, an welchem ein Vater geehrt wird, der dreißig Kinder in die Welt gesetzt hat. Aber nicht nur Kinderreichtum, sondern auch Forschungs- und Erfindungsreichtum sind Anzeichen einer Fruchtbarkeit, die von überquellendem Glück kündet. Die Insel wird regiert von einem Orden, der sich das *Haus Salomons* oder das *Kollegium der Werke der sechs Tage* nennt (ebd., 193f.). Die Priester sind zugleich Wissenschaftler, deren Ziel „die Erkenntnis der Ursachen und Bewegungen sowie der verborgenen Kräfte in der Natur und die Erweiterung der menschlichen Herrschaft bis an die Grenzen des überhaupt Möglichen" ist. (Ebd., 205) Die von Bacon beschriebenen, unglaublich modern anmutenden, am Ende des 16. Jahrhundert kaum vorstellbaren Ergebnisse wissenschaftlicher Forschung und die von einer erstaunlichen Phantasie zeugenden technischen Erfindungen haben ihre Rechtfertigung darin, daß die Ordensbrüder ihr Studium der Natur betreiben, um mit Gott zu kommunizieren, dessen Schrift sie in den Naturgesetzen entziffern und dessen Schöpfung sie durch Herstellung einer zweiten Natur mit menschlichen Mitteln nachahmen. So beruht das Glück der Bürger Bensalems auf ihrer schöpferischen Kraft, vermittels welcher sie sich selbst und die Welt als Ebenbild Gottes reproduzieren.

Das Dilenma der klassischen Utopien von Morus und Campanella ergibt sich aus dem dualistischen Menschenbild, das seit Platon einer inneren Zerrissenheit menschlichen Strebens Vorschub leistet. Wo unter dem Diktat eines asketischen Ideals die Befriedigung körperlicher Bedürfnisse als ein notwendiges Übel gilt, haben leibliche Genüsse keine Berechtigung. Die sokratische Maxime, sich bereits im hiesigen Leben in das Sterben einzuüben, macht die Verachtung deutlich, mit welcher die Beziehungen, die der Mensch zum Materiellen unterhält, bestraft werden, und zwar nicht nur in der Praxis, sondern auch in der Theorie. Die Seele geht im Begehren des Stofflichen ihrer Reinheit verlustig; sie befleckt sich in fleischlichen Gelüsten nicht weniger als im Umgang mit empirischen Gehalten, die ihr die Sinne liefern. Da jedoch nicht bestritten werden kann, daß auch und gerade der Kontakt der Sinne mit Materiellem von den meisten Menschen als beglückend empfunden wird, muß dieses Glück diffamiert und für menschenunwürdig erklärt werden. Ihm wird ein anderes, eigentliches und wahres Glück gegenübergestellt, das nicht wie das den Menschen erniedrigende Glück kurz und flüchtig, sondern dauerhaft ist und die Seele mit unüberbietbarer Freude erfüllt. Es versteht sich, daß die Anstrengungen, die unternommen werden müssen, um dieses Glücks teilhaftig zu werden, auf Kosten der Sinnlichkeit gehen, denn Tugend ist eine Haltung, die durch Verzicht erworben wird. Die Belohnung für den Verzicht auf sinnliches Glück ist eine ewige Seligkeit, die dem einzelnen im utopischen Kollektiv als eine Art Überentschädigung für entgangene irdische Genüsse suggeriert wird. Bei Bacon verhält sich dies letztlich nicht anders als bei seinen Vorgängern, denn Keuschheit ist in seiner Utopie die Grundtugend schlechthin. Während der Normalbürger durch das Gebot ehelicher Treue seine sexuelle Aktivität einschränken muß, verpflichten sich die Brüder des Hauses Salomons dem Zölibat. Als Ausgleich für das dadurch scheinbar geschmälerte Glück dürfen sie sich – sei es in Gestalt zahlreicher Nachkommen, sei es in Form unbegrenzten Wissenserwerbs – ein ungleich höheres Glück verschaffen, das sie als den Normalmenschen überlegen qualifiziert.

Nietzsche hat diese Lebenform im *Zarathustra* mit der ihm eigenen drastischen Rhetorik als einen Selbstbetrug entlarvt: „Rathe ich euch, eure Sinne zu tödten? Ich rathe euch zur Unschuld der Sinne. Rathe ich euch zur Keuschheit? Die Keuschheit ist bei Einigen eine Tugend, aber bei Vielen beinahe ein Laster. Diese enthalten sich wohl: aber die Hündin Sinnlichkeit blickt mit Neid aus allem, was sie thun. [...] Und wie artig weiss die Hündin Sinnlichkeit um ein Stück Geist zu betteln, wenn ihr ein Stück Fleisch versagt wird." (*Zarathustra*, *KSA*, Bd. 4, S. 69) Die auf den Status einer läufigen Hündin degradierte Sinnlichkeit muß freilich eingesperrt werden, noch besser: man sterilisiert sie ...

4. Moderne Anti-Utopien

Im Unterschied zu den klassischen Utopien setzen die modernen Anti-Utopien, die in der Tradition des Empirismus und des Utilitarismus stehen, auf ein Glück, das sich als körperliche Bedürfnislosigkeit umschreiben läßt. Dieses Glück wird durch staatliche Manipulationen hergestellt, die darauf abzielen, die Wurzel allen Unglücks – die menschliche Freiheit nämlich – zu eliminieren. Wurde in den klassischen Utopien das Glück noch als eine unverrechenbare sittliche Qualität gedacht, die durch Verzichtshaltung der handelnden Subjekte hervorgebracht wird, so definiert sich das Glück in den Anti-Utopien im Anschluß an den utilitaristischen Slogan vom größten Glück der größten Zahl als eine berechenbare Größe, die es zu maximieren gilt.

In Jewgenij Samjatins utopischem Roman *Wir* heißt es gleich zu Beginn im Zusammenhang mit der geplanten Eroberung anderer Planeten, daß es darum gehen werde, die dort lebenden Wesen, sollten sie sich noch im „unzivilisierten Zustand der Freiheit" befinden, „unter das segensreiche Joch der Vernunft zu beugen. Sollten sie nicht begreifen, daß wir ihnen ein mathematisch-fehlerfreies Glück bringen, haben wir die Pflicht, sie zu einem glücklichen Leben zu zwingen." (*Wir*, 5.) Zwar räumt der Erzähler der Geschichte, der Ingenieur mit der Nummer D-503, ein: „Die absolute, endgültige Lösung des Problems Glück haben selbst wir noch nicht gefunden" (ebd., 15f.), aber die ideale Ethik, die auf den wissenschaftlichen Prinzipien der

Subtraktion, Addition, Division und Multiplikation beruhe (ebd., 17), sei auf dem besten Wege, die Freiheit des Menschen auf Null zu reduzieren (ebd., 37) und damit der besseren Alternative – nämlich Glück ohne Freiheit anstatt Freiheit ohne Glück – zum Sieg zu verhelfen. „Es ist die alte Legende vom Paradies ... natürlich auf uns, auf die Gegenwart übertragen. Jene beiden im Paradies waren vor die Wahl gestellt: entweder Glück ohne Freiheit – oder Freiheit ohne Glück. Und diese Tölpel wählten die Freiheit – wie konnte es anders sein! Und die natürliche Folge war, daß sie sich jahrhundertelang nach Ketten sehnten. Darin war das ganze Elend der Menschheit beschlossen – sie gierte nach Ketten. Jahrhundertelang! Und wir sind erst dahintergekommen, wie man das Glück wiedergewinnen kann ..." (ebd., 61). Die Menschen müssen nur willens sein, sich von jener Krankheit heilen zu lassen, die Phantasie heißt, denn: „Die Phantasie ist das letzte Hindernis auf dem Weg zum Glück." (Ebd., 166) Die Aufforderung, sich durch Bestrahlung des Knotens der Phantasie von dieser für immer befreien zu lassen, wirbt mit dem Slogan „Ihr seid vollkommen, ihr seid wie Maschinen, der Weg zum vollkommenen Glück ist frei." (Ebd., 167)

Bezeichnenderweise heißt der oberste Machthaber im „Einzigen Staat", der die Stelle Gottes besser vertrete als der alte christliche Gott, „Wohltäter". Das vom Wohltäter diktierte Glück ist jenes ersehnte Glück der Sklaven, deren Ketten einen genau umschriebenen Bewegungsraum freigeben, in welchem die einzelnen, auf Nummern reduzierten Untertanen die ihnen exakt vorgeschriebenen Handlungen ausführen, froh darum, keine Alternativen zu kennen und nicht die Qual der Wahl zu haben. Verantwortlich für das reibungslose Funktionieren der Staatsmaschinerie ist deren Konstrukteur, der seine Untergebenen von der Last der Freiheit befreit und dem Ich damit das vollkommenste Glück schenkt: seine Aufhebung im Wir. Der einzelne zählt nicht mehr, er geht unter in einer gleichförmigen Masse, deren Glück am ununterbrochenen Lächeln kenntlich ist. Dem Ingenieur D-503 wurde nach einem unbotmäßigen Seitensprung der Splitter der Phantasie gezogen, und jetzt erst fühlt er sich ganz gesund. „Unwillkürlich muß ich lächeln, ich kann nicht anders: man hat mir einen Splitter aus dem Kopf gezogen, und ich spüre eine große Leere und Erleichterung. Nein, keine Leere, es ist nur nichts mehr da, was mich am Lächeln hindert (das Lächeln ist der Normalzustand eines normalen Menschen)." (Ebd., 211)

Aldous Huxley geht in seiner Utopie *Schöne neue Welt* noch einen Schritt weiter als Samjatin, indem er deren Bürger gleich *ab ovo* auf das für sie vorgesehene Glück hin biologisch normiert und programmiert. Sie haben von vornherein keine Möglichkeit mehr, sich Gedanken über ein selbst gewähltes Glück zu machen. Das Geheimnis von Glück und Tugend liege darin, daß man tut, was man muß, weil man als Sklave seiner Normung von den vorgegebenen Zielen gar nicht mehr abweichen kann. „Jeder ist heutzutage glücklich", wird selbstbewußt verkündet (*Schöne neue Welt*, 76), und dieses Glück ist kein bloß flüchtiges, sondern dauerhaft und stabil – „ein Glück, das alle Tage anhält" (Ebd., 119). Sollten trotzdem, was äußerst selten vorkommt, Anfälle von Unglück oder körperliche Unpäßlichkeiten auftreten, so werden diese durch die jederzeit verfügbare, vom Staat großzügig verteilte Droge Soma „wegeuphorisiert". Ein konfliktfreies, bequemes und angenehmes, daher glückliches Zusammenleben von Menschen ist nur möglich, so die Botschaft dieser Utopie, unter der Voraussetzung, daß es keine unvorhersehbaren Wünsche gibt. Menschen wollen immer gesund sein, keine Schmerzen haben, ohne Ängste friedlich miteinander kooperieren und sich möglichst wenig wegen knapper Ressourcen einschränken. Die Probleme, die diesen Wünschen und damit einem dauerhaften Glück im Wege stehen, sind lösbar. Eine hochentwickelte Medizin hat sämtliche Krankheiten weitgehend ausgerottet und maßgeschneiderte Programme für das körperliche Wohlbefinden erarbeitet. Männer unterziehen sich in bestimmten Abständen einer Adrenalinbehandlung, um überschießende Aggressivität kontrolliert ausagieren zu können. Frauen erhalten, da sie keine Kinder mehr gebären, in regelmäßigen Abständen einen Schwangerschaftsersatz. Möglichkeiten zu sexuellen Kontakten mit beliebigen Personen sind jederzeit gegeben. Bei Samjatin ist dieser Bereich stärker reglementiert. Nur an „Geschlechtstagen", für die rosa Billetts ausgegeben werden, darf man die Vorhänge in den gläsernen Häusern schließen und die zugeteilten persönlichen zwei Stunden mit einer Person des anderen Geschlechts verbringen. In Huxleys schöner neuer Welt wird das Glück auch nicht durch die Angst vor dem Tod beeinträchtigt. Da die Anzahl der Mitglieder der Weltgesellschaft im Verhältnis zu den vorhandenen Ressourcen konstant gehalten werden muß, werden die Sechzigjährigen – obwohl organisch gesund und faltenlos, wie Sechzehnjährige aussehend – mit Soma ins Jenseits befördert. Schon vom Kleinkindalter an müssen alle zweimal in der Woche einen Vormittag in der Sterbeklinik verbringen, um den Tod als etwas Angenehmes mitzuerleben, vor dem man keine Angst zu haben braucht.

Das friedliche Zusammenleben aller Bürger der schönen neuen Welt beruht darauf, daß sie – obwohl nach arbeitsteiligen Gesichtspunkten in fünf Klassen unterteilt, die von den hochintelligenten Alphas bis hin zu den schwachsinnigen Epsilons reichen – in einem radikalen Sinn gleich sind: „Alle Menschen sind chemisch-physikalisch gleich." (Ebd., 75) Sie sind allesamt *ab ovo* manipuliert, von der Zeugung in der Retorte über die massiven Eingriffe in das embryonale Material bis hin zu den lebenslang erfolgenden hypnopädischen Instruktionen, durch die sie in ihrem Denken, Fühlen, Wollen und Handeln normiert werden. Was bei Samjatin das Glück der Kette ist, ist bei Huxley das Glück der Schienen (ebd., 193), auf die man gestellt wird, um als Sklave seiner Normung in einem glasklaren, durchreglementierten Gesamtkontext seine Pflicht zu tun und eben dadurch zum Gelingen des Ganzen beizutragen. Wir haben, so einer der Weltaufsichtsräte, „das Schwergewicht von Wahrheit und Schönheit auf Bequemlichkeit und Glück [verlegt]. Die Massenproduktion verlangte diese Verlagerung. Allgemeines Glück läßt die Räder unablässig laufen; Wahrheit und Schönheit bringen das nicht zuwege." (Ebd., 198)

5. Das Scheitern der Utopien an der Eliminierung individueller Freiheit

Die von mir geschilderten Utopien – so meine These – sind zum Scheitern verurteilt, nicht *weil* sie Utopien sind, sondern weil in ihnen der Versuch gemacht wird, das Glück festzuschreiben. Ausgehend von der Tatsache, daß alle Menschen nach Glück streben, daß eben dieses Streben nach Glück aber gerade zu Konflikten führt, durch welche die Menschen sich entzweien, weil jeder eine andere Vorstellung von seinem persönlichen Glück hat, zielen die Utopien auf einen gesamtmenschheitlichen Totalentwurf, in welchem allen per staatlicher Verordnung das gleiche Glück zuteil wird, sei es wie in den klassischen Utopien in Gestalt einer anerzogenen Tugend, die dem einzelnen die Maximierung des Gemeinwohls als größtmöglichen Genuß suggeriert, sei es wie in den Anti-Utopien in Gestalt einer durch lebenslange Manipulation am Menschenmaterial hergestellten körperlichen Verfassung, die unausweichlich auf ein für die Gemeinschaft unschädliches Wohlbefinden und Lustgefühl programmiert ist.

Das Scheitern der Utopien hat demnach seinen Grund darin, daß sie in ihrem Bemühen, dem Glück einen empirischen Ort zu geben, die Bedingung eliminieren, die für den Erwerb des Glücks unverzichtbar ist: die Freiheit. Zwar steht das Streben nach Glück für das endliche Wesen Mensch nicht zur Disposition. Aufgrund seiner naturalen Ausstattung kann er nicht anders als nach Erfüllung seiner Bedürfnisse zu streben. Aber die Art und Weise, wie er seinen Lebensplan gestaltet und welchen Platz für das Glück er darin vorsieht, dies ist die ureigenste Angelegenheit jedes einzelnen. Insofern ist jeder Versuch einer utopischen Glückskonstruktion, die auf ein machbares, verallgemeinertes Glück abstellt, von vornherein zum Scheitern verurteilt, da sie von nur in pluralistischen Lebenskontexten zu gewinnenden Freiheitsentwürfen absieht und diesen ein Konzept überstülpt, das dem Individuum keinen Freiraum mehr für die Entfaltung seiner Besonderheit läßt.

In den Utopien von Samjatin und Huxley gibt es jeweils eine Figur, die das Freiheitsprinzip repräsentiert, das mit diesen Personen untergeht. Im Einzigen Staat *Wir* ist es I-330, die offiziell nicht genehmigte Geliebte von

D-503, die zu einer Gruppe Aufständischer gehört, denen es um den Sturz des „Wohltäters" geht. Die Treffen dieser Leute finden jenseits der gläsernen grünen Mauer statt, die die quadratisch angeordnete Stadt mit ihren durchsichtigen Häuserkuben von der unzivilisierten, wildwuchernden Natur und ihren nutzlosen Blumen, Bäumen und Tieren abgrenzt. Im Umgang mit der selbstbewußten, für Individualität und Originalität eintretenden I-330 wird D-503 krank, bei ihm „bildet sich eine Seele". Er empfindet ein nie gekanntes Glück, indem er er selbst wird und aufhört, eine Nummer zu sein. Die Verschwörung wird aufgedeckt, und D-503, der in der Raketenforschung unentbehrlich ist, wird seine Seele durch eine Operation wieder los. Gleichgültig wohnt er der Folterung von I-330 bei und preist den Sieg der Vernunft über das Chaos, das mit der Hinrichtung seiner ehemaligen Geliebten auf der Maschine des „Wohltäters", einem überdimensonalen elektrischen Stuhl, eliminiert wird. „Der ausgestreckte Körper war in eine dünne, leuchtende Rauchwolke gehüllt – und da zerschmolz er vor unseren Augen, zerfloß, löste sich mit erschreckender Schnelligkeit auf. Nichts blieb von ihm als eine kleine Pfütze chemisch reinen Wassers, das noch eben rot im Herzen pulsierte ... Es war nichts weiter als die Dissoziation der Materie, die Spaltung der Atome des menschlichen Körpers. Dennoch war es jedesmal von neuem ein Wunder, ein Zeichen der übermenschlichen Macht des Wohltäters." (*Wir*, 49) Selbst die Vernichtung menschlichen Lebens wird noch als ein ästhetischer, beglükkender Akt empfunden.

In der schönen neuen Welt ist es John, der Wilde, der das Prinzip Freiheit verkörpert. Er stammt aus einem Reservat, in welchem jenseits des großen Zauns noch Menschen der alten Welt wie Tiere im Zoo gehalten werden. John der Wilde bezieht sein Menschenbild aus den Werken Shakespeares, die ihm als einzige Lektüre zur Verfügung standen. Auf dieser Folie von Humanität und Freiheit einer selbstbestimmten Lebensform nimmt er die Verhältnisse in der schönen neuen Welt als menschenunwürdige repressive Strukturen wahr. In einem Gespräch mit dem Weltaufsichtsrat wird ihm klar, daß ihrer beider Auffassungen unvereinbar sind. „Unsere Zivilisation hat Maschinen, Medizin und Glück gewählt" (*Schöne neue Welt*, 203) – so wird ihm erklärt. Aber der Preis für dieses Glück ist dem Wilden zu hoch. Er will Gott, Poesie, wirkliche Gefahren, Freiheit und Tugend. Er will Sünde und das Recht auf Unglück. (Ebd., 208) Sein Glück besteht darin, sich selbst in dem zu bestimmen, was er will, auch wenn er dadurch unglücklich wird. So bleibt ihm in der schönen neuen Welt, in der für ihn kein Platz ist, nur der Selbstmord übrig als Ausdruck jener Freiheit, die dort um des kollektiven Glücks willen geopfert wurde.

6. Die Überforderung des Individuums im existentialistischen Glücksentwurf

Sind Freiheit und Glück tatsächlich unvereinbar? Um auf diese Frage eine Antwort zu finden, möchte ich kontrastierend auf ein utopisches Glückskonzept eingehen, das dem Defizit der Utopien und Anti-Utopien abhilft, indem es der Freiheit des Individuums als einer wesentlichen Bedingung des Glücks Raum gibt, das aber aus anderen Gründen ebenfalls scheitert: die existentialistische Glücksauffassung. Wir müssen uns Sisyphos bekanntlich als einen glücklichen Menschen vorstellen, jedenfalls nach der Interpretation von Albert Camus. (*Der Mythos von Sisyphos*, 101) Dieses Glück ist ein den Göttern abgerungenes, geradezu abgetrotztes, aus selbstmächtiger Kraft erwirktes Glück. Die Götter hatten ihren unbotmäßigen Rebellen damit bestrafen wollen, daß sie ihm mit dem Wälzen des Steins ewiges Unglück auferlegten – ein Unglück, das nicht so sehr das mit der unmenschlichen Anstrengung verbundene körperliche Ungemach betrifft als vielmehr das klare Bewußtsein einer durch und durch sinnlosen Tätigkeit.

Sisyphos befindet sich in einer unveränderlich glücklosen Lage, aus der es keinen Ausweg zu geben scheint. Aber Camus zufolge ist es selbst in einem so eingeschränkten Lebenshorizont möglich, eine Glücksutopie zu entwickeln. Das Glück des Sisyphos besteht darin, daß er sich von den Göttern abwendet, indem er *deren* Glücksutopie – das Erreichen eines Ziels und das endgültige Sichberuhigen im Erreichten – ablehnt, um sie durch seine eigene zu ersetzen: das Glück des absurden Menschen, der in der Auseinandersetzung mit der Natur sich selbst als Teil dieser Natur erfährt und in der Bewältigung seines Schicksals den Sinn seines Lebens erblickt. Diese autonome Sinngebung, in welcher der immer wieder vom Gipfel herabrollende Stein kein Störfaktor mehr ist, sondern als Herausforderung anerkannt wird, die zu einem immer neuen Anlauf der Selbstüberwindung nötigt, läßt Sisyphos sein Leben als eine geglückte und beglückende Abfolge von Handlungen sehen, die an sich betrachtet als wertlos und nutzlos erscheinen, im Rahmen seiner Glücksutopie jedoch als Ausdruck einer einzigartigen und unverwechselbaren Sinnsetzung zu lesen sind.

Während in den klassischen Utopien und in den modernen Anti-Utopien das Individuum um des Glücks aller willen vergewaltigt wird, wird es, so meine ich, im existentialistischen Entwurf eines absurden Glücks überfordert. Nur einem Halbgott wie Sisyphos ist es auf die Dauer möglich, radikal auf sich selbst gestellt einen einsamen Kampf gegen die zur Glücklosigkeit verurteilte Existenz als Mensch in einer heillosen Welt zu führen. Zwischen diesen beiden Extremen eines staatlich hergestellten, kollektiven und eines durch eigene Anstrengungen errungenen, individuellen Glücks sind jene utopischen Glücksvorstellungen anzusiedeln, durch die wir – als Individuen unter anderen Individuen – unserem Leben einen Sinn zu geben versuchen, einen Sinn, der als mit den Sinnen verwandte Erfüllung ebensosehr eine sinnliche Qualität hat wie er in übertragener Bedeutung das Ganze eines auch geistig voll ausgeschöpften Lebens meint. Darin müssen Ich und Wir so aufeinander bezogen werden, daß Einsamkeit und Gemeinsamkeit sich nicht ausschließen, sondern wechselseitig frei-geben.

7. Feministische Utopien

Die von mir geschilderten Utopien und Glücksentwürfe sind sämtlich von Männern für Männer geschrieben, und es stellt sich natürlich die Frage, wie sich denn Frauen eine Idealgemeinschaft vorstellen, ob sie den Männerphantasien etwas entgegenzusetzen haben, das deren Fehler vermeidet. Dazu möchte ich abschließend einige knappe Hinweise geben. Es versteht sich von selbst, daß mit dem Feminismus vor allem in den 70-er und 80-er Jahren auch die von Frauen geschriebenen Utopien zu boomen begannen, denn da für sie in den repressiven patriarchalen Strukturen der klassischen Utopien kein Ort war und überhaupt die Vergangenheit durch und durch androzentrisch geprägt ist, bot es sich an, den Blick nach vorn in die Zukunft zu richten, um eine anarchistisch-ökologisch-ganzheitliche Lebensform als Schwesterngemeinschaft zu konstruieren, in welcher auch Frauen sich wohl fühlen. Die Hauptschwierigkeit für die Utopistinnen liegt in der Frage: Was soll mit den Männern geschehen, die seit Jahrtausenden die Quelle alles Unglücks für die unterdrückte weibliche Hälfte der Menschheit war? Drei Lösungen werden hier angeboten.

Eine radikale: die Gesellschaft der Zukunft ist eine reine Frauengemeinschaft, die keine Hierarchien und Macht- bzw. Herrschaftsansprüche mehr kennt. Um dieses Ziel zu erreichen, müssen die Männer auf Dauer eliminiert werden, da langfristig nicht zu erwarten ist, daß sich die in ihr Selbstbewußtsein tief eingravierten autoritären Sozialisationsmuster verändern lassen. Der Fortbestand der Menschheit wird durch Parthenogenese gesichert. Dieses Modell wurde bereits in einer frühen feministischen Utopie 1915 von Charlotte Perkins Gilman in *Herland* vorgestellt.

Die zweite, etwas weniger radikale Lösung sieht nur eine Eliminierung der während des Übergangs in die neue Lebensform vorhandenen männlichen Wesen vor, die noch den alten Geschlechtsstereotypen verhaftet sind und die Aufgabe ihrer Privilegien mit Gewalt verhindern würden. Die im verwirklichten Matriarchat geborenen Knaben hingegen werden dann so sozialisiert, daß daraus eine volle Gleichberechtigung beider Geschlechter resultiert und am Ende eine Gesellschaftsform jenseits von Patriarchat und Matriarchat steht.

Auch dieses Modell wird in *Herland* erwogen, wo die seit zwei Jahrtausenden bestehende Frauengemeinschaft nach dem Eindringen von drei Männern in ihr Reservat darüber berät, ob sie wieder eine zweigeschlechtliche Gesellschaft gründen soll.

Die dritte Lösung geht davon aus, daß im Verlauf der Zeit die Identität einer Person immer weniger über das biologische Geschlecht (*sex*) und zunehmend über die kulturelle Selbstzuschreibung (*gender*) definiert wird, so daß sich der Geschlechtsunterschied immer mehr verwischt, bis am Ende eine Gesellschaft von androgynen Menschen entsteht, die mit Hilfe von Gentechnologien imstande sind, einen Rollentausch zu praktizieren und sich unabhängig von der biologischen Geschlechtszugehörigkeit fortzupflanzen. Eine Umkehrung der Geschlechterrollen schildern Marion Zimmer Bradley in *Die Matriarchen von Isis,* Joanna Russ in *Planet der Frauen* und Ursula LeGuin in *Winterplanet.*

Die genannten Möglichkeiten wurden in der utopischen Frauenliteratur experimentell durchgespielt, um endlich einen Ort zu finden, an dem Frauen sich als Frauen aufgehoben und als sie selbst respektiert fühlen. Daneben gibt es aber auch eine Reihe pessimistischer Zukunftsromane, die eine andere Tradition fortsetzen, etwa die von G.H. Wells, der in seiner *Zeitmaschine* den selbst herbeigeführten Untergang der Menschheit beschreibt. Am Ende steht das reine Unglück, sei es, daß eine unerklärliche Katastrophe über die Menschen hereinbricht, wie Marlen Haushofer sie in *Die Wand* darstellt, wo die überlebende Frau den einzigen Mann, der ihre Überlebenschance durch blindwütige Gewalttätigkeit zerstört, tötet; sei es, daß die Frauen mit totalitären Mitteln wieder in ihre alten Rollenklischees gezwungen werden, wie Margaret Atwood es in *Der Report der Magd* schildert; sei es, daß die Menschheit ausstirbt, weil ihre Fortpflanzungsfähigkeit erlischt und die von P.D. James in *Im Land der leeren Häuser* charakterisierte Omega-Generation in einem Sitten- und Wertezerfall vollständig verwahrlost, während die Generation der Alten zum kollektiven Selbstmord gezwungen wird.

Auch die feministischen Utopien wandeln auf dem schmalen Grat zwischen Menschlichkeit und Unmenschlichkeit, wenn sie Glücksentwürfe und Unglücksszenarien vorstellen, in welchen Frauen ihr seit jeher von den Männern mit illegitimen Argumenten und Praktiken streitig gemachtes Recht auf ein selbst bestimmtes Leben wahrzunehmen versuchen. Es fällt auf, daß Frauen sich ein Leben ohne Männer sehr gut vorstellen können, was umgekehrt nicht der Fall ist, so bedeutungslos auch die den Frauen im Patriarchat zugewiesenen Rollen sind, durch die sie ins öffentliche und private Abseits gestellt werden. Wenn sie vor die Wahl gestellt sind, entweder in einer zweigeschlechtlichen Lebensform weiterhin autoritären Denk- und Handlungsmustern unterworfen zu sein, oder eingeschlechtlich in einer zwanglosen Form miteinander zu kooperieren, ziehen sie letzteres vor. Frauen kommen ohne Männer und ohne Söhne aus. Wenn sie dafür in Freiheit und Frieden leben können, sind sie sich selbst genug.

8. Schluß

Utopien gleich welcher Spielart werden heutzutage – nach dem angeblichen Scheitern der sozialistischen Utopie – vielfach für verzichtbar oder bestenfalls für unterhaltsam gehalten. Ich hingegen erachte utopisches Denken mehr denn je als nötig – nicht unbedingt für die Konstruktion von gesamtmenschheitlichen Interaktionsformen, sondern für Zukunftsentwürfe kleineren Zuschnitts – im Sinne von Realutopien. Utopien öffnen die Augen für das, was wir wollen, und was wir auf keinen Fall wollen können. Utopien machen darauf aufmerksam, daß wir verantwortlich sind für unsere Antizipationen des Glücks und das damit verbundene Unglück.

Literatur

Atwood, M., *Der Report der Magd*, München (Fischer) 1996.

Bacon, Fr.: „Neu-Atlantis", in: *Der utopische Staat*, S. 171-215.

Campanella, T.: „Sonnenstaat", in: *Der utopische Staat*, S. 111-169.

Camus, A., *Der Mythos von Sisyphos. Ein Versuch über das Absurde*, Hamburg (Rowohlt) 1959.

Der utopische Staat, übers. und hrsg. v. K.J. Heinisch, Reinbek (Rowohlt) 1960.

Haushofer, M., *Die Wand*, Düsseldorf (Claassen) 1983.

Huxley, A., *Schöne neue Welt*, Frankfurt/M. (Fischer) 1978.

James, P.D., *Im Land der leeren Häuser*, München (Droemer Knaur) 1993.

LeGuin, U., *Winterplanet*, 3. Aufl. München (Heyne) 1994.

Mill, J.St., *Der Utilitarismus*, Stuttgart (Reclam) 1976.

Morus, T., *Utopia*, in: *Der utopische Staat*, S. 7-110.

Nietzsche, Fr., *Sämtliche Werke, Kritische Studienausgabe*, 14 Bde., Berlin (de Gruyter) 1980.

Perkins Gilman, Ch., *Herland*, Reinbek (Rowohlt) 1994.

Russ, J., *Planet der Frauen*, München (Droemer Knaur) München 1979.

Samjatin, J., *Wir*, Köln (Kiepenheuer & Witsch) 1984.

Swift, J., *Gullivers Reisen*, Frankfurt/M. (Insel) 1974.

Wells, G.H., *Die Zeitmaschine*, Zürich (Diogenes) 1974.

Zimmer Bradley, M., *Die Matriarchen von Isis*, Bergisch Gladbach (Bastei-Lübbe) 1979.

Lebenskunst als Ästhetik der Existenz*

Wilhelm Schmid

1. Die Renaissance des Individuums

Lebenskunst ist der Begriff, der eine pragmatische Utopie zum Ausdruck bringt: Sich selbst zu gestalten, das Leben zu gestalten. Das ist es, was zunächst übrig geblieben ist nach dem Ende der großen Entwürfe zur Beglükkung der Menschheit: Die Rückkehr zu sich selbst, zum einzelnen Individuum, um so neu zu beginnen und nicht die alten Illusionen zu hegen. Lebenskunst, das ist die Renaissance des Individuums, das zu Zeiten der großen Utopien in der Apotheose der Gesellschaft unterzugehen drohte und das nun gezwungen ist, in der Zeit der Abwesenheit großer Hoffnungen, die einst starke Gründe fürs Leben und Sterben hergaben, sein Leben zu führen. Die Position des Individuums wird gestärkt in der Philosophie der Lebenskunst, wenn dies auch von kritischen Zeitgenossen mit Argusaugen beobachtet wird: Soll einem neuen Individualismus das Wort geredet werden? Soll ein Ich-Kult philosophisch legitimiert werden? Soll die Gesellschaft nun gänzlich der Auflösung anheimfallen? Soll gar einer Art „Individualfaschismus" Tür und Tor geöffnet werden, jeder für sich ein kleiner Hitler?

Zunächst ist zu unterscheiden: Die Betonung des *Individuellen*, also der Eigenart des jeweiligen Individuums, ist nicht zwangsläufig *Individualismus*, wenn man darunter die Fixiertheit des Individuums auf sich selbst versteht. Die Stärkung der Position des Individuums und seiner Eigenständigkeit in einer Philosophie der Lebenskunst will nicht den Individualismus verstärken, nicht dem Egozentrismus Vorschub leisten, und zwar nicht etwa aus moralischen Gründen, sondern aus der Einsicht heraus, daß jede Egozentrik eine unkluge Engstirnigkeit darstellt, die die Angewiesenheit auf Andere und das Eingebettetsein in eine Gesellschaft in ihrer Bedeutung für die Realisierung des individuellen Lebens verkennt. Es geht vielmehr um das Individuum, das

* Der vorliegende Beitrag erscheint in geringfügig veränderter Form auch in: W. Schmid, *Philosophie der Lebenskunst - Eine Grundlegung*, Frankfurt/M. (Suhrkamp) 1998.

sich nicht von individualistischer Arroganz hinreißen läßt, sondern sich darum bemüht, sich selbst zu führen, ein reflektiertes Verhältnis zu sich selbst zu begründen, starke Beziehungen zu Anderen herzustellen und sich an der Gestaltung von Gesellschaft zu beteiligen.

2. Aspekte der Lebenskunst

2.1 Selbstmächtigkeit

Lebenskunst in diesem Sinne heißt: Sich und sein Leben selbst zu führen, und dies nicht nur als eine private, sondern als eine politische Aufgabe zu verstehen; Selbstführung und eigene Lebensführung, um die Verführbarkeit durch eine äußere Macht, welche auch immer, zu unterlaufen; selbst eine Macht zu gewinnen und so das Leben sich anzueignen, statt sich nur Anderen oder anonymen Mächten zu überlassen. Die *Selbstmächtigkeit* des Individuums tritt hier hervor als Begriff einer anderen Macht, einer selbstreflexiven Macht – Macht, die das Selbst auf sich selbst wendet, die es in reflektierter Weise gebraucht und die es auch nach Außen, gegen die Bevormundung durch heteronome Mächte wenden kann. Es ist die Einführung eines anderen Machttypus, der in der Lebenskunst wirksam wird, eine Macht höheren Typs, nämlich *Macht über die Macht* zu gewinnen, die einzig mögliche und sinnvolle „Supermacht". Wenn die Macht darin besteht, über Möglichkeiten und Können der Einwirkung auf etwas zu verfügen und eine eigene Wahl zu haben, dann kann dies auch in einer Einwirkung auf die Macht selbst zum Ausdruck kommen, und die Reflexivität gewinnt dabei die Form, die Macht zurückzubiegen auf sich selbst.

Das ist nicht so neu, wie es scheint, sondern wurde im antiken Kynismus exerziert am Beispiel einer Macht über die Macht der Lust, die den Genuß einer höheren Macht versprach. Oder im Stoizismus am Beispiel des Otium, das mit „Muße" nur unzureichend zu übersetzen ist, denn in Wahrheit handelt es sich um einen Zustand der Erhabenheit über die Macht- und Habgier, anstelle der *exzessiven* um eine *asketische Macht:* Macht noch über den eigenen Machttrieb zu haben. Die Selbstmächtigkeit ist keine Selbstherrschaft oder „Selbstbeherrschung", vielmehr gibt es ein Spiel von Machtbeziehungen im Subjekt selbst und nicht etwa nur die einseitige, desaströse Herrschaft eines Teils des Selbst (meist des „reinen Denkens") über einen anderen Teil (meist die „unvernünftigen Begierden"). Selbstmächtigkeit ist die kluge Regierung seiner selbst im Inneren wie nach Außen hin, angewiesen auf die Kooperation mit Anderen, auf die Bildung eines Netzwerks. In einem solchen Netzwerk – einer Solidargemeinschaft im engeren (familiären) oder weiteren (gesellschaftlichen) Sinne – kann man Aufgaben untereinander aufteilen, koordiniert handeln, problematische Punkte gemeinsam ausfindig machen, die möglichen Antworten diskutieren und die Realisierung von Möglichkeiten erst einmal im kleinen Stil ausprobieren.

Die Selbstmächtigkeit des Individuums ist der erste Aspekt eines Begriffs, der im Zusammenhang mit der Thematisierung antiker Lebenskunst von Foucault geschaffen worden ist und der außerordentlich viel Interesse auf sich gezogen hat: *Ästhetik der Existenz* – sie kann sich nur dort entfalten, wo das Individuum eine eigene Macht ins Spiel bringen und sich dadurch Freiheitsräume sichern kann; Ästhetik der Existenz ist die „reflektierte Kunst einer als Machtspiel wahrgenommenen Freiheit"[1], die in der modernen Gesellschaft nicht nur ein Privileg weniger sein darf. Reflektierte Kunst will heißen: Es kann dabei nicht um die rücksichtslose Durchsetzung eigener Freiheit gegenüber Anderen gehen; die eigene Macht muß reflektiert werden, das Individuum muß wachsam sein, auch sich selbst gegenüber; die reflektierte Kunst hält die Macht über die Macht aufrecht, kontrolliert ihren maßvollen Einsatz und achtet auf ihre Umkehrbarkeit. Die Selbstmächtigkeit geht mit Selbstverantwortlichkeit einher.

2.2 Gestaltung der Existenz

Was aber heißt hier „Ästhetik"? Handelt es sich um eine Theorie der Kunst? Die Ästhetik der Existenz meint in jedem Fall – zweiter Aspekt des Begriffs – eine *kunstvolle Gestaltung der Existenz*, bei der das Leben selbst zum Kunstwerk wird, um ihm eine starke Struktur zu geben, die das Individuum nicht mehr von Außen, von einer religiösen oder politischen oder naturgesetzlichen Autorität bezieht. Die Gestaltung der eigenen Existenz kann nicht mehr nur von einer irgendwie verbindlichen Sollensmoral abgeleitet werden, und auf dieses Fehlen einer Moral, der zu gehorchen wäre, „muß die Suche nach einer Ästhetik der Existenz antworten".[2] Das Kunstverständnis, das in der Ästhetik der Existenz wirksam ist, zielt auf die strukturierende Tätigkeit (Produktionsästhetik), deren Material das individuelle Leben ist, und bezeichnet ein kreatives Verhältnis zu sich selbst. Ein besonderer Aspekt dieser Gestaltung kann die äußerliche Darstellung der Existenz sein, die Art, sie in den Augen der Anderen erscheinen zu lassen, die sie wiederum beurteilen (Rezeptionsästhetik) nach Kriterien der Stimmigkeit, Glaubwürdigkeit, Wahrhaftigkeit, der Vermittlung von Eindrücken und Anregungen etc. Das

[1] Michel Foucault, *Der Gebrauch der Lüste* (1984), Frankfurt/M. (Suhrkamp) 1986, S. 318; zum Begriff einer Ästhetik der Existenz vgl. ebd., S. 18 ff., 118, 135.

[2] Ders., „Eine Ästhetik der Existenz" (1984), in: *Von der Freundschaft als Lebensweise. Michel Foucault im Gespräch*, Berlin (Merve) 1984, 136; frz. in: Ders., *Dits et Ecrits*, Paris (Gallimard) 1994, IV, Nr. 357, S. 732.

Subjekt der Lebenskunst überläßt diese Strukturierung und Gestaltung nicht einem anonymen Sollen, sondern trifft seine eigene Wahl, um seinem Leben Form zu geben und eine Existenz des Maßes zu realisieren.

2.3 Persönliche Wahl

Dieser *Akt der Wahl* steht als dritter Aspekt im Zentrum einer Ästhetik der Existenz; damit wird die Maxime in Kraft gesetzt, nach der das Leben gestaltet wird. Selbst eine Wahl zu haben und sie auch treffen zu können, ist der stärkste Ausdruck der Selbstmächtigkeit und bedeutet, nicht nur einer Notwendigkeit folgen zu müssen. Daraus folgt nicht, immer und unter allen Umständen völlig frei wählen zu können, denn zu vieles ist vorgegeben und vorstrukturiert. Einer Wahl unterliegt aber immer der Gebrauch, den man von etwas macht, wie man damit umgeht und was man daraus macht. Nur so ist die Autonomie in der Ästhetik der Existenz zu verstehen: Als Selbstgesetzgebung, die auf der Wahl des Individuums beruht, seine Haltung begründet und die Form einer Stilisierung annimmt. Der Begriff der Ästhetik der Existenz findet sich, in Anlehnung an seine Ausprägung in der antiken Ethik, Seite an Seite mit der „persönlichen Wahl";[3] bei seiner Erneuerung steht er für die Ethik der Wahl, der die Lebenskunst zugehört.

2.4 Sensibilität und Urteilskraft

Eine beliebige Wahl? Nein, eine Wahl, die auf der Grundlage von Urteilskraft getroffen wird, um die sich das Individuum bemüht und die in der Auseinandersetzung über die Kriterien der Wahl immer neu zu bilden ist, also die „Vernunft des Anderen" mit einbezieht; Urteilskraft wiederum auf der Basis von Sensibilität für die Zusammenhänge, auf die es ankommt und die zu berücksichtigen sind. So wird die Ästhetik der Existenz in ihrem vierten Aspekt auf den griechischen Begriff der *aisthesis* zurückbezogen und als *volle Entfaltung der sinnlichen und geistigen Fähigkeiten* geltend gemacht. Wenn die Ästhetik Sensibilität und Urteilskraft meint, dann wird wohl kaum noch zu behaupten sein, eine Ethik sei auf Ästhetik nicht zu begründen: Worauf sonst wäre sie zu begründen? Und insofern in dieser Ästhetik die sinnliche Wahrnehmung eine starke Rolle spielt, ist es die Aufgabe der Lebenskunst, Sinne und Sinnlichkeit in ihrer ganzen barocken Fülle zu entfalten, sie geradezu vorsätzlich auszuarbeiten und auch dies als Arbeit an sich selbst und Lebensarbeit zu verstehen. Die Wahrnehmungsfähigkeit ist indes nicht nur wichtig für die Sensibilität des empfindsamen Subjekts, sondern im weiteren Sinne für

[3] Ders., „Zur Genealogie der Ethik" (1983), *op. cit.*, S. 266; frz. in: Ders., *Dits et Ecrits*, Paris (Gallimard) 1994, IV, Nr. 344, S. 610. Siehe auch: Josef Früchtl, *Ästhetische Erfahrung und moralisches Urteil*, Frankfurt/M. (Suhrkamp) 1996.

die politische Sensibilität, die das aufspürt, was für das Selbst, für einen selbst wie für Andere, nicht hinnehmbar ist.

2.5 Schönheit

Was aber ist, nach all diesen Aspekten, das entscheidende Motiv dafür, eine Ästhetik der Existenz überhaupt zu realisieren? Zweifellos geht es darum, der eigenen Existenz das „Profil einer sichtbaren Schönheit" zu verleihen – die *Realisierung von Schönheit* taucht in der Tat neu auf, wenn bei Foucault von der Ästhetik der Existenz die Rede ist, und bildet ihren fünften Aspekt: Es kommt darauf an, der Existenz „die Form zu geben, die die schönstmögliche" ist, und selbst die Arbeit zu leisten an der „Schönheit seines eigenen Lebens".[4] Die Ästhetik wird damit nicht nur als Theorie der Kunst oder Bestärkung von Sensibilität, sondern auch als „Lehre vom Schönen" in die Ästhetik der Existenz aufgenommen. Zugleich konzentriert sich die Fragestellung darauf, was denn unter dem Begriff des Schönen verstanden werden kann; Foucault kann dafür nicht mehr herangezogen werden, denn er definierte diesen Begriff nicht weiter. In der Geschichte der Ästhetik sind die Definitionen des Schönen Legion: „Schön" war u.a. die Erzeugung von Harmonie (Edmund Burke) und das, was „ohne Begriff allgemein gefällt" (Kant); „schön" war die harmonische, in sich geschlossene und vollendete Form eines Werks für die klassische Ästhetik, vorsätzlich „nicht schön" dementgegen die Kunst der Avantgarden nach der Erfahrung der Weltkriege im 20. Jahrhundert, und der Ästhetik-Diskurs ist ihnen hierin gefolgt und hat auf den Begriff des Schönen verzichtet.

Für die Lebenskunst und Ästhetik der Existenz wird nun der Begriff des Schönen neu zu definieren versucht, in einer Weise, die für die Bestimmung des Schönen und seine Renaissance Bedeutung haben könnte, in jedem Fall aber für die Philosophie der Lebenskunst unverzichtbar ist. Schön ist dasjenige, was *bejahenswert* erscheint. Bejahenswert erscheint etwas in der individuellen Perspektive, die nicht unbedingt Allgemeingültigkeit beansprucht, bezogen auf eine Form, einen Inhalt, ein Objekt oder auch ein Subjekt, zu denen eine Beziehung hergestellt wird, die nicht mehr eine der Gleichgültigkeit ist. Ein solches Objekt kann die eigene Existenz sein; Ästhetik der Existenz meint dann die Schönheit der Existenz, die als bejahenswert erscheint. Die eigentliche Macht der Schönheit liegt nicht in der Perfektionierung, Harmonisierung, Glättung einer Oberfläche, sondern in der Möglichkeit der Bejahung, die hier auf die Gestaltung des Lebens bezogen wird: Das Leben so zu

[4] Ders., „Die Sorge um die Wahrheit" (1984), in: *Pariser Gespräche, geführt von François Ewald*, Berlin (Merve) 1989, S. 20; frz. in: Ders., *Dits et Ecrits*, Paris (Gallimard) 1994, IV, Nr. 350, S. 671.

gestalten, daß es bejahenswert ist. Schön ist das, wozu das Individuum Ja sagen kann.

3. Aufgeklärte Bejahung des Lebens

Warum das Leben gestalten? Aufgrund der Kürze des Lebens. Warum es „schön“ gestalten? Der Anstoß dazu kommt aus der Sehnsucht nach der Möglichkeit, das eigene Leben ganz und gar bejahen zu können. Denn nur dann wird die Selbstachtung bestärkt, die enorme Kräfte freisetzen kann, auch angesichts widriger Umstände. Gegenüber dem Sein des gelebten Lebens kommt ein selbst gewähltes Sollen im Hinblick auf ein mögliches Leben ins Spiel, eine Idee des eigenen Lebens, die die volle Bejahung ermöglicht, hinter der zurückzubleiben den Verlust der Selbstachtung mit sich brächte. Das Schöne ist der Leitstern und der „seltsame Attraktor“, der das Leben neu orientiert. Vor diesem Hintergrund kann der Imperativ der Lebenskunst formuliert werden, der bei jedem einzelnen Schritt den Horizont der Gesamtheit der Existenz vor Augen stellt und nur vom Individuum selbst in Kraft gesetzt werden kann – ein *existentieller Imperativ*: Gestalte dein Leben so, daß es bejahenswert ist. Bejahenswert aber kann keineswegs nur das Angenehme, Lustvolle oder, wie es am Ende des 20. Jahrhunderts gerne genannt wird, das „Positive“ sein, sondern ebenso das Unangenehme, Schmerzliche, Häßliche, „Negative“. Die Gestaltung zielt nicht auf eine ästhetische Perfektionierung, Harmonisierung oder Glättung, sie kennt auch das Mißlingen; entscheidend ist, ob das Leben insgesamt bejahenswert ist.

In der Perspektive des Individuums ist das Dasein, in Anspielung auf Nietzsche, nur als „ästhetisches“, nämlich bejahenswertes Phänomen „gerechtfertigt“. In diesem Sinne gibt die Ästhetik der Existenz eine Antwort auf die Frage nach dem *Sinn des Lebens*, denn diese Frage, die im 20. Jahrhundert eine enorme Konjunktur erlebt hat und nahezu jedes Individuum in den modernen Gesellschaften erfaßt, dürfte identisch mit der Suche nach Bejahenswertem sein; sie brach auf, als vieles an Bejahenswertem, das fraglos in Strukturen der Tradition, der Religion und Kultur niedergelegt war, fragwürdig geworden ist. Einstweilen muß jedes Individuum sich selbst auf die Suche begeben, um das zu finden, wofür es sich zu leben lohnt, dasjenige Schöne, für das es mit seinem Leben einzustehen bereit ist. Geradezu eine Bastion des Bejahenswerten wird durch das gebildet, was man „Glauben“ nennt, auch in säkularer Hinsicht und bezogen auf das Individuum: Im persönlichen Glauben ist all das Bejahenswerte versammelt, das für das Individuum eine starke Rolle spielt. An diesem Schönen kann die Lebensführung orientiert werden, es stellt das Kriterium zur Verfügung, anhand dessen das eigene Leben immer wieder beurteilt wird. Ist das Leben so, wie es gelebt wird, nicht bejahenswert, ist es zu ändern, denn es gibt nur diese „Sünde wider den heiligen Geist“: Ein Leben zu führen, das nicht bejaht werden kann.

Das Leben, zu dem man ganz und gar stehen kann, ist ein wahrhaftiges Leben und in diesem Sinne – nicht im Sinne des einzig Authentischen – das „wahre Leben“, das auch gegen Widerstände, gegen Anfeindungen, gegen Repressionen gelebt werden kann. Zu meinen, dies habe zwar unbestreitbar eine persönliche Dimension, erschöpfe sich aber auch darin, trifft die Brisanz des wahren, schönen Lebens nicht. Die Ästhetik der Existenz ist auch *politisch* zum Argument zu wenden, um gesellschaftliche Verhältnisse zu schaffen, die bejahenswert sind, Verhältnisse, die eine bejahenswerte Existenz ermöglichen; ein Argument, das um so glaubwürdiger ist, je mehr die eigene Arbeit an einer Ästhetik der Existenz unter Beweis gestellt wird, im Sinne eines wahren Lebens im „falschen“. Das Bejahenswerte findet sich dabei keineswegs nur im Individuum selbst, sondern kann in seinem Umfeld oder weit außerhalb liegen und doch immer noch seinem Selbstverständnis zugehören; es kann in heranwachsenden und künftigen Generationen liegen oder darin, anderen, auch weit entfernten Menschen ein bejahenswertes Leben zu ermöglichen; es kann im eigenen Beitrag zu einer bejahenswerten Gesellschaft liegen – immer jedoch ist es ein Individuum, das sich darum sorgt.

Es ist in keiner Weise gesagt, daß das Bestehende auch das Bejahenswerte ist – bejahenswert kann vielmehr die Idee des möglichen Anderen sein, das als schön betrachtet wird und erotisierende Wirkung hat. Ohne Bejahenswertes aber gibt es keine Erotik der Existenz und kein erotisches Verhältnis zur Arbeit an Veränderungen. Es war nicht sinnvoll, die „Negation“, wie dies lange der Fall war, zur einzig legitimen Haltung zu erheben, und die „Affirmation“, die zweifellos in der Rede von Bejahenswertem steckt, von Grund auf in Abrede zu stellen als bloße „Zustimmung zur Welt“.[5] Keine Frage, daß es in der Ästhetik der Existenz nicht darum gehen kann, die Affirmation auf blinde Weise zu betreiben; ihr Begriff der Schönheit darf nicht dazu dienen, über Probleme hinwegzutäuschen und nur Kompensation zu betreiben. Vielmehr bedarf es einer *aufgeklärten Affirmation*, die nicht beliebig alles für bejahenswert hält. Die Grenze ist dort erreicht, wo das jeweils eigene Schöne verabsolutiert wird. Verhängnisvoll ist es, Reinheit, Widerspruchsfreiheit, Vollkommenheit etc. zu klassischen Kriterien der Schönheit zu erklären, um alles andere der Häßlichkeit zuzuweisen – historisch wurde dies dazu mißbraucht,

[5] Vgl. Beat Wyss, „Die Zukunft des Schönen“, in: *Kursbuch* 22 (Dez. 1995), S. 9. Zur wiederkehrenden Diskussion über „Schönheit“ siehe: Dave Hickey, *The Invisible Dragon. Four Essays on Beauty*, Los Angeles (Art Issues Press) 1993; Hannelore Schlaffer, *Schönheit. Über Sitten und Unsitten unserer Zeit*, München (Kunstmann) 1996.

Anderen den Sinn für Schönheit abzusprechen und ihnen die Möglichkeiten des Lebens zu rauben.

4. Eudaimonia

Dies vorausgesetzt, kann die Lebenskunst sich anschicken, das Leben zu „verschönern", wie es ihr gerne nachgesagt wird; verschönern aber im Sinne von: Das Leben bejahenswerter zu machen. Lebenskunst kann in der Tat heißen, *sich ein schönes Leben zu machen* und hierzu eine Arbeit an sich selbst, am eigenen Leben und an den Verhältnissen, die dieses Leben bedingen, zu leisten. Die verschiedenen Aspekte der Ästhetik der Existenz – die Selbstmächtigkeit, die kunstvolle Gestaltung der Existenz, der Akt der Wahl, die volle Entfaltung der sinnlichen und geistigen Fähigkeiten, die Realisierung von Schönheit – kommen darin überein, zu einem *erfüllten Leben* beizutragen. Dieses Leben besteht nicht nur aus Glücksmomenten, die Widersprüche sind aus ihm nicht ausgeschlossen, es handelt sich nicht unbedingt um das, was man ein leichtes Leben nennt, eher um eines, das voller Schwierigkeiten ist, die zu bewältigen sind, voller Widerstände, Komplikationen, Entbehrungen, Konflikte, die ausgefochten oder ausgehalten werden – all das, was gemeinhin nicht zum guten Leben und zum Glücklichsein zählt, die beide allzu leicht zu einem romantischen Mißverständnis geraten.

Das schöne Leben meint nicht das *moderne Glück*, diesen Zustand des dauerhaft Angenehmen, voller Lust, ohne Schmerz, ohne Arbeit, den die meisten nicht erreichen und darob unglücklich sind, während die, die ihn erreichen, auch nicht zu beneiden sind. Dieses Glück lebt von der Spirale des Konsums, d.h. des *Verbrauchs*, des Verschleißes: Güter, äußere wie innere, auch Beziehungen, müssen vom Selbst verbraucht werden, um sich „gut zu fühlen"; der rasche Verbrauch aber, die Leere, die er hinterläßt, fordert noch mehr Verbrauch, noch intensiver, nichts darf ausgelassen werden, es darf nicht innegehalten werden, es gibt keine Erholung vom Glück. Das Gefährlichste an diesem Glück ist seine politische Mißbrauchbarkeit, nicht nur was die Konzentration der Kräfte auf den Konsum angeht, sondern erst recht ihre Festlegung auf die illusorische Utopie eines künftigen universellen, eternellen Glücks als Ziel aller Zivilisation, als Vollkommenheit von Frieden und Harmonie und Abwesenheit von Schmerz und Unlust; selbst die Vernunft hat da nichts anderes mehr zu tun als das Glück zu optimieren und zu maximieren, sie erscheint verantwortlich für die Beseitigung aller Störfaktoren – und wird verworfen, wenn sie offenbaren muß, daß sie das nicht leisten kann. Für das moderne Glück von wenigen aber haben grundsätzlich viele zu bezahlen, die dafür allenfalls mit Ignoranz bedacht werden.

Wenn für das schöne Leben überhaupt vom Glück die Rede sein kann, dann ist es demgegenüber das *autarke Glück*. Es ist herzuleiten von der aristotelischen *eudaimonia* und der stoischen *beatitudo* und beruht auf der Selbstmächtigkeit des Individuums, das seine eigenen Lüste und Genüsse kennt – Lüste des *Gebrauchs*, nicht des Verbrauchs. Der ist der Glücklichste, der das moderne Glück nicht nötig hat und der auf die „positive Erfolgsorientierung" nicht alles setzt. Ihn kann es nicht stören, wenn die Lebenskunst abschätzig mit dem „Solipsismus des gegenwärtigen Augenblicks" assoziiert wird.[6] Denn er hält sich offen für diesen Augenblick, für das *tychische Glück*, den göttlichen Zufall *(tyche)*, den man nicht herstellen, für den man nur bereit sein kann. Dieses Glück ist eines, das für einen Moment die Zeit vergessen läßt und den unscheinbarsten Ort zum Universum macht, ein schöner Moment, der das Maß, die Existenz und selbst die Geschichte sprengt, und von dem sich, wenn überhaupt, nur zärtlich, also poetisch reden läßt, eine persönliche und durchaus keine öffentliche Angelegenheit. Diesen Moment zu leben und auszukosten und wieder gehen zu lassen ohne Arg, ist ein Bestandteil von Lebenskunst; in diesem Sinne gibt es die glückliche Existenz. Auch wenn die Lebenskunst wenig mit den gängigen Vorstellungen vom leichten Leben zu tun hat, so gewährt sie doch mit Leichtigkeit dem glücklichen Augenblick sein Recht und kennt inmitten aller Vielgeschäftigkeit ihr eigenes *ceterum censeo*: „Und im übrigen – heute liebe ich das Leben!" Oder, mit den schlichten Worten eines zeitweilig populären Songs: *It's a wonderful life*.

[6] Robert Spaemann, *Glück und Wohlwollen. Versuch über Ethik*, Stuttgart (Klett-Cotta) 1989, S. 54.

Integrative Ethik[1]

Hans Krämer

1. Einleitung: Die Gleichberechtigung von Moralphilosophie und Strebensethik

Integrative Ethik, wie ich sie vertrete, ist eine komplettierende, nicht-ausschließende Ethik, die nicht nur die moralischen, sondern auch alle übrigen Lebensprobleme abdeckt. Sie wendet sich gegen den weltweit vorherrschenden Neukantianismus und ist zunächst nur ein Programm. Vorausgesetzt wird aber, daß eine Integrative[2] Ethik heute und in der Zukunft erforderlich ist. Sie war bisher in der Ethikgeschichte noch nicht verwirklicht, da die vorkantische Ethik überwiegend Strebens- und Glücksethik, die nachkantische

[1] Der Titel des Beitrages schließt an mein Buch *Integrative Ethik*, Frankfurt/M. (Suhrkamp) 1992, 1995, sowie an den zugehörigen, von M. Endreß herausgegebenen Sammelband *Zur Grundlegung einer integrativen Ethik*, Frankfurt/M. (Suhrkamp) 1995; darin insbesondere an meine „Replik", S. 205-249. Etliche Zunftgenossen versuchen, das Buch *Integrative Ethik* durch konsequentes Totschweigen aus der Diskussion zu eliminieren oder aber durch nivellierendes „Einordnen" und Subsumieren an den Rand der Debatte zu drängen. (Ein Beispiel dieser zweiten Art bietet D. Thomä mit seiner recht oberflächlichen Rezension in *Philosophische Rundschau*, 44 (1997), 167-177. Vgl. dazu meine Erwiderung in dem von J.H.J. Schneider herausgegebenen Sammelband *Ethik - Orientierungswissen?*, Frankfurt/M. 1998.)

[2] Integrative Ethik ist nicht dasselbe wie Integrierte Ethik. Gemeint ist hier lediglich die Komplettierung der Ethik zu ihrem vollen Umfang, im Unterschied zu restriktiven und selektiven Ethikkonzepten, die neben der Moralphilosophie keine Glücks- (Güter-, Klugheits-, Strebens-)Ethik oder neben der Prinzipienethik keine Spezielle Ethik und vollends keine Methodologie der Anwendung zulassen. (Ein weitere Spezialisierung innerhalb der verschiedenen Ethiktypen und -dimensionen wie etwa der Aufbau einer Natur-, Tier- oder Kulturethik tritt erst sekundär zum Kernprogramm einer Integrativen Ethik hinzu.) Der Vorschlag, den Terminus 'Integrativ' nach englisch-amerikanischen Vorbildern durch den eindeutigeren Terminus 'Inklusiv' zu ersetzen, ist schon deshalb nicht akzeptabel, weil 'inklusiv' im Deutschen nur als Präposition, nicht als Adjektiv verwendet wird. Ferner könnte der Titel 'Inklusive Ethik' die falsche Vorstellung eines Inklusionsverhältnisses zwischen den Ethiktypen evozieren.

Ethik überwiegend Sollens- und Pflichtenethik gewesen ist. Die Integrative Ethik sucht beides in zeitgemäßer Form zu verbinden. Sie widerspricht damit dem Monopolanspruch der Moralphilosophie, der mit den seit Kant geläufigen methodologischen und epistemologischen Argumenten nicht mehr zu verteidigen ist. Sie widerspricht aber auch dem Monopolanspruch einer reinen Strebensethik von der Antike bis zu Foucault, weil er die soziale Verfaßtheit des Menschen und den damit gegebenen Interessenkonflikt ignoriert und dadurch illusionär wirkt. Sie widerspricht aber *auch* – drittens – dem Projekt einer Einheitsethik, die Moral und Glück gleichzusetzen versucht, weil diese gleichfalls den Interessenkonflikt zwischen Sozietät und Individuum und die Phänomene des Sollens und der Nötigung überspringt. Eine Einheitsethik ist ebenso unmöglich wie die Quadratur des Zirkels in der Mathematik. Wir müssen daher eine duale, mehrdimensionale Struktur der Ethik anerkennen. Die Ethik gleicht weder dem Kreis noch einem polyzentrischen Gebilde, sondern einer Ellipse mit zwei Brennpunkten.

Eine Strebens- oder Glücksethik ist heute aus zwei Gründen dringlicher als je zuvor: *Zunächst* hat der Pluralismus der modernen Gesellschaft die Einhelligkeit eines naturwüchsigen Gruppenethos geschwächt. Der Einzelne ist daher nicht mehr durch die Gruppenmoral von Entscheidungszwängen weitgehend entlastet, sondern steht unter einem wachsenden Orientierungsdefizit und Entscheidungsdruck. Der Beratungsbedarf der individuellen Lebensführung ist also größer geworden, wobei sich die Zuständigkeit dafür von der Moralphilosophie weg auf die komplexe Ebene einer Strebensethik verlagert hat. *Zum zweiten* und grundsätzlicher hat der neuzeitliche Sturz der Teleologie ansichseiender Naturzwecke und Wesensziele[3] den monolithischen Eudämoniebegriff der älteren Ethik gesprengt. Dadurch sind die Freiheitsspielräume des Individuums unerhört gesteigert worden, bis hin zur Problematisierung der Freiheit selber. An die Stelle einer einzigen und einheitlichen Wertordnung mit ihrer Hierarchie von Lebenszielen ist eine offene Typologie möglicher Ordnungen getreten. Die Strebensethik als philosophische Lebenskunstlehre ist demgemäß in eine Pluralität von Lebenskunstformen und Lebenskunstlehren zu spezifizieren. Ihnen fällt die Aufgabe zu, Freiheits-

[3] Gegenüber neueren Versuchen, den Gedanken einer normativen Teleologie ansichseiender Zwecke zu erneuern, ist festzuhalten, daß Zweckmäßigkeit noch keine solchen Zwecke indiziert, sondern auch kausal ('teleonom') erklärt werden kann. Von Zwecken kann sinnvollerweise nur die Rede sein, wo ein Bezwecker (z.B. Gott) namhaft zu machen ist; andernfalls liegt ein *misuse of language* vor. Die neuzeitliche Subjektivierung von Zwecken, Normen und Werten, die gesetzt werden müssen, kann nicht rückgängig gemacht werden. Auch die Berufung auf ein „Naturrecht" ist heute nur in gebrochener Form möglich, nämlich indem wir uns entschließen, bestimmte Normen so zu behandeln, als ob sie naturrechtlichen Status besäßen.

spielräume zu erschließen, zu erproben und auszumessen, und ferner, sie auszufüllen und zu bewältigen helfen.

Daß heute überhaupt eine Neubegründung der Strebens- und Glücksethik notwendig ist, liegt daran, daß die Moralphilosophie in der Epoche der Aufklärung monopolisiert und mit der Ethik geradezu identifiziert worden ist. Der Grund dafür lag vermutlich darin, daß die philosophische Ethik den Autoritätsverlust der theologischen Ethik auffangen und kompensieren sollte.[4] Angesichts dieser großen Aufgabe schien daneben für einen zweiten Ethiktyp, d.h. den der Strebensethik, kein Raum mehr zu bleiben. Doch ist die metaphysische Aufwertung der Moral in der Konsequenz der Moderne nicht mehr aufrechtzuerhalten. Ein vermeintlich apriorisches Natur- und Vernunftrecht ist vielmehr selbst als geschichtlich zu betrachten. Die zunehmend pluralistische Moderne erlaubt nur noch einen formalisierten und entsubstantialisierten Vernunftbegriff, der lediglich kontingenterweise mit wechselnden Inhalten erfüllt werden kann. Damit fällt aber auch die Idee einer moralischen Autonomie, die konfliktfrei nur unter der Voraussetzung eines einhelligen Natur- und Vernunftrechts zu denken wäre. Was bleibt, ist ein Externalismus der Moral innerhalb abgestufter Sozietäten. Er konserviert das kategorische Sollen als Unterscheidungsmerkmal gegenüber dem hypothetischen Sollen des Eigenwollens. Das moralische Sollen ist kategorisch, d.h. unbedingt und unverfügbar, weil es die Kehrseite des Wollens der Anderen ist, die mit ihren Forderungen und Erwartungen uns gegenübertreten. *Ohne sozialen Außenhalt ist ein kategorisches Sollen nicht zu haben.* Darin liegt kein unkritischer Moralpositivismus, weil die konzentrische Abstufung konsensueller Moralhorizonte den jeweils engeren Horizont vom weiteren her zu kritisieren erlaubt. Ein solcher Moralkonsens ist im übrigen ein rein faktischer, der sich in komplexen sozialpsychologischen und mentalitätsspezifischen Prozessen herstellt. Er darf also nicht, wie dies die Diskursethik tut, von politischen, juristischen oder gar szientifischen Konsensmodellen (der Forschergemeinschaft) her stilisiert werden. Bereits die rationalistische Rekonstruktion der Moral ist höchst problematisch, weil Moral in der Realität (nicht in der idealisierenden philosophischen Theorie) weitgehend und unaufhebbar von irrationalen Motiven bestimmt ist. Sie besitzt daher auch keinen epistemischen Vorrang vor der individuellen Lebenskunst.

4 Vorbereitet war der Paradigmenwechsel durch die vom Christentum initiierte Ausbildung des neuzeitlichen Sozialeudämonismus, der im Geist der Brüderlichkeit und Solidarität das Glück der anderen mit dem des Individuums gleichstellte. Während der Frühutilitarismus diese Konzeption weitgehend konserviert und nur konsequent entfaltet hat, ging der radikalere Kantianismus darüber hinaus, indem er – nicht ohne Rückgriff auf die frühchristliche Tugend der Selbstlosigkeit – das Glück der anderen ins Zentrum rückte.

Für den Status der Moralphilosophie folgt daraus zusammenfassend, daß ihr einstiger Primat gegenüber der Strebensethik aus verschiedenen Gründen nicht mehr vertreten werden kann. Die Schwächung der Moralphilosophie hat die Konsequenz, daß zwischen den beiden Ethiktypen grundsätzlich *Gleichberechtigung* besteht. Nichts hindert jedenfalls, daß die Strebens- oder Glücksethik heute in verwandelter, zeitgemäßer Form aus dem Schatten der Moralphilosophie heraustritt und ihre praxisregulierende Kraft entfaltet.

2. Themen und Aufgaben der Strebensethik

Die Gleichwertigkeit der Strebens- und Glücksethik mit der Moralphilosophie muß strenggenommen sogar auf den Vorrang der Strebensethik hin überschritten werden. Er folgt *erstens* daraus, daß die durchschnittliche Lebensführung, das was wir zunächst und zumeist tun, der Großteil unseres gelebten Lebens, der Regulierung durch die Strebensethik unterliegt, während die Moral nur in Konfliktfällen aktuell wird. Die Strebensethik hat es im übrigen auch qualitativ mit der Daseinsbewältigung in Not- und Krisenlagen bis hin zum richtigen Sterben zu tun, kann also nicht auf eine womöglich hedonistisch eingefärbte Luxusrolle hin interpretiert werden. Ihr existenzielles Gewicht steht hinter dem der Moral(philosophie) nicht zurück. Entscheidend ist *sodann*, daß ihr Begriff des Guten ein affirmativer ist, im Unterschied zum negativistischen Begriff des Guten in der Moralphilosophie, der daneben strukturell sekundär wirkt. Das moralisch Gute ruht nämlich überformend auf dem strebensethisch Guten auf, und die Ethik gewinnt darum insgesamt an Durchsichtigkeit, wenn man das Gute der Strebensethik genauer analysiert. Dieses Gute der Lebenskunst erweist sich dann wesentlich als ein Können,[5] das mit dem modernen, die Teleologie ablösenden Grundbegriff der Freiheit und Ungehemmtheit konvergiert.[6] Die moralische Freiheit erscheint demgegenüber mit Hemmung durchsetzt und insofern weniger zentral. (Ich

[5] Vgl. *Integrative Ethik*, Kap. III. Es ist bisher gar nicht bemerkt worden, daß der dort entwickelte Satz von Kategorien des erfüllten Lebens als Pendant und Korrektiv zu Heideggers Existenzialien in *Sein und Zeit* intendiert ist (ursprünglich war an einen Terminus wie 'Felizitalien' o.ä. gedacht). Wenn man demgegenüber fortfährt, den Glücksbegriff mit der Neuzeit psychologistisch zu reduzieren, riskiert man einen Kompetenzstreit mit der Psychologie, bei dem die Philosophie nur unterliegen kann.

[6] Man kann einzelne Könnensweisen weiterhin einem prinzipieller gefaßten Freiheitsbegriff unterstellen, doch reichen unter der Voraussetzung einer Hierarchie von Reflexionsstufen des Könnens die höchsten Gestalten des Könnens ebenso weit, vgl. *Integrative Ethik*, S. 248ff. in Fortführung von S. 164f.

kann diesen Verhältnissen hier nicht näher nachgehen[7] und bemerke nur, daß das Gute der Ethik und Praktischen Philosophie demgemäß nur analog und nicht univok zu bestimmen ist.)

Die Strebensethik ist eine Ethik der ersten Person, nicht der zweiten und dritten Person wie die Moralphilosophie. Sie entwickelt daher auch einen im Selbstbezug zentrierten Haltungs- und Tugendkanon. Die Haltungen stellen bestimmte Handlungen auf Dauer, die ihrerseits die Erreichung von Zielen ermöglichen. Die bekannte Dreiteilung von Güter-[8], Pflichten- und Tugendlehre ist also festzuhalten, wobei unter Gütern Handlungsziele, unter Pflichten richtige, empfehlenswerte Handlungstypen und unter Tugenden Haltungen zu verstehen sind, die einzelne Handlungen bedingen. Man kann eine Allgemeine und eine Spezielle Strebensethik unterscheiden, genauso wie bei der Moralphilosophie. Es gibt auch in der Strebensethik einen *Generalsatz*,[9] der etwa dem kategorischen Imperativ in der Moralphilosophie entspricht, und es gibt dann *spezielle Themenfelder*, wie beispielsweise die Gesundheitspflege und -vorsorge, den Erwerb von und Umgang mit einzelnen Lebensgütern samt dem ökonomischen Verhalten, soziale Beziehungen nichtmoralischer Art, ferner den weiten Bereich der Kulturethik,[10] schließlich eine Zeitethik[11] und das Verhalten zur Sinndimension. Es gibt darüber hinaus die zu den Themenfeldern querstehende Modellanalyse bestimmter Lebensformen und Vorzugsordnungen. (Für die letzteren gibt es in der Moralphilosophie kein Analogon, statt dessen kennt diese als Proprium neben einer universalistischen Moral die Explikation von Gruppenmoralen. Spezielle Themenfelder gibt es bekanntlich auch in der Moralphilosophie, heute vor allem Bio- und Ökoethik, Medizinische Ethik, Zukunfts-, Konflikts- oder Friedensethik, Berufs- und Wissenschaftsethik und dergleichen.)

Während die Moralphilosophie über Pflichten aufklärt und Hemmungen stimuliert, leistet die Strebensethik Lebens-, Orientierungs- und Entscheidungshilfe. Sie führt zum Lebenlernen und zuletzt zum Sichaufslebenverstehen und Lebenkönnen hin. Ihre Aufgabe ist es *einmal*, die Planungs- und

[7] Einige Differenzierungen dazu unten Abs. 4.

[8] Die Güterethik ist von den Restriktionen eines modischen Panästhetizismus freizuhalten, u.a. weil sie die Thematisierung des gesamten Bereichs der Übel (Unwerte) und ihrer Bekämpfung hintertreiben; vgl. unten Anm. 14.

[9] Näheres dazu in *Integrative Ethik*, S. 188ff. sowie im Sammelband von Endreß (Anm. 1), S. 224f.

[10] Dazu unten Abs. 6.

[11] Dazu ausführlich *Integrative Ethik*, S. 299-318. Die Akzentuierung der Gegenwartsdimension, die die zeitgenössische angloamerikanische Ethikliteratur vom (Neo-)Epikureismus übernommen hat, genügt dafür keineswegs. Die Vergangenheits- und Zukunftsdimension sind ebenso einzubeziehen wie die Verschiebung ihrer Gewichtung in den verschiedenen Lebensphasen.

Handlungsfähigkeit des Einzelnen durch Einübung in exemplarische Zielordnungen, Strategeme und Taktika zu schulen und zur Selbstfindung anzuleiten; *sodann*: die eigene Erfahrung des Akteurs zu organisieren helfen, um sie für effizientes Handeln optimal nutzbar zu machen, darüber hinaus aber auch die Kontingenz seiner Lebensführung zu durchbrechen und durch Erfahrungen anderer oder weiterführende Überlegungen zu erweitern und zu ergänzen. Es geht dabei sowohl um die Überwindung von Handlungsschwierigkeiten durch die Vermittlung bewährter Alternativmodelle wie auch um Entscheidungshilfe durch die Formulierung geeigneter Kriterien und schließlich noch um die Optimierung von Zielformationen und Handlungsstrategien durch das Angebot von Vorzugsalternativen.

Im einzelnen ist es zunächst darum zu tun, typische Krisenfälle zu diagnostizieren, die ein Beratungsverhältnis als wünschenswert erscheinen lassen: So etwa die Basisschwierigkeit des ersten und als solchen grundlegenden Schrittes in der Handlungsreihe; weiter die fehlende Schlüssigkeit einer Folge von Handlungsschritten, die einander der Reihe nach bedingen, wenn in der Planung oder der Ausführung ein Glied ausfällt und dadurch die Sequenz abreißt, ohne daß sich Alternativen abzeichnen; ferner Schwierigkeiten der Zielsetzung, wenn Ziele, Teilziele oder übergreifende Sinnzusammenhänge ausbleiben; endlich Schwierigkeiten des Risikokalküls, etwa in der Unübersichtlichkeit der Handlungsfolgen oder der Relation von Aufwand und Ertrag; und schließlich der Mangel an Prioritätsregeln und Präferenzkriterien, aber auch an Kriterien der chronologischen Rangfolge, mit der Konsequenz praktischer Unentscheidbarkeit.

Aufgabe der beratenden Strebensethik ist es in solchen Fällen, Schwierigkeiten und Hemmungen beim Planen und Handeln durch konstruktive Anleitung zu beheben, nämlich durch Vermittlung weiterreichender Erfahrung Handeln überhaupt in Gang zu bringen, Handlungssequenzen schlüssig zu machen; Ziele, Zusammenhänge und Sinnpotentiale sichtbar werden zu lassen, auf die hin gehandelt werden kann; Prioritätskriterien anzugeben sowie Nebenfolgen oder die Relation zwischen Aufwand und Ertrag kritisch zu beleuchten.

Der Strebensethik liegen verschiedene Funktionen der *Praktischen Intelligenz* zugrunde, die sie zu optimieren oder zu ergänzen sucht: So die Diagnose von Schwierigkeiten, die Auswertung von früher gemachter Lebenserfahrung, ferner die Erfindung oder Entdeckung neuer Wege zur Behebung solcher Engpässe, und schließlich die topische Strukturierung sowohl der Diagnostik wie auch der therapeutischen Möglichkeiten. Jeder Mensch macht von allen diesen Kompetenzen der Praktischen Intelligenz Gebrauch, sie gehören also wesentlich zum Menschen – sind Anthropina. Beispielsweise gehört es bereits zur Lebensführung, über eine mehr oder weniger explizite Topik zu verfügen. Die Strebensethik läßt sich nun als Reflexionsstufe dieser natürlichen Praktischen Intelligenz verstehen, und man kann darum, von deren einschlägigen Kompetenzen ausgehend, Teildisziplinen der Strebensethik zu etablieren suchen: die Diagnostik, die Heuristik und die Stochastik (d. h. die Techniken des Wiederfindens und des Erfindens) und schließlich die zugehörige Topik oder – noch weiter angehoben – die Topologie.

In der Sicht der Strebensethik ist das gesamte Leben einschließlich der Robinson-Situation virtuell ethisch relevant. Dabei hat die Ethik keinerlei Anlaß, ihre angestammten Wirkungsfelder dem Szientismus der Einzelwissenschaften, dem Dezisionismus oder der Popular- und Paraphilosophie zu überlassen, mit der zusätzlichen Paradoxie, daß der Theoretiker der Ethik den Großteil seines eigenen Lebens desavouierend ausklammert und in perspektivischer Blindheit gar nicht wahrnimmt.

Damit ist natürlich nur gesagt, daß grundsätzlich alles Gegenstand der Strebensethik sein *kann*, nicht etwa muß. Genau so wie die Moralphilosophie heute bestimmte aktuelle Themenfelder in den Vordergrund rückt, so wird auch die Strebensethik problembezogen Akzente setzen, allerdings ohne je ganz in der bloßen Aktualität aufgehen zu können.

3. Methodenlehre der Anwendung

Nach der Allgemeinen Prinzipienethik und der Speziellen Ethik folgt in beiden Ethiktypen als dritte Stufe eine der Anwendungsdimension gewidmete *Methodenlehre*. Für die Anwendung gibt es nämlich formale Metaregeln, Regeln zweiter Ordnung, die die Anwendung teils ermöglichen, teils optimieren und die die Methodenlehre zusammenfaßt. Die Anwendungsdimension ist für die Praktische Philosophie und Ethik ebenso wichtig wie für praktische, anwendungsbezogene Wissenschaften wie die Medizin oder die Jurisprudenz. Eine Ethik ohne Anwendungsdimension der Didaktik, Beratung, Einweisung, Einübung und Ausführung und die ihr zugewandte Methodenlehre bleibt machtlos und ineffizient und tendiert in paradoxer Selbstaufhebung zum Status einer theoretischen Disziplin der Philosophie hin. Wenn der Neukantianismus diesen Bereich als psychologisch aus der Ethik entfernt hat, so ist diese Entscheidung rückgängig zu machen. Neuere Bestrebungen wie die *Philosophische Praxis* suchen dem Rechnung zu tragen und damit Anschluß an einzelwissenschaftliche Beratungsformen in der Psychologie, Psychotherapie, Theologie und Pädagogik zu gewinnen. Wie die philosophisch-ethische Beratung strebensethischer oder moralischer Art mit den einzelwissenschaftlichen Beratungsdisziplinen zusammenarbeitet und welchen spezifischen

Beitrag sie in diese arbeitsteilige Kooperation einbringt, habe ich an anderer Stelle eingehend erörtert.[12]

Zur Anwendungsdimension der Ethik gehört auch die *Anleitung* bei der *Selbstsuche* und *Selbstfindung* in praktischer Hinsicht, auf die hier noch einmal zurückzukommen ist (vgl. Abs. 2). Der Ausdruck ist zweideutig, denn er besagt sowohl, daß *ich* - und nicht etwa andere - mir Klarheit zu verschaffen suche, wie auch, daß der Gegenstand der Klärung mein eigentliches *Selbst*, meine Identität in Sachen des guten Lebens oder der Moral ist, und ebenso ihre Realisierung. Die Ethik braucht diesen Bereich weder der Kontingenz des gelebten Lebens zu überlassen noch sich darauf zu beschränken, durch zusätzliche Appelle oder gar Ratschläge die Selbstsuche zu stimulieren, zu beschleunigen, zu optimieren und zu komplettieren. Auch wo es allein um die Autonomie individueller Selbstsuche geht, kann die Ethik immer noch zur *Stärkung der Eigenkompetenz* anleiten, indem sie beispielsweise durch artifiziell aufgebaute Modellfälle, simulierte Situationen und fiktive Szenarien in eine solche Kompetenz gezielt einübt und sie formal schult. Eine derartige Formalisierung hebt sich als Hilfe zur Selbsthilfe und damit als Methodologie zweiter Ordnung von der inhaltlich beratenden Methodologie erster Stufe ab.

Die Kompetenz zur Selbstfindung, die sich aus dieser formalen Anleitung und Einübung überhaupt oder doch verbessert ergibt, befähigt dazu, mit dem Selbst auf dem Wege von Weltbegegnungen zu experimentieren oder auch durch Introspektion die Stimme des eigentlichen Selbst zu vernehmen.[13] Das eigentliche Selbst mag sich in Bedürfnissen, Lebensformen oder Grundhaltungen und Könnensweisen konkretisieren, die sich ihrerseits dem Gesamtselbst kohärent einordnen sollten und die sich im übrigen durch neue Welt- und Selbsterfahrungen mehr oder weniger rasch verändern können.

4. Glück und Moral

In der Lebenspraxis haben die Ziele der Lebenskunst[14] einen absoluten, die Normen der Moral einen pragmatischen Vorrang. Lassen Sie mich ein Stück

[12] *Integrative Ethik*, S. 359-365.

[13] Im zweiten Fall kann man auf die Gewissenstheorie zurückgreifen, die W. Keller, *Das Selbstwertstreben*, München (Reinhardt) 1963, S. 76f.; ders., *Einführung in die philosophische Anthropologie*, München (Francke), 1971, S. 120ff. (ursprünglich: *Vom Wesen des Menschen*, Basel 1943); E. Spengler, *Das Gewissen bei Freud und Jung. Mit einer philosophisch-anthropologischen Grundlegung*, Zürich (Juris) 1964, S. 98ff.; und schon E. Fromm, *Psychoanalyse und Ethik*, Stuttgart (Diana) 1954, S. 155ff., 173ff., im Anschluß an Freud und Heidegger entwickelt haben.

[14] Die Lebenskunst ist die gekonnte Lebensführung, auf die die Strebens- oder Glücksethik optimierend reflektiert. Sie ist als *ars vitae* primär eine Lebenstechnik

weit verfolgen, wie sich Glück und Moral und demgemäß Strebensethik und Moralphilosophie in ihren Kompetenzansprüchen genauer zueinander verhalten oder gar miteinander kooperieren. Die Strebens- oder Glücksethik *fundiert*, wie wir oben (Abs. 2) sahen, die Moralphilosophie inhaltlich, umgekehrt *limitiert* die Moralphilosophie die Lebenskunst und deren Theorie. Zuständigkeitskonflikte im einzelnen müssen sich in letzter Instanz aus der Selbsteinschränkung der Moral nach dem Toleranzprinzip erledigen, denn Moral kann nur durch Moral gebrochen werden. Als Faustregel kann gelten, daß die Wertsetzungen der Moral stärker, aber niedriger sind als die der Lebenskunst, d.h. sie haben in der Regel einen pragmatischen, handlungstheoretischen, aber keinen absoluten Vorrang. Sie sind m.a.W. jedenfalls zu befolgen, machen deswegen aber nicht auch schon den Sinn und Wert des Lebens aus. Dieses Schema ist aber noch zu einfach: Noch stärker als die Moral könnnen gewisse Zwangslagen und Notsituationen sein, nach der Devise: Not kennt kein Gebot (oder auch: *ultra posse nemo obligatur*). Sie sind aber zugleich, was die Werthöhe angeht, niedriger als die Moral, so daß wir insgesamt zu einer Dreistufung gelangen, bei der die Moral eine Mittellage einnimmt: So optimiert die Lebenskunst überwiegend die verbindliche Basis der Moral, ist also höher, aber schwächer als diese; sie kann aber in Einzelfällen auch stärker sein als die Moral. Die Moral ist höher, aber nicht stärker, als die Notlagen, und sie ist stärker, aber nicht höher, als die normale Lebensführung.[15]

Für die Handlungsorientierung ist auch dieses Schema noch zu abstrakt, denn es gibt in jeder Kultur wie in jeder Epoche Verschiebungen vom Erlaubten zum Unerlaubten und umgekehrt, mit Übergängen, die durch Zweideu-

und darf nicht mit dem engeren, seit der Romantik geläufigen Kunstbegriff in Verbindung gebracht werden. Wie wenig die modernen Vorstellungen des Künstlertums dazu passen, zeigt die Überlegung, daß der größere Teil der Lebenskunst Überlebens- und Duchsetzungskunst oder – metaphorisch gesprochen – *ars militaris*, d.h. „Kriegskunst“ nach außen wie nach innen ist (B. Klasing), die sich schwerlich irenisch ästhetisieren und dem intendierten Künstlertum unterstellen läßt. – Im übrigen bleibt eine Analyse der Lebenstechnik ohne eine Analyse der Lebens- und Glücksziele abstrakt und ineffizient. Umgekehrt kann eine philosophische Glückslehre sich nur dann über die Aktualität des Tages hinaus erhalten, wenn und soweit sie sich in den Rahmen einer Praktischen Philosophie und Ethik einordnet und lebenspraktisch zu Buche schlägt.

15 Vgl. *Integrative Ethik*, S. 252f. Seit der Einführung der Unterscheidung zwischen Werthöhe und Wertstärke in der phänomenologischen Wertethik (N. Hartmann, *Ethik*, Berlin (de Gruyter) 1962^4, Kap. 28, S. 277 und Kap. 63, S. 595ff.; danach H. Reiner, *Die Grundlagen der Sittlichkeit*, Meisenheim (Hain) 1974^2, S. 168ff.; zusammenfassend R. Maliandi, „Zum Problem der ethischen Grundantinomie“, in: A.J. Buch (Hrsg.), *Nicolai Hartmann 1882-1982*, Bonn (Bouvier) 1982, S. 224ff.) kann von einem unqualifizierten Vorrang im Verhältnis der beiden Ethiktypen nicht länger mehr die Rede sein.

tigkeit oder Unentscheidbarkeit charakterisiert sind. Weiterhin gibt es Grauzonen mit doppelten Zuständigkeiten, wenn beispielsweise Einzelne für sich und gleichsam privat das gerne und ungenötigt tun, etwa sympathetisch, was für die meisten anderen Gebot bleibt und bleiben muß. Bei solchen Positivierungen, wie ich das nenne, ist natürlich die Strebensethik zuständig, auch wenn daneben für die Mehrzahl die Moralphilosophie die entscheidende Instanz bleibt. Analoges gilt umgekehrt für die Negativierungen bestimmter Lebensbereiche, d.h. wenn Einzelne die Strebensbasis, die normalerweise alle haben, verlieren und dann als solche und ausnahmsweise der moralischen Nötigung und der Moralphilosophie unterliegen (z.B. in Ehe oder Freundschaft). Beide Male – bei der Positivierung wie bei der Negativierung – haben wir es mit dem irritierenden Phänomen zu tun, daß die gleichen Handlungstypen einer doppelten Buchführung unterliegen und daß infolgedessen Primär- und Sekundärinstanzen einander in ihrer Wirkung wechselseitig überlagern. Dies führt zu Problemen einer Speziellen Ethik und sollte dort an Hand von zeitgerechten Falltypen durchgespielt werden. Es bedarf dafür des Aufbaus einer einschlägigen Topik.

Im übrigen wird man in einer bestimmten Gesellschaft meist einen überwiegenden Konsens und daher auch klare Geltungen erwarten dürfen. Trotzdem gibt es in jeder Zeit immer auch einige Problemfelder, die im Fluß und daher nicht befriedigend abzuklären sind. Es stehen dann möglicherweise verschiedene Moralauffassungen gleichgewichtig gegeneinander. Dies hat Auswirkungen auch auf die Abgrenzung zwischen Lebenskunst und Moral. Es empfiehlt sich dann, zumindest vorläufig auf das Toleranzprinzip zurückzugreifen. Die Philosophie qua Moralphilosophie kann dabei Klärungshilfe leisten. Die Strebensethik mag zusätzlich als Anwalt der Freiheit auftreten, freilich so, daß ihre Argumente auch moralisch durchschlagen. Die Entscheidung ist immer eine moralische.

Die Konflikte des *einzelnen Akteurs* sind demgegenüber im Vorfeld anzusiedeln. Sie sind entweder schon durch die Sozietät präjudiziert oder werden auf der sozietären Ebene letztinstanzlich entschieden werden müssen. Der Einzelne hat allerdings die Möglichkeit, sich auf imaginäre Moralhorizonte der Zukunft zu berufen und dadurch abweichende Grenzziehungen zu begründen und zu rechtfertigen. Dies ist ein vorsorgliches Theoriekomplement im Anschluß an eine Theorie konzentrischer Moralhorizonte (vgl. Abs. 1), die damit eine Seitentür für Innovationen und den geschichtlichen Moralwandel offen läßt. Doch ist dieses Komplement ambivalent, denn es birgt die Versuchung in sich, daß man sich parasitär aus den geltenden Verpflichtungen hinausreflektiert.

5. Ein kritischer Blick auf die aktuelle Diskussionslage

Ich möchte daran anschließend einen kritischen Blick auf die aktuelle Diskussionslage werfen, auch in der Abgrenzung zu anderen in diesem Band vertretenen Positionen. Fast alle namhaften kontinentalen Ethiker sind sich heute darin einig, daß eine Einheitsethik antiker Art, die die Identität von Glück und Moral annimmt, nicht überzeugt und daß hinter die moderne Differenzierung zwischen beiden Gesichtspunkten nicht zurückgegangen werden kann. (Im angloamerikanischen Bereich ist das freilich anders, aber mit einem Realitätsverlust erkauft.[16])

Die Rehabilitierung der Glücksethik ist andererseits oft schon so weit fortgeschritten, daß nicht mehr wie früher Glück und erfülltes Leben vor der Moral, sondern umgekehrt die Moral vor dem Glück als rechtfertigungsbedürftig erscheint. Dabei wird mit einem gewissen Recht argumentiert, daß die Moral wie die Rechtsordnung eine Schutzfunktion hat und insofern das erfüllte Leben optimieren kann. Der Mensch kann ferner als vergesellschaftetes Wesen nur dann leben und gut leben, wenn er auf Gegenseitigkeit Rücksicht, Achtung und Anerkennung walten läßt. Insofern besitzt die Moral nicht nur eine optimierende, sondern schon eine grundlegende Funktion für die Ermöglichung des guten Lebens: Sie ist eine notwendige Glücksbedingung. Sie kann schließlich – und das ist die dritte Stufe – sogar zum Bestandteil und Inbegriff des erfüllten Lebens selber werden, nämlich dann, wenn jemand Moralität zum bevorzugten Lebensziel und Sinnideal erhebt und seine Identität ganz oder teilweise von seinem Moralischsein und Moralischhandeln her versteht. (In solchen Fällen hätte Moral nicht nur der Wertstärke, sondern auch der Werthöhe nach den Rang des geglückten Lebens und seiner Güter erreicht.)

Ich billige diese Argumente, wie sie neuerdings etwa Martin Seel[17] zusammengefaßt hat, grundsätzlich, möchte sie aber in einen erweiterten Kontext gestellt wissen und dadurch doch wieder relativieren.

[16] An die Ethikansätze etwa von G.J. Warnock, *Contemporary moral philosophy*, London (Macmillan) 1984[9] (1967[1]); Ph. Foot, *Virtues and vices*, Oxford (Blackwell) 1978; A. MacIntyre, *After virtue*, London (Duckworth) 1981 (dt.: *Der Verlust der Tugend*, Frankfurt/M. 1987); Ch. Taylor, *Human agency and language (Philosophical Papers 1)*, Cambridge (Cambridge Univ. Press) 1985, S. 15ff.; ders., „Atomism", in: *Philosophical Papers* 2, Cambridge (Cambridge Univ. Press) 1985, S. 187ff.; B. Williams, *Ethics and the limits of philosophy*, London (Fontana) 1985 sei erinnert. In solchen Entwürfen bleibt undurchschaut, daß die antike Ethik selbst ein theoretisches Konstrukt ist, das die Lebenswirklichkeit auf einen illusionären Beweiszweck (Tugend = Glück) hin stilisiert.

[17] M. Seel, *Versuch über die Form des Glücks*, Frankfurt/M. (Suhrkamp) 1995, S. 193ff., 321ff.

Was zunächst die dritte Stufe des moralischen Ideals angeht, so liegt nach meiner Grenzziehung hier eine Positivierung vor, die die Merkmale des Sollens und der Nötigung ganz zugunsten des Eigenwollens und der Selbstwahl zurücktreten läßt. Dieser Fall gehört daher gar nicht zur Sollens-, sondern zur Strebensethik, ganz ähnlich wie Akte der Sympathie oder die selbstbestimmte Ausfüllung sogenannter weiter Pflichten. Gerade weil es der Präferenzsouveränität des Einzelnen unterliegt, ob er für sich der Moral die Ranghöhe der Lebensziele zuerkennen will, ist die Entscheidung darüber als eine freie und nicht aufgenötigte strebensethischer Art, steht also in einem nichtmoralischen, die Moral übergreifenden Bezugsrahmen.

Was zweitens die zuerst genannten Argumente bezüglich der Wechselseitigkeit von Schutz und Anerkennung angeht, so reicht dafür in der Regel schon die Legalität, d.h. moralgemäßes Verhalten, und nicht erst die volle moralische Überzeugung der Moralität zu.[18] Moralisches Handeln gerät damit in die Nähe der Klugheitsethik, ohne daß die Entfaltung seiner Spezifika gesichert wäre. Noch problematischer wird der moralische Standpunkt, wenn die Gegenseitigkeit von Achtung und Anerkennung durch parasitäres Verhalten unterlaufen wird. Man täuscht dann die Intention der Gegenseitigkeit vor, entzieht sich ihr aber faktisch als Nutznießer einer Moral, die man selbst nicht befolgt. Erst in der Entscheidung für oder gegen den Parasitismus wird also möglicherweise Moralität greifbar. Man hat dagegen eingewandt,[19] daß die Furcht vor dem Entdecktwerden und dem damit verbundenen Ehr- und Achtungsverlust das vollkommen geglückte Leben beeinträchtige und es daher um der Gewissensruhe besser sei, den moralischen Geboten zu genügen. Doch zeigt sich gerade in solchen Überlegungen exemplarisch die Klugheit des selbstbezogenen Kalküls, der Moral instrumentalisiert und die Moralität der Gesinnung womöglich gar nicht aufkommen läßt. Ferner wird in Konfliktfällen häufig das minimale Risiko der Demaskierung in Kauf genommen, nicht zuletzt deshalb, weil wir in allen übrigen Lebensverhältnissen gleichfalls und unvermeidlich unter Risiko handeln und ein Scheitern durch Unmoral so nicht grundsätzlich herausgehoben werden kann. Der „Tutiorismus"[20] ist jedenfalls nicht der Regelfall. (Etwas anders steht es mit Rechtssanktionen, die

[18] Die durch Kant bekannt gewordene Unterscheidung reicht der Sache nach in kognitivistischer Form bis in die Antike (Platon, Stoa) und außerhalb der Philosophie bis in die Hochreligionen zurück (Orthopraxie – Orthodoxie). Eine moderne und zeitgenössische Moralphilosophie darf dahinter nicht entdifferenzierend und simplifizierend zurückfallen.

[19] M. Hossenfelder: „Sind die Guten glücklich? Überlegungen zu unseren Begriffen von Glück und Moral", in: K. Salamun (Hrsg.), *Geistige Tendenzen der Zeit*, Frankfurt/M. u.a. (Lang) 1996, S. 283-303. Ähnliche Überlegungen finden sich schon bei Epikur.

[20] In diesem Zusammenhang: Sicherheitsstreben.

gegebenenfalls unseren bürgerlichen und ökonomischen Status vernichten können und denen sich darum der durchschnittliche Akteur nur ungern aussetzt.) Schließlich ist daran zu erinnern, daß der Begriff des vollkommenen Glücks unter neuzeitlichen Voraussetzungen eine Fiktion ist – es gibt immer nur mehr oder weniger Glück –, daß aber die Gewissensruhe in vielen Fällen durch das Leiden an erzwungener Entsagung erkauft und aufgewogen wird.

Die Philosophie muß, so meine ich, endgültig darauf verzichten, eines ihrer ältesten Ziele zu verfolgen: nämlich zu *beweisen*, daß es sinnvoll und notwendig ist, moralisch zu sein und zu handeln. Moralität wäre dann nur eine Sache der Einsicht, nicht eine der originären Option emotiver oder volitiver Art. Auch der Vorschlag zur Motivationsfrage, den neuerdings Tugendhat[21] in Anlehnung an Erich Fromm gemacht hat: wir zögen es vor, moralisch zu sein, weil wir uns sozial nicht isolieren wollten, überzeugt nicht, weil er über die Legalität nicht hinauskommt und Grenzfälle wie den Opfertod unerklärt läßt. Ich selber rechne wie andere Autoren mit einer anthropologischen und sozialen Konditionierung, die weitgehend vorbewußt bleibt und daher nicht rationalisierbar ist, die aber die Souveränität und Eigenständigkeit des Moralischen konserviert.[22]

Generell ist davor zu warnen, das idealisierte, utilitär und rationalistisch rekonstruierte und purifizierte Bild der Moral, das die philosophische Tradition gezeichnet hat und das nach wie vor verbreitet ist, mit der realen Moral in der sozialen Wirklichkeit zu verwechseln. (Hier wäre es dringend erforderlich, der normativen Ethik eine *deskriptive* Ethik vorzuschalten.) In der Philosophie erscheint die Moral als allgemeine Zweckharmonie und Ausgleich individueller Freiheitsansprüche und Bedürfnisse, ohne daß genügend bedacht wird, daß die geschichtlichen Moralen von sehr heterogenen Faktoren auch irrationaler Art geprägt sind (Herrschaftsinteressen, Kollektiverfahrungen, Weltanschaulichem, Asketismus, Inertialfaktoren und Immobilismen). Natürlich kann man versuchen, die bestehenden Moralen auf eine Moral pur (oder was man dafür hält) zu rektifizieren und normativ auszurichten. Das Fatale ist aber, daß die *Geltung* zunächst bei der herrschenden Moral liegt und nicht bei der von Philosophen theoretisch als normativ proklamierten.[23] So bleibt etwa bei einer rationalistischen Moralrekonstruktion die beste Begründung ohnmächtig, wenn sie die faktische Geltungsebene gar nicht erreicht. Geltungen aber können heute nur noch durch Mehrheiten, nicht durch Autoritäten entschieden werden. Der Handelnde, auch der Dissident und Ange-

[21] E. Tugendhat, *Vorlesungen über Ethik*, Frankfurt/M (Suhrkamp) 1993, S. 263-283.

[22] Vgl. *Integrative Ethik*, S. 68f.

[23] Genauer betrachtet liegt hier ein normativistischer Fehlschluß zweiten Grades vor, bei dem ein (von Minoritäten propagiertes) „Sollen des Sollens“ mit dem (durch sozialen Konsens ratifizierten) gültigen Sollen verwechselt wird.

hörige von Minoritäten wie etwa der Philosoph, muß sich also in jedem Fall mit der herrschenden Moral auseinandersetzen und sich vor ihr rechtfertigen.

Die Chancen für Funktionalisierungs- und Harmonisierungsversuche der Moral im Rahmen einer erneuerten Glücksethik stehen also nicht besonders gut. Nicht nur die (utopische!) Identität, sondern auch die funktionelle Verkopplung von Moral und Glück ist problembeladen und mit Skepsis zu betrachten. Je mehr die Moral dem Glück angenähert wird, desto mehr verliert sie ihre Eigenständigkeit und ihr Proprium. Um so deutlicher bestätigt sich damit der Ansatz einer irreduzibel dualen, mehrdimensionalen Struktur der Ethik, dem in Theorie und Praxis Rechnung zu tragen ist. Moralisches Verhalten ist wesentlich eine Überschußleistung, bei der nicht abzusehen ist, ob sie sich jemals für den Handlungsträger auszahlt oder für immer unabgegolten bleibt. Mit Worten Max Schelers: „Die Ethik" – und er meint damit die Moral – „ist eine verdammt blutige Sache"![24] Das darin beschlossene Dilemma ist prinzipiell nicht auflösbar und sollte von der Philosophie nicht beschönigt werden.[25]

6. Schluß: Zukünftige Aufgaben der Integrativen Ethik

Die Integrative Ethik sucht den Zuständigkeitsbereich der Ethik nach verschiedenen Richtungen hin systematisch zu erweitern: durch eine vorrangige *Strebensethik*, durch eine *Spezielle Ethik* sowie durch eine *Methodologie der Anwendung*. Daraus ergeben sich analoge Schlußfolgerungen auch für die übrigen Disziplinen der Praktischen Philosophie. Ethik und Praktische Philosophie sollen dadurch phänomenologisch fundiert und näher an die Lebenswirklichkeit herangeführt werden.

Ich möchte den bis hierher gezeichneten Grundriß einer Integrativen Ethik dahingehend komplettieren, daß ich auf fernere Aufgaben und Entfaltungsmöglichkeiten hinweise, die die Fruchtbarkeit des Ansatzes auch für die künftige Arbeit der philosophischen Ethik plausibel zu machen geeignet sind.

[24] Vermutlich ein von Hörern überliefertes Diktum Schelers (literarisch nicht mehr verifizierbar).

[25] Auch die Pädagogik und das Erziehungswesen sollten sich selbstkritisch freimachen von der Vermittlung von Fiktionen und Illusionen wie der, daß Moral Glück verbürge oder gar ersetzen könne. Eine verantwortungsbewußte Erziehung wird statt dessen über die Kontingenz und Riskosität des Verhältnisses aufklären. Andernfalls gerät sie in die Nähe zum häufig kontrafaktischen, ja unrealistischen *happy end* in Literatur und Film (Kitsch).

Bisher sind nur Themenfelder exemplarisch behandelt, die belegen, daß es überhaupt eine Spezielle Strebens- und Glücksethik geben kann und wie sie sich heute ausnimmt.[26] Schwieriger ist die Ausarbeitung von modellhaften *Vorzugsordnungen* oder *Lebensformen*, die aber um der Konkretheit der ethischen Theorie und Beratung willen in Angriff genommen werden muß. Unter den Themenfeldern wiederum verspricht die *Kulturethik* noch eine reiche Ausbeute: Sie wird unser Verhalten zu den Angeboten der Religion, des Ästhetischen,[27] der Kunst, der Geschichte strukturieren, aber auch den Umgang mit Konsumgütern oder unsere Alltags- und Freizeitbeschäftigungen regulieren, etwa in einer Lese-, Wohn-, Büro-, Sport- oder Reiseethik. Hier sind Beiträge zu einer Speziellen Ethik auszuarbeiten, die aktuelle Lebensbereiche betreffen und die in Theorie und Beratung auch aktuell und zeitgerecht akzentuiert werden müssen.

Auf dem Feld der *Speziellen Moralphilosophie* scheint mir und anderen ein Themenkreis besonders lohnend und vordringlich zu sein, nämlich die genauere Analyse des Moral*wandels* in seinen Auswirkungen auf die Entscheidung moralischer Subjekte zwischen alten und neuen Moralbeständen, mit einer Typisierung der wichtigsten Entscheidungssituationen und der zugehörigen Lösungsmöglichkeiten und Präskripte. In solchen diachronen Verschiebungen und Disproportionen wird das konkret greifbar, was ich vorhin (Abs. 5) als die Obsoleszenzen und Inertialmomente der Moral charakterisiert habe. Es tun sich dann Diskrepanzen auf zwischen den überkommenen Moralvorstellungen der Öffentlichkeit und der maßgebenden älteren Generation einerseits und den Nachwachsenden andererseits, die die Zeichen der veränderten und sich verändernden Zeit registrieren und ihnen gemäß auch schon praktisch zu leben versuchen. Konflikte und Orientierungsvakanzen sind dabei unausbleiblich, und zwar sowohl wegen der Beharrungskraft der traditionellen wie auch wegen der verzögerten Geltungssicherung der neu zu etablierenden Normen. Die Probleme des Moralpluralismus werden durch diese Gleichzeitigkeit des Ungleichzeitigen verschärft und zugespitzt und bedürfen besonderer philosophischer – theoretischer wie beratender – Zuwendung. Die Auskunft, daß eine moralische Forderung so oder so vorliege, ist jedenfalls für den einzelnen Handlungs- und Entscheidungsträger wenig hilfreich.

[26] Vgl. *Integrative Ethik*, S. 282-318, 321.

[27] Für eine Rehabilitierung speziell des Naturästhetischen und seine Einordnung in die Güterethik: M. Seel, *Eine Ästhetik der Natur*, Frankfurt/M. (Suhrkamp) 1991.

Wege einer Philosophie des Glücks

Martin Seel

1. Philosophie

Eine Philosophie des Glücks – auf den ersten Blick scheint dies ein Unding zu sein. Wie sollte sich in *allgemeinen* Worten über eine Sache reden lassen, die unausweichlich eine Sache des *individuellen* Erlebens und Befindens ist? Aber schon der zweite Blick läßt uns zögern. Tun wir dies nicht immer, wenn wir philosophieren? Versuchen wir nicht immer, mit allgemeinen Worten ein Verhältnis aufzuklären, in dem wir uns als Philosophierende zunächst subjektiv vorfinden? Wenn philosophisch von „Bewußtsein", „Einsicht", „Willensfreiheit", „Geschmack" usw. die Rede ist: Geht es nicht jedesmal um den generellen Status von Zuständen und Leistungen, die nur als subjektive identifiziert und zugeschrieben werden können? Nimmt die Philosophie nicht immer diesen Weg – beim Subjektiven anzufangen und im Subjektiven das Objektive zu finden?

Wenn es sich so verhält, müßten wir sagen: Wenn es keine Philosophie des Glücks geben kann, kann es auch keine Philosophie geben. Wenn es aber Philosophie geben kann, muß es auch eine Philosophie des Glücks geben können.

Im Philosophieren können wir jederzeit bei uns selbst beginnen. Wir dürfen nur nicht bei uns bleiben. Jeder und jede, die sich überhaupt etwas fragen können, können fragen, wie es *nicht nur für sie* ist und was es *nicht nur für sie* bedeutet, in jenen Lagen zu sein, in denen es (heute oder schon immer) unmöglich ist, nicht zu sein. In der Frage: „Was bedeutet dies nicht nur für mich (oder sonst jemand Bestimmten)?" bleibt das „für mich" als Ausgangspunkt lebendig, auch wenn jede Beschränkung auf ein „nur für mich" aufgehoben wird. Im Philosophieren sprechen wir nicht *über* alle, sondern *für* alle, die in einer Lage sind wie wir – seien das nun viele oder alle.

Philosophieren: aus der Position eines bestimmten Jemand die Position eines beliebigen denken.

Alle Philosophierenden reflektieren in jeweils *ihrer* Lage über die allgemeine Verfassung ihrer *Lage*.

Ziel dieser Tätigkeit ist eine Anschauung der eigenen Position als einer, die nicht nur die eigene ist. So sehr es dabei um Erkenntnisse über diese Position geht, im Gewinnen kognitiver Resultate geht diese Tätigkeit nicht auf. Denn Philosophie *übt das aus*, was sie untersucht. Sie ist Weltbegegnung im Vollzug der Frage, was Weltbegegnung sei.

2. Nihilismus

Die Eigenart des philosophischen Tuns wird besonders deutlich, wenn einer eines der Phänomene leugnet, um die es der Philosophie von Anfang an gegangen ist. Zum Beispiel – daß es so etwas wie Glück überhaupt gibt. Karl Heinz Bohrer hat kürzlich in einem Beitrag über „Möglichkeiten einer nihilistischen Ethik" diese Auffassung vertreten.[1] Glück sei prinzipiell unerreichbar. Jeder Moment der glückhaften Erfüllung sei immer bereits ein vorübergehender Moment, dem wegen der Zeitlichkeit der menschlichen Existenz keine wie immer geartete Dauer zukommen könne. Bereits im Moment seiner vermeintlichen Gegenwart gehe er vorüber – ohne die Möglichkeit einer erinnernden Vergegenwärtigung. Im Anschluß an Baudelaire, Büchner und andere Dichter heißt es daher: „Es gibt kein Glück, das nicht sein Ende schon in sich trüge."[2] Das Glück ist immer schon verloren, so wie der Tod als Vergehen des Gegenwärtigen im menschlichen Leben immer schon anwesend ist. Das Glück und der Tod des Glücks sind eins. „Alles ist zuende, bevor es begonnen hat."[3] Es gibt, sagt Bohrer, keine Glückserfahrung jenseits der Vergänglichkeit des menschlichen Lebens und daher überhaupt keine Erfahrung bleibenden Glücks. Diese Tatsache sei von der Ethik aller Zeiten mit Macht verdrängt worden und müsse von ihr verdrängt werden, da sie – anders als Literatur und Poesie – unter dem Zwang stehe, sich einen positiven Reim auf die Abgründe der menschlichen Existenz zu machen.

Aber auch wenn wir diese Diagnose für einen Augenblick akzeptieren, haben wir einen allgemeinen Satz akzeptiert. Wir haben eine sehr weitreichende These über die menschliche Verfassung akzeptiert – über die fragmentierende Zeitlichkeit unseres Daseins, die uns alles das entzieht, was wir in unseren sehnlichsten Wünschen erhoffen. Wir haben die These akzeptiert, daß die Philosophie das Geschäft der Theologie betreibt, wenn sie über die so

[1] K.H. Bohrer: „Möglichkeiten einer nihilistischen Ethik (I)", *Merkur* 51 (1997), 1-19; vgl. auch ders.: „Poetischer Nihilismus und Philosophie. Möglichkeiten einer nihilistischen Ethik (II)", *Merkur* 51 (1997), 406-421.

[2] Bohrer: „Möglichkeiten einer nihilistischen Ethik (I)", 2.

[3] Ebd., 3.

verstandene Zeitlichkeit der menschlichen Existenz hinwegzugehen versucht. Wir sehen uns aufgerufen zu einer Rückbesinnung auf die Situation, in der wir uns *tatsächlich* befinden – einer Besinnung, bei der uns die richtige Literatur weit mehr helfen kann als alle Philosophie.

„Die Kinder finden im Nichts das Gesamte, die Erwachsenen im Gesamten Nichts", zitiert Bohrer aus dem Gedankenbuch des Giacomo Leopardi. Und fährt fort: „Dabei wäre zu ergänzen, daß die Mehrheit der Erwachsenen immer im Sinne dieses Systems Kinder geblieben sind. So vor allem aber auch, weil mit beträchtlicher Konsequenz, jene deutschen Philosophen des 20. Jahrhunderts, die der modernen Verzweiflung noch einmal mit Ganzheitlichkeit kamen. Darin waren sich Bloch und Heidegger ja einig. (...) Immer soll etwas gerettet werden. Immer soll etwas überwunden werden. Eigentlich, so wäre vorstellbar, liegt doch der Gedanke viel näher, daß es nichts zu retten gibt. Aber dieser Gedanke liegt dem philosophischen Denken, dem deutschen zumal, offenbar fern. [...] Leopardi erkennt irgendwann, daß der Schmerz, den die Kinder empfinden, wenn der Festtag vorüber war, ein Paradigma ist für den naiven philosophischen Geist. Dieser will das Verlorene zurückhaben. Der poetische Nihilist weiß a priori, daß jedwede glückliche Erfahrung ohne Kontinuität ist, daß ihr enthusiastisches Präsens eine Fälschung ist."[4]

Auch die Leugnung des Glücks aber – das Wörtchen „a priori" zeigt es unmißverständlich an – enthält eine *Philosophie* des Glücks. Aus der Zeitstruktur des menschlichen Erlebens folgert Bohrer, daß Glück etwas Trügerisches ist. Jeder, der nicht in einer infantilen Selbstwahrnehmung verharren will, müßte an der eigenen Erfahrung nachvollziehen können, was für existentielle Erfahrung schlechthin gilt: daß ihr alle dauernden Freuden und alle Freuden der Dauer versagt sind. Im Hinweis auf die fragile Zeit menschlichen Glücks liegt dabei ein plausibler Protest gegen theologische und vor allem kryptotheologische Glückslehren, die am Modell einer „Glückseligkeit" ausgerichtet sind, die im Diesseits nicht erreicht werden kann. Bohrers Argument ist jedoch aus verschiedenen Gründen nicht zwingend.

Zum einen folgt aus der Diskontinuität der Erfahrung glücklicher Augenblicke keineswegs, „daß ihr enthusiatisches Präsens eine *Fälschung* ist". Es folgt lediglich, daß ihre Erfahrung ein strikter Präsens ist: ein Augenblick, der nicht festgehalten und auf die übrige Zeit des Lebens ausgedehnt werden kann. Von einer Fälschung kann hingegen erst die Rede sein, wo dieses kurze Glück als Schein – oder Vorschein – eines dauernden erfahren oder gedeutet wird. Das ist aber – wie Bohrers eigene Betrachtung und seine Hinweise auf Montaigne, Nietzsche oder Sartre zeigen – auch innerhalb der Philosophie keineswegs immer der Fall.

[4] Ebd., 8f.

Zum andern verengt Bohrer den Begriff des Glücks. Glück ist ihm allein das ekstatische Glück des Augenblicks. Von diesem Glück läßt sich in der Tat sagen, daß in seinen Enthusiasmus das Scheitern schon eingebaut ist. Es ist ein Zustand, der verweilen soll, aber nicht verweilen kann. Genau darin ist es ein ekstatisches, das bisherige Wünschen und Wollen erschütterndes Glück, das die Kontinuität des Lebensvollzugs berauschend durchbricht. Diesem herausragenden episodischen Glück hat die Tradition – oft unter dem Titel des „guten" oder „gelingenden" Lebens – ein anderes Glück gegenübergestellt, das viele einzelne Lebensvollzüge und Lebenszustände übergreift. Hier ist „Glück" überhaupt kein *Zustand*, dessen Dauer man sich wünschen könnte, sondern ein – von erfreulichen und unerfreulichen Zuständen begleiteter – *Vollzug*, der krisenhaft gelingen oder mißlingen kann. Wer dieses prozessuale Glück außer acht läßt, kann zu keinem einleuchtenden Verständnis menschlichen Glücks kommen, schon deshalb, weil er keine Begriffe hat, um die unausweichliche *Spannung* zwischen dem episodisch-ekstatischen Glück des Augenblicks und den Möglichkeiten eines prozessualen existentiellen Gelingens zu fassen.[5]

Eine Ethik aber, die die Vergänglichkeit des menschlichen Lebens zu ihrem Ausgangspunkt erhebt (die keine unbegründbaren Annahmen über ein anderes als das uns bekannte vergängliche Leben macht), müßte gerade hierzu in der Lage sein. Sie müßte in der Lage sein, die wie immer fragilen und kontingenten Möglichkeiten zu kommentieren, in denen ein Leben gelingen kann, und die Spannung, in der es in der Orientierung an diesen Möglichkeiten steht. Wenn sie diese Möglichkeiten nicht verfälscht und schönfärbt, kann sie durchaus „eudaimonistisch" sein – ein Etikett, das Bohrer von vornherein unter Ideologieverdacht stellt. Mit guten Gründen zu sagen, daß bestimmte Möglichkeiten *nicht* bestehen – die eines bleibenden Glücks*zustands*, eines objektiven Sinns, an dem teilzuhaben wäre, einer Erwartung prinzipiell besserer Zeiten u.ä. – mag für die Destruktion anderer Ethiken genügen, erfüllt aber die Zwecke einer Ethik alleine nicht.[6] Sie erfüllt nicht den Zweck der Aufklärung über die (wie immer begrenzten) Möglichkeiten eines gelingenden Lebens. Dieses traditionelle Ziel verfolgt übrigens auch Bohrer, wenn er am Ende seines Texts fragt, wie man als „poetischer Nihilist" ohne Selbstdestruktion praktisch in der Lage sein kann, „eine kleine Weile zu leben, ohne auf die große Weile hoffen zu dürfen".[7]

5 Zum Verhältnis von episodischem und übergreifendem Glück: M. Seel, *Versuch über die Form des Glücks*, Frankfurt/M. (Suhrkamp) 1995, 62ff., 109ff., 121ff.

6 Eine Ethik kann nicht nihilistisch sein. Sie kann es höchstens in einem sehr relativen Sinn sein – in bezug auf die *Basis* ihrer Argumente, im Verzicht auf unbegründbare Annahmen verschiedener Art.

7 Bohrer: „Möglichkeiten einer nihilistischen Ethik (I)", a.a.O., 18f.

3. Eudaimonismus

Durch den philosophischen Protest gegen die philosophische Ethik sind wir längst mitten in der Reflexion über das Glück. Diese verfährt – wie in den Anfängen bei den Sophisten und Sokrates, in den ersten Systematisierungen bei Platon und Aristoteles und auch bei den neueren Dissidenten, heißen sie nun Leopardi oder Nietzsche oder Cioran – im Sinne einer *verallgemeinernden Rückfrage* danach, was den Überlegenden als Glück bekannt ist.

Diese primäre Bekanntheit entstammt der eigenen und tradierter fremder Erfahrung, der künstlerischen Imagination und der jeweils etablierten Rede über das Glück. Die philosophische Überlegung fragt, was es eigentlich heißt, wenn wir von eigenem oder fremdem Glück sprechen. Was heißt es, jemand zu sein, dem es um das eigene Glück geht? Welches sind die besten Möglichkeiten unseres Lebens – und in welcher Weise können wir uns sinnvoll zu ihnen verhalten? Daß die Antworten hierauf ganz unterschiedlich ausfallen können – daß Glück eine Illusion ist, die wir zugunsten einer heroischen Lebensführung überwinden müssen, oder: daß das wahre Glück erst jenseits der irdischen Existenz beginnt, um nur zwei Extreme zu nennen – tut im Augenblick nichts zur Sache. Es kommt zunächst darauf an, die Reflexionsbewegung zu verstehen, die die philosophische Rede über das Glück vollzieht. Sie geht der Frage nach, was es für jedes einzelne Subjekt bedeutet, vor der Frage nach dem eigenen Glück zu stehen.

Wieder ist es hilfreich, sich eine Gegenposition vor Augen zu führen. In einem Kommentar zur neueren moraltheoretischen Diskussion hat Jürgen Habermas den Autoren, die heute einen philosophischen Begriff des Glücks oder guten Lebens zu entwickeln versuchen, vorgeworfen, sie maßten sich an, „aus der Beobachterperspektive" zu entscheiden, was für Beliebige gut oder schlecht sei. Wenn auf diese Weise von außen dekretiert werde, was für alle gut sei, seien paternalistische Konsequenzen unvermeidlich. Über die Köpfe der übrigen Menschen solle hier festgelegt werden, was die Menschen als ihr Glück anzusehen hätten. „Die Beteiligten müßten vor jeder moralischen Überlegung bereits wissen, was dann das für alle gleichermaßen Gute ist – wenigstens müßten sie sich von Philosophen einen Begriff des formalen Guten entleihen. Aber niemand kann *aus der Beobachterperspektive schlicht feststellen*, was eine beliebige Person für gut halten soll. In der Bezugnahme auf 'beliebige' Personen steckt eine Abstraktion, die auch den Philosophen überfordert."[8]

Dieser Einwand zeigt jedoch, daß Habermas den Sinn der philosophischen Reflexion über das gute Leben, wie sie von Autorinnen und Autoren wie

[8] J. Habermas: „Eine genealogische Betrachtung zum kognitiven Gehalt der Moral", in: ders., *Die Einbeziehung des Anderen. Studien zur politischen Theorie*, Frankfurt/M. (Suhrkamp) 1996, 11ff., hier S. 44 (Hervorh. von mir, M.S.).

Martha Nussbaum, Ernst Tugendhat, Ursula Wolf, James Griffin und anderen in den vergangenen 20 Jahren im Rückgriff auf antike Motive angestrengt worden ist, nicht zur Kenntnis genommen hat. Keiner dieser Autoren glaubt, „schlicht feststellen" zu können, was für alle gut ist; auch betreibt keiner von ihnen eine empirische Glücksforschung, um dann nach vielfältigen Beobachtungen von außen festzulegen, was für alle *in the long run* das Beste wäre. Vielmehr fragen sie alle *aus der hypothetischen Perspektive eines beliebigen einzelnen*, was es für sie oder ihn bedeuten kann, nach Wohlergehen und Glück zu streben und Leid, Not, Unglück (soweit es denn geht) zu vermeiden. Die Frage, der sie nachgehen, lautet weder: „Was wollen die Leute wirklich?", auch nicht: „Was wäre für alle Menschen das Beste", sondern vielmehr, für ein beliebiges „Ich": „Was kann ich (im Vollzug meines Lebens) wollen?", oder einfach: „Wie soll ich leben?"

4. Existentiell oder theoretisch

Das Sollen, um das es dabei geht, ist noch nicht das moralische Sollen, das uns zu einem bestimmten Verhalten untereinander verpflichtet, sondern zunächst nur ein präferentielles Sollen, das sich auf die für die einzelnen günstigste Art der Existenz bezieht. Worin aber liegt der Sinn einer allgemeinen Reflexion über diese Frage? Ist sie nicht doch ohnmächtig, weil sie nach einer *allgemeinen* Antwort auf eine Frage sucht, die sich jedem Individuum in seinen *besonderen* Lebensumständen doch immer anders stellt?

Ohnmächtig ist diese Reflexion nur dann, wenn sie mit der Illusion verbunden ist, sie könnte jedem bestimmten Individuum, in seiner spezifischen Lebenssituation, mit einer hilfreichen Antwort dienen. Die aus der Perspektive eines bestimmten Individuums gestellte Frage „Wie soll *ich* leben?" kann die Philosophie nicht beantworten. Sie muß durch jeden selbst beantwortet werden (wobei andere zusätzlich gute Ratschläge geben können). Für die konkrete Lebensführung des einzelnen ergeben sich aus der Philosophie keine prägnanten Antworten.

Dennoch kann die Philosophie zur Aufklärung der individuellen Lebenssituation einen – wenn auch bescheidenen – Beitrag leisten. Sie kann zum einen die Struktur des Problems aufzuklären versuchen, das jeder, der einer selbständigen Lebensführung fähig ist, in der Ausübung dieser Fähigkeit hat.[9] Sie kann klarmachen, welches Problem wir mit uns selbst im Streben nach einem guten Leben haben. Sie kann darüber hinaus Zweifel an zahlreichen inkon-

[9] Diese Position vertritt U. Wolf, *Die Suche nach dem guten Leben. Platons Frühdialoge*, Reinbek (Rowohlt) 1996.

sistenten oder einseitigen Vorstellungen von Glück und gutem Leben säen, etwa in der Weise, in der Bohrer es in dem genannten Artikel tut. Dies mag für die einzelnen unterschiedlich hilfreich sein – je nach dem, wie groß ihre Affinität zu den kritisierten Vorstellungen ist. Und sie kann schließlich in der Erfüllung ihrer beiden ersten Aufgaben gelegentlich einen Hinweis auf wichtige Dimensionen oder Aspekte eines gelingenden Lebens geben, die von bestimmten Individuen oder Kulturen möglicherweise mißachtet werden. Jedoch ist es in den meisten Fällen nicht nötig, daß diese Hinweise gerade von der professionellen Philosophie gegeben werden, denn Originalität und ausgreifende Analyse sind hier wenig gefragt. Auch im besten Fall nämlich kann die Philosophie hier nicht mehr tun, als ihre Adressaten an die wichtigen Dinge des Lebens zu *erinnern*.

Freilich habe ich soweit nur über den *existentiellen* Sinn einer Philosophie des Glücks gesprochen. Dieser ist nicht zuletzt darum begrenzt, weil die drei bisher genannten Aufgaben von Gedichten, Romanen, Filmen und intelligenten Talkshows in der Regel besser (und leichter) erfüllt werden als gerade von der Philosophie.

Neben ihrem heute relativ bescheidenen *existentiellen* Sinn (der in der Tradition als vorrangig gesehen wurde) hat die Theorie des Glücks aber außerdem einen starken *theoretischen* Sinn. Sie hat ihn jedenfalls dann, wenn es – gegen Habermas und andere konventionelle Kantianer – zutrifft, daß die Reflexion über Glück und gutes Leben einen Eckstein jeder plausiblen Theorie der Moral darstellt. Jede Erläuterung der moralischen Rücksicht muß Annahmen darüber einschließen, was in dieser Rücksicht berücksichtigt werden soll. Wir können nicht sagen, was moralische Rücksicht heißt, wenn wir nicht sagen können, worauf sich diese Rücksicht bezieht. Sie bezieht sich auf die Möglichkeit eines guten Lebens für alle die, die moralisch zu berücksichtigen sind. Aus diesem Grund ist eine plausible Theorie der Moral angewiesen auf einen plausiblen Begriff guten menschlichen (und nicht einmal allein des guten *menschlichen*) Lebens. Ein Begriff (zumindest) des guten menschlichen Lebens aber schließt eine Erörterung über das menschenmögliche *Glück* notwendigerweise mit ein, da die Spannung zwischen ekstatischem Glück und übergreifendem existentiellen Gelingen in den Zeithorizont des menschlichen Erlebens immer schon eingebaut ist. Aus diesen Gründen sind die individualethischen Themen des Glücks und des guten Lebens ein unverzichtbares Element aller praktischen Philosophie.

Selbst also, wenn wir auf die Philosophie des Glücks aus *existentiellen* Gründen verzichten wollten, aus *theoretischen* Gründen könnten wir es nicht. Denn die Philosophie des Glücks ist ein notwendiger Bestandteil des Philosophierens selbst, wenn wir das Philosophieren im anfangs skizzierten Sinn als einen Prozeß der nach unserem Tun und Lassen zurückfragenden Selbstaufklärung verstehen.

Für diese recht dogmatisch resümierte Position habe ich andernorts ausführlicher argumentiert.[10] Ich kann diese Argumente hier nicht wiederholen. Ich möchte statt dessen für den Rest meiner Überlegung einen Weg markieren, auf dem eine Theorie des guten Lebens ihrem theoretischen Auftrag tatsächlich nachkommen kann. Ich möchte zeigen, wie es denn gehen kann, einen allgemeinen Begriff des guten Lebens zu entwerfen, der geeignet ist, die Hinsicht der moralischen Rücksicht zu benennen.

5. Sinn

Die Frage nach der Qualität menschlichen Lebens wird oft als Frage nach dem Sinn dieses Lebens gestellt. Ein sinnvolles Leben wäre demnach auch ein gutes Leben. Die Umkehrung – ein gutes Leben ist ein sinnvolles Leben – läßt sich freilich nur vertreten, wenn der Ausdruck „sinnvoll" in einem eindeutig subjektrelativen Sinn verwendet wird. Denn andernfalls könnte ein Leben von Dritten als sinnvoll angesehen werden, das für das Subjekt dieses Lebens alles andere als sinnvoll ist. Wenn ein Leben für das Subjekt dieses Lebens sinnvoll ist, wird es von ihm auch als ein gutes Leben bewertet werden können, gleichgültig, was andere über den Sinn dieses Lebens denken. Eine solche subjektrelative Verwendung der Ausdrücke „gut" oder „sinnvoll" müssen wir von vornherein zugrunde legen, wenn wir versuchen, einen allgemeinen Begriff guten Lebens zu formulieren. Denn es geht ja darum, aus der Perspektive eines beliebigen Subjekts zu klären, was *es* sinnvollerweise als ein für es gutes Leben ansehen kann.[11]

Die Frage hingegen, worin der Sinn des Lebens *an sich,* unabhängig von der Wahrnehmung der verschiedenen Individuen, bestehe, ist in neueren Zeiten zu Recht eingeklammert worden. In diesem Punkt scheint philosophisch bestenfalls eine Enthaltung möglich, wenn man nicht gleich sagen will, daß es da nichts gibt, was an sich, unabhängig von unserem Wünschen und

[10] M. Seel, *Versuch über die Form des Glücks*, Frankfurt/M. (Suhrkamp) 1995 u. ders., „Wohlergehen. Über einen Grundbegriff der praktischen Philosophie", in: ders., *Ethisch-ästhetische Studien*, Frankfurt/M. (Suhrkamp) 1996, 244ff. Dort versuche ich auch zu zeigen, daß der Begriff des *individuellen* Guten alleine kein ausreichendes Verständnis des *moralisch* Guten enthält, obwohl dieses auf jenen zurückgreifen muß. Vgl. zu dieser Auffassung auch E. Tugendhat, *Vorlesung über Ethik*, Frankfurt/M. 1993 (Suhrkamp), bes. S. 146 u. 316.

[11] Auch das Phänomen des „illusionären Glücks" muß letztlich aus der Innenperspektive derer verstanden werden, die sich in nicht empfundener Täuschung über ihr Leben befinden; hierauf bin ich eingegangen in: M. Seel, „Freie Weltbegegnung", in: H. Steinfath (Hg.); *Die Frage nach dem guten Leben*, Frankfurt/M. (Suhrkamp) 1997.

Fühlen und Wollen, den Sinn menschlichen und sonstigen Lebens ausmachen könnte. Vielleicht aber – und das ist die Spur, auf der wir uns befinden – gibt es ein Lebensverhältnis, das für alle, die überhaupt ein gutes Leben haben können, *innerhalb* dieses ihres Lebens sinnvoll, erstrebenswert, vorzuziehen ist. Nur auf dem Weg einer Generalisierung subjekt*relativer* Annahmen, um es noch einmal zu sagen, kann die Ethik des guten Lebens zu subjekt*irrelativen* Bestimmungen kommen. Das irrelative Moment, das wir suchen, wenn wir nach einem einheitlichen Begriff guten Lebens fragen, muß innerhalb subjektrelativer Aussagen über das gute Leben aufgefunden werden – als Verallgemeinerung eines bestimmten Typs solcher Aussagen. Es müßte identifizierbar sein als Aussage über eine Lebensweise, der für *beliebige* Individuen ein Vorzug zukommt.

Zu Aussagen des fraglichen Typs gelangen wir, wenn wir die Qualität eines Lebens nicht in *äußeren Merkmalen*, sondern in der *Immanenz seines Vollzugs* aufsuchen. In einer anspruchslosen Bedeutung gut ist ein Leben, dessen Lebensvollzug selbst als lohnend empfunden oder erfahren werden kann.

Drei Sätze lassen sich aufstellen, die diesen Immanenzgesichtspunkt verdeutlichen.

1. Menschliche *Handlungen* sind (in existentieller Bedeutung) sinnvoll (für die Handelnden befriedigend, erfüllend, lohnend), soweit sie selbstzweckhaft – oder im Blick auf selbstzweckhafte Tätigkeiten – vollzogen werden können. Daß eine Handlung „selbstzweckhaft" ist, heißt dabei einfach, daß sie vom Subjekt dieser Handlung als solche präferiert werden kann. „Ich mach' das gerne", kann antworten, wer erstaunt gefragt wird, „Warum machst Du das?" Manchmal sagen wir auch: „Das hat sich gelohnt", und meinen nicht allein, daß wir den Zweck einer Handlung erreicht haben, sondern daß der Vollzug der Handlung selbst eine schöne oder bereichernde Erfahrung war. Der Sinn der Handlung liegt dann nicht (allein) in etwas, das vermöge der Handlung bewirkt werden soll, sondern in ihr – in ihrer Ausführung – selbst.
2. Menschliche *Situationen* sind in existentieller Bedeutung sinnvoll, soweit sie um ihrer selbst willen aufgesucht oder um ihrer Gegenwart willen herbeigeführt werden – oder wenn ihr Durchleben die Möglichkeit eröffnet, künftig (wieder) in solchen Situationen zu sein. Der Zusatz nach der Parenthese ist wichtig, da wir (meist im nachhinein) gerade solche Lebenssituationen als sinnvoll bewerten können, die wir keineswegs um ihrer selbst willen aufgesucht haben; sie haben aber, wie wir meinen, (auf wie immer entbehrungsreichem oder schmerzlichem Weg) zu solchen Situationen geführt. Auch im Fall der existentiellen Situationsbewertung also ist es immer der Vorzug von Situatio-

nen *als solchen,* den wir im Auge haben, wenn wir ihnen einen inneren Sinn zu- oder absprechen. Dieser „innere Sinn" betrifft jedoch niemals allein solche Eigenschaften, die unabhängig von unserem (faktischen oder kontrafaktischen) Sichbefinden in diesen Situationen festzustellen wären. Denn er betrifft immer *den Sinn des Aufenthalts* in einer Situation dieser Art.

3. Menschliches *Leben* ist sinnvoll, soweit es selbstzweckhaft – oder jedenfalls: in der Reichweite selbstzweckhafter Situationen – vollzogen werden kann. Die Parenthese macht einen schwächeren Vorschlag, der direkt an den Begriff der existentiell sinnvollen Situationen anknüpft. Sinnvoll ist demnach ein Leben, in dem solche Situationen ohne weiteres – zumindest aber ohne selbstdestruktive Anstrengungen – erreichbar sind. So sprechen wir in der Bewertung des eigenen Lebens oft über exemplarische Situationen, die uns in einer Weise lieb oder verhaßt sind, daß sie Einfluß auf den gesamten Lebensvollzug haben. „Dafür lebe ich (nicht)", mag der Kommentar dann lauten. Ein Leben kann nur als befriedigend oder sinnvoll erfahren werden, wenn es sich in der Reichweite von Situationen abspielt, deren Gegenwart um ihrer selbst willen bejaht werden kann. Darüber hinaus aber – das ist das starke, über die Abschwächung der Parenthese hinausgehende Verständnis – kann auch der Prozeß des eigenen Lebens durch unterschiedliche – erfreuliche und unerfreuliche – Situationen hindurch als etwas Lohnendes bewertet werden. Dann gewinnt das eigene Leben selbst – im Unterschied zu bestimmten Situationen des Lebens – den Charakter eines in sich sinnvollen Vollzugs bzw. Geschehens. Wer es so sieht, kann sagen, was Wittgenstein auf dem Sterbebett gesagt haben soll: „Es war wunderbar."[12]

Wenn diese drei Schritte triftig sind, läßt sich sagen: *Gut* ist ein Leben, das – alles in allem, trotz aller Widrigkeiten, im ganzen oder in wesentlichen Abschnitten – *um seiner selbst willen* gelebt werden kann.

Jetzt müssen wir allerdings fragen, was es denn heißt, den Prozeß des Lebens um seiner selbst willen bejahen zu können. Da zum Leben die Auseinandersetzung mit der jeweiligen Umgebung des Lebens gehört, gehört zur Bejahung des eigenen Lebens die Bejahung nicht weniger der Situationen, durch die es führt. Diese Situationen aber können nur *bejaht* werden, wenn es möglich ist, sich *zu* diesen Situationen – verweilend oder fliehend, suchend

[12] Oder „Es *ist* wunderbar." Authentische Sätze über das eigene Leben sind keineswegs an eine retrospektive Anschauung gebunden; sie werden vielmehr aus der jeweiligen Mitte des jeweiligen Lebens gesprochen, wie sehr diese auch am zeitlichen Ende liegen mag. Im übrigen ist die positive Einschätzung des eigenen Lebensvollzugs in der Dauer der Existenz – sogar in der Dauer eines Tages – normalerweise nicht stabil, sondern schwankend.

oder vermeidend, zustimmend oder ablehnend – zu verhalten. Ein gutes Leben besteht daher nicht nur (ja nicht einmal notwendigerweise) in einer Ansammlung positiv bewerteter Lebenssituationen, sondern darüber hinaus in einem Lebensvollzug, in dem den Subjekten dieses Lebens ein *Spielraum* der Begegnung mit den Situationen ihrer Lebenswelt gegeben ist. Nicht die einzelnen Situationen entscheiden alleine über die Qualität eines Lebens, sondern die *Möglichkeiten der Weltbegegnung durch diese Situationen hindurch* – Möglichkeiten, die es dem Individuum erlauben, sich auf die *eine oder andere* Weise zu den Gegebenheiten seines Lebens zu verhalten.

Nur wo diese Möglichkeit offensteht, können sich Augenblicke eines ekstatischen Glücks ereignen. Trotz der radikalen Differenz zwischen dem ekstatischen Glück des Augenblicks und dem prozessualen Glück eines (mehr oder weniger) gelingenden Lebens sind diese beiden Grunddimensionen menschlicher Erfüllung intern miteinander verbunden. Denn nur wo die eine – ein in unbeengter Weltbegegnung gelingendes Leben – zugänglich ist, ist auch die andere zugänglich. Und nur wo die andere – das Glück des Augenblicks – einmal oder öfter offen stand, ist das für ein gelingendes Leben wesentliche Vertrauen in den Vorzug weltoffener Selbsterfahrung da.

Der prozessuale Begriff des guten menschlichen Lebens, von dem ich zuletzt vorwiegend gesprochen habe, schließt also den extremen Zustand des ekstatischen Augenblicks als eine konstitutive Möglichkeit mit ein. Glück, in allen seinen Dimensionen, ist ein Zustand oder Prozeß, der um seiner selbst willen bejaht werden kann. Von einem guten Leben läßt sich darum sagen: Das Subjekt dieses Lebens begegnet der Welt um dieser Begegnung – oder um des Spielraums dieser Begegnung – willen.

6. Ein Vorschlag

Obwohl ich mich in diesem Beitrag ausschließlich am guten menschlichen Leben orientiert habe, ist dieser letzte Satz so formuliert, daß er als Kennzeichnung eines beliebigen guten Lebens brauchbar ist. Das gute Leben, so lautet mein Vorschlag, ist eines, das sich im Modus *freier Weltbegegnung* vollzieht. Gegenüber negativen Charakterisierungen wie etwa, ein gutes Leben sei ein *ungezwungenes* oder *nicht-instrumentalisiertes* Leben, hebt diese Bestimmung den inneren Sinn eines solchen Lebens deutlicher hervor. Das gilt auch gegenüber der formalen Charakterisierung des guten als eines *vollzugsorientierten* Lebens. Das gute Leben ist ein für präferierte Situationen und Betätigungen offenes und in dieser Offenheit vollzugsorientiertes Leben. Es ist frei für die dem Subjekt dieses Lebens jeweils günstigste Weise der Begegnung mit der jeweiligen Umwelt dieses Lebens. Es spielt sich in einem Spielraum der Weltbegegnung ab, der auf vielfache Weise eingeschränkt und verstellt sein kann, wodurch es zu einem weniger guten, schlechten oder elenden Leben wird – wenn es denn je in einer günstigen Lebenslage war.

Der Spielraum, von dem hier die Rede ist, kann sehr unterschiedlich genutzt werden. Er kann zum Spielraum eines rational – im Blick auf das Ganze dieses Lebens – *selbstbestimmten*, eines sonstwie selbst *gestalteten* oder eines lediglich (wie man bei Tieren sagt) „artgerechten" Lebensvollzugs werden. Für alle empfindungsfähigen Lebewesen, über welche rationalen Kompetenzen sie auch verfügen mögen, macht es einen qualitativen Unterschied, ob ihnen ein offenes Reagieren auf ihre Umgebung möglich ist oder nicht. Für das Neugeborene macht es einen Unterschied, ob es zügig gewaschen, gewickelt und abgelegt oder ob ihm in den Armen der Mutter die Ruhe für ein erstes spürendes Dasein gelassen wird. Für Schwerkranke oder Sterbende macht es einen Unterschied, ob sie wie Sachen verwaltet und gewartet werden oder ob die Pflegenden ihnen den Spielraum von Zuwendung und Antwort lassen. Für geistig Behinderte macht es einen Unterschied, ob sie sozial geächtet und verwahrt werden oder ob ihnen Raum gegeben und gelassen wird, die Zeit ihres Lebens nach ihren Möglichkeiten und Neigungen zu verbringen. Für körperlich Behinderte macht es einen Unterschied, ob sie ihre Beeinträchtigungen kompensieren können oder ob sie von den Schauplätzen des sozialen und kulturellen Lebens abgeschnitten bleiben. Für alle erwachsenen Menschen macht es einen Unterschied, ob sie unbedroht ihr Land verlassen, ihre Meinungen austauschen oder sich versammeln können oder nicht. Für die vom Menschen gehaltenen Tiere macht es einen Unterschied, ob ihnen ausreichend Bewegungsraum und Betätigungsmöglichkeit zur Verfügung steht oder nicht. Für die frei lebenden Tiere macht es einen Unterschied, ob sie trotz aller natürlicher Bedrohungen die Möglichkeit haben, einen ihren Anlagen entsprechenden Schauplatz ihres Lebens zu finden. Für alle heutigen Lebewesen inklusive des Menschen macht es einen Unterschied, in welchem Maß sie eine äußere Natur vorfinden, die ihnen eine physiologisch bekömmliche Lebensumgebung sein kann. Für alle Menschen wiederum macht es einen Unterschied, ob sie in politischen Gemeinschaften leben können, in denen sie die Sicherheit und Freiheit haben, ein Leben nach ihren Möglichkeiten und Vorstellungen zu führen.

Die Beispiele zeigen: Das Wohl aller empfindungsfähigen Individuen ist abhängig von *Spielräumen der Lebensbewegung*, in denen sie ihren Befähigungen und ihren bevorzugten Betätigungen nachgehen können. Lebewesen, die überhaupt ein für sie gutes Leben haben können, haben ein gutes Leben, sofern sie und soweit sie ihr Leben im Modus freier Weltbegegnung vollziehen können.

7. Gefahren

Dieser Vorschlag müßte natürlich ausführlicher erörtert werden. Zum einen müßte genauer nach der (absichtsvoll vagen) Bedeutung von „frei" und „Welt" in dieser Bestimmung gefragt werden.[13] Zum anderen müßte – soweit wir vom guten *menschlichen* Leben sprechen – genauer ausgeführt werden, was notwendige Bedingungen und konstitutive Dimensionen eines im Modus freier Weltbegegnung geführten Lebens sind.[14] Auch wenn dies befriedigend zu leisten wäre, stellt sich jedoch erneut die Frage, welchen Status die philosophischen Aussagen über die Verfassung eines guten Lebens haben, zu denen man auf diesem Weg gelangt.

Zur Klärung dieses Aspekts möchte ich noch einmal auf die Einwände zurückkommen, die Habermas gegen das moralphilosophisch ausgerichtete Projekt einer Ethik des guten Lebens vorgetragen hat. Sein Einwand lautet, daß die Analyse des guten Lebens nach einer Allgemeinheit strebt, die nicht erreicht werden kann. Entweder, sagt Habermas, sie erreicht ihr Ziel, universale Aussagen über das gelingende Leben zu machen – aber dann bleiben ihre Aussagen leer. Oder aber sie gelangt zu aufschlußreichen Einsichten – dann aber bleiben diese Einsichten hoffnungslos partikular; sie bleiben insgeheim an das Selbstverständnis bestimmter Kulturen gebunden. In Habermas' eigenen Worten: „Jeder globale Entwurf eines allgemeinverbindlichen kollektiven Guten, auf das die Solidarität aller Menschen (unter Einschluß künftiger Generationen) gegründet werde könnte, begegnet einem Dilemma. Eine inhaltlich ausgeführte Konzeption, die hinreichend informativ ist, muß (zumal im Hinblick auf das Glück künftiger Generationen) zu einem unerträglichen Paternalismus führen; eine substanzlose, von allen lokalen Kontexten abgehobene Konzeption muß den Begriff des Guten zerstören."[15] Die theoretischen Bemühungen einer philosophischen Theorie des Glücks wären demnach entweder nutzlos oder aber moralisch und politisch gefährlich.

Scylla und Charybdis einer in moraltheoretischer Absicht ausgeführten Ethik des guten Lebens sind damit recht genau bezeichnet. Während aber Habermas meint, daß an diesen Gefahren kein Weg vorbei führt, meine ich, daß der hier skizzierte Weg durchaus geeignet ist, dem doppelten Unheil zu entkommen. Zunächst ist daran zu erinnern, daß es einer plausiblen Theorie des existentiellen Glücks oder Gelingens nicht, wie Habermas fälschlich unterstellt, um die Ermittlung eines „allgemeinverbindlichen kollektiven Guten" geht. Es geht ihr um einen allgemeinen Begriff des *individuellen* Guten, den es braucht, um zu erklären, was der Sinn der Verbindlichkeit moralischer Re-

[13] Dies habe ich in dem in Anm. 11 genannten Beitrag versucht, der einen umfassenden Begriff guten Lebens entwirft.

[14] Hierzu M. Seel, *Versuch über die Form des Glücks*, Kap. 2.5.

[15] Habermas, *Die Einbeziehung des Anderen*, a.a.O., 42.

geln ist.[16] Moralische Regeln sind Regeln der unparteilichen Berücksichtung von etwas, das allen gleich wichtig ist: der Gewinnung und Erhaltung eines Spielraums für ein gutes Leben. Um diese Bedeutung des moralischen Handelns zu erläutern, bedarf es einer Philosophie des guten Lebens.

Die von Habermas zu Recht aufgeworfene kritische Frage freilich ist, ob dies denn tatsächlich *erreicht* werden kann: ob wir zu Sätzen über das gute Leben kommen können, die nicht inhaltsleer sind, ohne darum nur eine Ausmalung kultureller Vorurteile zu sein. Ich denke, sie können erreicht werden – obwohl wir nie sicher sein können, daß wir sie erreicht *haben*. Zu anderen als falliblen Annahmen über die Verfassung eines für die einzelnen günstigen Lebens können wir auf dem Weg einer historisch informierten und historisch situierten philosophischen Reflexion nicht gelangen. Wie es zum philosophischen Überlegen generell gehört, bei subjektiven Problemlagen anzufangen und über bloß subjektive Antworten hinaus zu gelangen, so gehört es zur Reflexion über das gute Leben, die eigenen, historisch geprägten Vorstellungen in einem korrektiven Prozess zu transzendieren oder zu transformieren. Dabei ist die Distanzierung der eigenen Auffassung – an ethnologischen und historischen Kenntnissen, literarischen Imaginationen oder der heute überall möglichen sozialen Erfahrung der Verschiedenheit von Lebensvorstellungen bereits im eigenen Kulturkreis – ein wichtiger Schritt. Entlang solcher Korrekturen kann ein hinreichend allgemeines Verständnis ausgebildet werden, das freilich stets für weitere Korrekturen offen bleiben muß.

Hier einen Abschluß zu erwarten oder zu verlangen wäre ganz unsinnig. Für die moraltheoretische Ambition einer modernen Ethik des Guten jedenfalls ist ein solcher Abschluß nicht nötig. Im Gegenteil: Es dürfte zu den Bedingungen einer modernen Moral gehören, daß die in ihr ausgetragenen Kontroversen bis in ihre Grundlagen hineinreichen können. Wenn Habermas dagegen über die Aussagen einer Ethik des guten Lebens schreibt: „Das sind fallible anthropologische Grundannahmen und Wertungen, die nicht nur zwischen verschiedenen Kulturen kontrovers sind, aber hier, aus gutem Grund, kontrovers bleiben“[17], so scheint er insgeheim auf eine Moraltheorie zu hoffen, deren Grundannahmen nicht länger fallibel wären und kein Gegenstand interkultureller Kontroversen sein könnten. Die Jagd nach diesem Phantom wäre nur ein weiterer Irrweg. Ohnehin dürfte der interkulturelle Diskurs zum Scheitern verurteilt sein, wenn die Menschen aus verschiedenen Kulturen keine Anliegen ausmachen könnten, die sie *wechselseitig* als essentiell anerkennen könnten. Ohne wenigstens die *Aussicht* auf geteilte basale existentielle

[16] Daß dieses Individuelle noch nichts mit irgendeiner Spielart des („bürgerlichen“, „liberalen“ o.ä.) Individualismus zu tun hat, wird sehr deutlich bei V. Gerhardt, „Das individuelle Gesetz. Über eine sokratisch-platonische Bedingung der Ethik“, in: *Allgemeine Zeitschrift für Philosophie* 22 (1997), 3ff., bes. 5.

[17] Habermas, *Die Einbeziehung des Anderen*, a.a.O., S. 43, Anm. 40.

Wertungen besteht keine Aussicht auf moralische und politische Anerkennung über die Grenzen von Kulturen und Parteien hinweg. Ohne die Erkenntnis und Anerkenntnis, daß der Andere in seiner Andersheit gleichwohl einer ist wie ich, gibt es keine moralische Anerkennung und keine „Einbeziehung des Anderen". „Eine wie ich zu sein" aber bedeutet hier, eine zu sein, der es, worum es ihr im Vollzug ihres Lebens auch gehen mag, doch immer auch um dasselbe geht wie mir und den anderen: um einen Spielraum für ein eigenes gutes Leben. Eine ebenso fragile wie bestreitbare, gleichwohl moraltheoretisch notwendige Explikation dieses existentiellen Worumwillens versucht die Ethik des guten Lebens zu geben. Ein sichererer Grund ist nicht zu haben, vielleicht nicht einmal zu wünschen. Grundstein einer Moral universaler Rechte ist – mit einem Ausdruck von Rolf Zimmermann – ein *historischer Universalismus* des Guten, der nicht ein für alle Mal festgelegt werden kann, vielmehr immer neu befragt, ja: begrifflich und praktisch immer neu gebildet werden muß.[18]

Wie einseitig oder partikular das von hier entworfene Verständnis tatsächlich ist, mögen die Leser beurteilen. Daß künftigen Generationen eine Bevormundung angetan wird, wenn man ihnen das Recht auf freie Weltbegegnung zugesteht, ist jedenfalls nicht ohne weiteres plausibel. So beschränkt die von bestimmten Theorien des guten Lebens entworfenen Verständnisse auch sein mögen, es ist nicht zu sehen, warum diese Vorschläge einer *strukturellen* Beschränkung unterliegen sollten. Sie unterliegen lediglich der strukturellen *Gefahr*, historisch bedingte Vorurteile zu anthropologischen Konstanten zu vergrößern. Dieser Gefahr ist jede Reflexion über Glück und gelingendes Lebens ausgesetzt. Es ist dies aber eine Gefahr, die gar nicht vermieden werden kann – weder in der Rede vom Glück noch sonst in der Philosophie. In diese Gefahr nämlich – die Gefahr, im subjektiven Verständnis steckenzubleiben, wo ein transsubjektives entwickelt werden sollte – müssen sich alle begeben, die überhaupt philosophieren wollen. Die Hoffnung auf Immunität gegenüber den Infektionen zeitgebundener Blindheit wäre gleichbedeutend mit dem Verlangen, vom Virus der Philosophie geheilt zu werden.

18 Mit Recht freilich weist Habermas darauf hin, daß es irreführend sein kann, den gesuchten Begriff des individuellen Guten (wie in meinem *Versuch über die Form des Glücks* geschehen) einen *formalen* Begriff zu nennen. Denn „formal" bedeutet hier etwas ganz anderes als etwa bei der Charakterisierung der Kantischen Moraltheorie als „formal". „Formal" ist der Begriff des Guten allein darin, daß er nicht bestimmte Lebensziele, sondern Weisen der Lebensbewältigung als günstig auszeichnet. Es könnte daher – wie Habermas vorschlägt – statt von einem „formalen" auch von einem *„minimalen"* Begriff des Guten die Rede sein.

Der Streit um die Lebensqualität

Dieter Birnbacher

1. Einleitung

Das Programm dieses Bandes sieht u.a. vor, daß aktuelle Diskussionen in den Horizont der Tradition der philosophischen Glückslehren gestellt werden. Dem möchte ich meine Reverenz erweisen, indem ich ein betont zeitgenössisches Thema – die Frage nach der Lebensqualität – unter die Ägide eines betont unzeitgenössischen Glückslehrers stelle, nämlich Schopenhauers. Von dem Pessimisten Schopenhauer als „Glückslehrer" zu sprechen, mag zunächst wie ein Paradox klingen. Aber Schopenhauer war nicht nur biographisch alles andere als ein Glücksverächter, auch in seiner Philosophie gibt es eine spürbare eudämonistische Tiefenströmung. Die *Aphorismen zur Lebensweisheit* aus seiner Spätzeit sind nicht nur das vielleicht populärste Stück Philosophie, das jemals auf deutsch geschrieben worden ist, sie weisen auch weit ins 20. Jahrhundert voraus, insbesondere wegen ihres metaphysisch desillusionierten und allem *wishful thinking* abschwörenden Realismus. Nicht zufällig hat 1974, auf dem Höhepunkt der öffentlichen Diskussion um die „Qualität des Lebens" Helmut Swoboda einem Kapitel seines heute noch lesenswerten Buchs *Die Qualität des Lebens* den Titel „Schopenhauer und das Lebensglück" gegeben. Wenn ich im folgenden gelegentlich aus Schopenhauers *Aphorismen zur Lebensweisheit* zitiere, dann aus dem selben Grund wie Swoboda, nämlich um „zu zeigen, daß so manche klangvollen Formulierungen der modernsten soziologischen und volkswirtschaftlichen Theorie schon von Schopenhauer, noch viel brillianter und verständlicher, ausgedrückt wurden." (Swoboda 1974, 86)

2. Lebensqualität: Ein kurzer Rückblick auf die 70er Jahre

1974, als Swobodas Buch erschien, war der Begriff Lebensqualität (oder besser: „Qualität des Lebens") erst gerade zum politischen Modebegriff geworden. Von „quality of life" hatte allerdings bereits einer der Gründerväter der Wohlfahrtsökonomie (wie der Umweltökonomie) in den 20er Jahren gesprochen, der englische Ökonom A. C. Pigou. Daß der Begriff der „Qualität des Lebens", den Pigou als „non-economic-welfare" definierte, seine Karriere erst in den siebziger Jahren antrat – zuerst in der Politik, dann in den Sozialwissenschaften –, hängt zweifellos damit zusammen, daß erst dann im vollen Umfang deutlich wurde, wie unzulänglich die herkömmlichen ökonomischen Wohlstandsmaße wie das Bruttosozialprodukt oder das Bruttosozialprodukt pro Kopf als Maße des *Wohls* oder der *Wohlfahrt* einer Gesellschaft waren. Diese Erkenntnis, mittlerweile mehr oder weniger zum Gemeingut geworden, besaß Anfang der 70er immerhin noch so viel *news value*, daß die IG Metall 1972 in Oberhausen eine Mammutkonferenz zum Thema veranstaltete, unter Beteiligung sozialdemokratischer Prominenz wie des schwedischen Ministerpräsidenten Olof Palme, des Führers der englischen Labour Party Anthony Wedgwood Benn, Erhard Epplers und bekannter Sozialwissenschaftler wie Robert L. Heilbroner und Johan Galtung. Die Ergebnisse wurden in einer zehnbändigen Reihe mit dem Gesamttitel „Aufgabe Zukunft: Qualität des Lebens" veröffentlicht. Grundtenor dieser Konferenz war – bei Licht betrachtet – eine Trivialität: Wirtschaftlicher Wohlstand im Sinne hohen Einkommens und hohen Vermögens ist nicht dasselbe wie Wohlfahrt und vor allem nicht dasselbe wie langfristig stabile, „nachhaltige" Wohlfahrt. In dem selben Jahr, in dem der erste, wie eine Bombe einschlagende Club-of-Rome-Bericht *Die Grenzen des Wachstums* veröffentlicht wurde, wurde klar, daß das Wachstum nicht nur Grenzen hat, sondern auch nur begrenzt als Wohlfahrtsindikator taugt. Möglich, daß es zu dieser Einsicht nur auf dem Hintergrund einer schlechthin beispiellosen wirtschaftlichen Wachstumsentwicklung kommen konnte: Nur weil man so reich geworden war, vermochte man zu sehen, wie wenig damit eigentlich erreicht war. Plötzlich erinnerte man sich, daß Wachstum nicht notwendig glücklicher macht und daß Mehr nicht immer Besser bedeutet.

„Qualität des Lebens" war die Vision eines Maßstabs, der Wohlbefinden und die Bedingungen des Wohlbefindes mißt und nicht nur, wieviel sie kosten. Gleichzeitig sollte er einige der notorischen Unzulänglichkeiten der herkömmlichen ökonomischen Wohlstandsmaße beseitigen:

1. daß sie nur einen Bruchteil der Leistungen berücksichtigen, von denen menschliches Wohlbefinden abhängt; sie vernachlässigen z.B. die unbe-

zahlt geleistete Arbeit, etwa die Haushaltsarbeit, die häusliche Pflege von Kranken oder die private Kinderbetreuung;
2. daß Leistungen mit kompensatorischem Charakter in den ökonomischen Rechnungen positiv statt negativ zu Buche schlagen, mit der Konsequenz, daß mehr Verkehrsunfälle, mehr psychische Störungen und mehr Konsum an Tranquilizern den Wohlstand erhöhen statt senken;
3. daß soziale Güter und „Ungüter", die nicht marktfähig sind oder nicht in der staatlichen Kostenrechnung auftauchen, unberücksichtigt bleiben: Umweltqualität, öffentliche Sicherheit, politische Kultur, soziales Vertrauen, Humanität. Staatliche Leistungen gehen nur mit ihren Kosten ein, nicht aber mit ihrem (oft fragwürdigen) Nutzen.

Rückblickend muß man sagen, daß sich die mit den Leitbegriffen „Lebensqualität", „Qualität des Lebens", „qualitatives Wachstum" verknüpfte Vision nur ansatzweise erfüllt hat. Die Sozialwissenschaften griffen den Begriff der „Lebensqualität" und seine Operationalisierungen, die „Sozialen Indikatoren" auf, hatten jedoch von Anfang an mit einer Reihe von schwerwiegenden Problemen zu kämpfen:

1. der inhaltlichen Offenheit des Begriffs, der eine Vielzahl unterschiedlicher Ausfüllungen und Akzentuierungen erlaubt;
2. der Spannung zwischen *objektiven* und *subjektiven* Meßgrößen, ihrerseits eine Folge der teilweise gegensätzlichen Anforderungen, denen der Begriff genügen sollte. Einerseits sollte Lebensqualität als Maß des Wohlbefindens subjektive Größen wie die Zufriedenheit mit den Lebensbedingungen berücksichtigen, andererseits aber auch die objektiven Lebensbedingungen selbst. Daß der Begriff die Sphäre der *subjektiven* Wahrnehmung ins Blickfeld rücken sollte, war eine der zentralen Forderungen, die sich mit der Vision eines adäquaten Wohlfahrtsmaßes verbanden. Nur so konnten die qualitativen Bedürfnisse mit den ökonomischen Quantitäten kommensurabel gemacht werden, die sich nicht in Gestalt von Nachfrage am Markt manifestieren. Gleichzeitig sollte der Begriff aber auch eine politische Anwendungsdimension haben und der Sozial- und Infrastrukturplanung relevante Zielgrößen liefern. Da Zufriedenheit und Glück keine sinnvollen politischen Planungsziele sind, bedarf es dazu Kennzahlen für objektive Größen wie Umweltqualität, Qualität von Wohnumwelten, von Arbeitsplätzen, Sozialeinrichtungen und Gesundheitsdienstleistungen. Damit verschärfte sich das Operationalisierungsproblem. Subjektive und objektive „Soziale Indikatoren" mußten zueinander ins Verhältnis gesetzt werden. Die Frage stellte sich: Was soll über die Lebensqualität einer Gesellschaft entscheiden – die Lebensbedingungen oder die Art und

Weise, wie sie erlebt werden? Vielfach geht beides nicht zusammen. Nicht jede Verbesserung der objektiven Umweltbedingungen oder der öffentlichen Sicherheit wird auch als solche wahrgenommen. Gerade eine objektive Entspannung der Lage kann erhöhte Ansprüche freisetzen. So steigt gegenwärtig in Deutschland das Gefühl der Bedrohtheit durch Kriminalität an, während die Kriminalitätsrate objektiv rückläufig ist. Hat sich damit die Lebensqualität verbessert oder verschlechtert?

3. Je eindeutiger „Lebensqualität" auf die *Lebensbedingungen* statt auf das *Erleben* bezogen wird, desto stärker bekommt der Begriff *evaluative* Konnotationen. Daß einige mit ihren Lebensbedingungen *unzufriedener* sind als andere, läßt sich als empirische Aussage verstehen, kaum aber die Aussage, daß die Lebensdingungen in einigen Milieus, Städten, Regionen und Nationen *schlechter* sind als in anderen. Der evaluative Charakter von Aussagen über die objektive Lebensqualität muß eine abgestimmte und verbindliche Definition von Lebensqualität aber zwangsläufig erschweren. Derselbe Stolz, der heute einige Entwicklungsländer dazu bringt, die Etablierung von Entwicklungsindikatoren abzulehnen, die sie im internationalen Vergleich besonders schlecht dastehen lassen, vereitelt Lebensqualitätsindikatoren, die es erlauben, ganzen Gesellschaften schlechte Zensuren zu erteilen.

Inzwischen hat der Begriff „Lebensqualität" in Politik und Sozialwissenschaften viel von seinem Glanz verloren und seine Laufbahn weitgehend in die Alltagssprache verlagert. „Lebensqualität" meint hier vor allem Annehmlichkeiten und Optionen im Bereich der äußeren Lebensumstände, von denen die meisten, aber nicht alle politisch beeinflußbar sind, einerseits Umweltqualität, Sicherheit, Kulturangebot, Verkehrsanbindung, andererseits landschaftliche Lage und klimatische Verhältnisse: Lebensqualität als Analogon zu Hotel- und Restaurantqualitäten. In diesem Sinn ist Lebensqualität eine *objektive* Größe, die eher *Ressourcen* beschreibt als die Intensität ihrer Nutzung. Es ist nicht garantiert, daß der durchschnittliche Bewohner einer Stadt mit hoher Lebensqualität in diesem Sinn die objektiv vorhandenen Angebote stärker nutzt als der durchschnittliche Bewohner einer Stadt mit geringerer Lebensqualität, geschweige denn, daß er *glücklicher* ist.

3. Lebensqualität in der Medizin

In den 80er Jahren hat sich der Schwerpunkt der wissenschaftlichen Diskussion um die Lebensqualität in die *Medizin* verlagert, wo sie schon deshalb auf konkretere und verbindliche Ergebnisse hoffen läßt, weil das Ziel weniger ehrgeizig und die Komplexität der zu berücksichtigenden Variablen reduziert ist. In der Medizin geht es primär um die Lebensqualität von *Individuen* und nicht von Gruppen, Populationen und Gesellschaften; und es geht um die Lebensqualität in einem eingegrenzten, dem *medizinischen* Zusammenhang, nicht mehr um eine gesamthafte, alle Lebensbereiche umfassende Kenngröße.

Strukturell verlief die Lebensqualitäts-Diskussion in der Medizin bemerkenswert analog zu der in den Sozialwissenschaften. Ähnlich wie in den Sozialwissenschaften – etwa bei John Galbraith in den 60er Jahren – war der Begriff in der Medizin zunächst kritisch, wenn nicht sogar „systemkritisch" motiviert. Wie in den Sozialwissenschaften hat sich der anfängliche Enthusiasmus angesichts der Schwierigkeiten einer verbindlichen Operationalisierung weitgehend totgelaufen.

Hatte der ursprüngliche sozialwissenschaftliche Begriff der Lebensqualität eine Spitze gegen die ausschließliche Orientierung der Politik an *ökonomischen* Erfolgsindikatoren, so hat der Begriff, wie er gegenwärtig in der Medizin verwendet wird, eine Spitze gegen die ausschließliche Orientierung medizinischer Therapieentscheidungen an *physiologisch* und *funktional* definierten Zielen wie der Wiederherstellung von Organfunktionen, der Normalisierung von Blutwerten, der Verbesserung der Mobilität und der Verlängerung der Lebenserwartung. Beidemale signalisiert der Begriff der Lebensqualität ein Unbehagen an Erfolgsindikatoren, die zwar den Vorzug haben, relativ leicht quantifizierbar oder meßbar zu sein, die aber nur sehr unvollkommen dem entsprechen, was mit ihnen letztlich angezielt ist und worum es Akteuren wie Betroffenen geht. Wie mehr Einkommen nicht in jedem Fall glücklicher macht als weniger, so führt auch eine Medizin, die physiologische Organfunktionen verbessert oder verlängert, nicht in jedem Fall zu mehr Wohlbefinden.

Das Problem ist insbesondere aus der Onkologie bekannt: Dem Patienten wird eine Maximaltherapie empfohlen, die die Überlebenszeit bzw. die Zeit bis zum Einsetzen der Progression erhöht, ohne daß die infolge der Toxizität der Therapie nicht unbeträchtlichen Nebenfolgen dagegen abgewogen werden. Glücklicherweise hat in diesem Punkt nicht nur unter den Onkologen, sondern in der Medizin insgesamt ein Prozeß des Umdenkens eingesetzt, der als wesentlicher humaner Fortschritt gelten muß. Gleichzeitig wundert man sich, daß es dazu einer so langen Vorlaufzeit bedurfte: Jeder kennt Krebspatienten, die wegen eines übersteigerten ärztlichen Aktivismus erheblich und unnötig zu leiden hatten.

„Lebensqualität" als alternative, oder besser: komplementäre Orientierungs- und Leitgröße medizinischen Handelns ist also dringend indiziert. Die Frage ist nur, ob „Lebensqualität" den in sie gesetzten Erwartungen auch entsprechen kann. Für eine Orientierungsgröße ist der Begriff jedenfalls bemerkenswert unbestimmt. Es hat auf den ersten Blick sogar etwas Paradoxes, daß je stärker dieser Begriff die Diskussion – auch in gesundheitspolitisch brisanten Fragen – bestimmt, seine Konturen um so nebelhafter verschwimmen. Zwar entgeht diesem Schicksal kein Begriff, den es aus der Wissenschaft in die politische Arena verschlägt, da in einer pluralistischen Gesellschaft politische Orientierungen in einem gewissen Umfang leerformelhaft sein müssen, wenn sie breite Akzeptanz finden und vielfältige Motivationen mobilisieren sollen. Aber sowohl unter ethischen als auch unter theoretischen Gesichtspunkten sind Leerformeln bedenklich: einerseits, weil sie mißbraucht werden können, andererseits, weil sie konfuses und unklares Denken fördern. Um die Verwendung des Begriffs „Lebensqualität" in moralisch sensiblen Bereichen auf eine solide Basis zu stellen, muß klar sein, welche Faktoren unter diesem Begriff berücksichtigt und wie diese gewichtet werden.

Das Problem ist freilich, daß unklar ist, woran sich eine semantische Präzisierung des Begriffs Lebensqualität" messen lassen soll. Zwar liest man in der einschlägigen medizinpsychologischen Literatur gelegentlich, daß ein bestimmtes Instrumentarium zur Messung von Lebensqualität erfolgreich auf seine „Validität" geprüft worden sei. Aber das sagt nicht mehr, als daß das betreffende Instrumentarium etwas mißt, was der jeweilige Wissenschaftler oder bestimmte befragte Beurteiler für die „richtige" Lebensqualität *halten*. Es fehlt die Basis eines historisch „gewachsenen" Begriffs. Je weniger jedoch Definitionen der Lebensqualität als Analyse, Rekonstruktion oder Explikation eines vorgängig bestehenden Begriffs gelten können, sondern Züge von Stipulation und Entscheidung annehmen, desto stärker kommt die Ethik ins Spiel. Für einen so zentral bewertungs- und entscheidungsrelevanten Begriff wie Lebensqualität kann die Semantik nicht unabhängig von ethischen Gesichtspunkten bestimmt werden.

Insofern ist die verbreitete Redeweise von 'Lebensqualität-Forschung' in doppelter Weise mißverständlich: Es handelt sich dabei weitgehend nicht um Forschung *mit Hilfe von*, sondern um Forschung *an* Lebensqualität-Maßen. Und diese Forschung ist weitgehend keine neutrale Befunderhebung oder Analyse, sondern eine explizit oder implizit normative *Konstruktion* und *Festlegung* des Lebensqualitätsbegriffs.

'Festlegung' könnte allerdings den falschen Eindruck erwecken, es gäbe schon heute so etwas wie ein allseits akzeptiertes Maß. Das ist nicht so. Gegenwärtig kommen in der Medizin etwa 60 verschiedene Testinstrumente zur Lebensqualität zur Anwendung, die von unterschiedlichen Vorverständnissen ausgehen und zum Teil ganz unterschiedliche Dinge messen. Unterschiedliche Meßinstrumente, auf denselben Fall angewendet, führen nachweislich zu verschiedenen Beurteilungen.

Das ist erstens schon deshalb so, weil sie zu unterschiedlichen *Zwecken* entwickelt worden sind. Manche Instrumente zielen auf begrenzte Bereiche – etwa Behandlungsentscheidungen in der Krebstherapie –, andere wollen Entscheidungsgrundlagen für alle Bereiche der Medizin bereitstellen. Manche Instrumentarien zielen primär auf den Mikrobereich, z.B. auf Wahlentscheidungen zwischen verschiedenen Behandlungen für einen individuellen Patienten oder auf Entscheidungen über Weiterführung oder Abbruch einer lebenserhaltenden Behandlung, andere primär auf den Makrobereich, z.B. auf Priorisierungsentscheidungen in Gesundheits- und Forschungspolitik und im Gesundheitswesen.

Zweitens sind diese Maße methodisch unterschiedlich angelegt. Die meisten Skalen sind Ordinalskalen, nur wenige erlauben kardinale Zuordnungen. Außerdem unterscheiden sich die Instrumente danach, ob sie primär auf Fremd- oder primär auf Selbstbeurteilungen zurückgreifen.

Drittens differenzieren auch bei übereinstimmender Zieldefinition und übereinstimmender Methodik die einzelnen Maße den Begriff der Lebensqualität unterschiedlich aus. Viele Maße berücksichtigen die folgenden drei Kerndimensionen von Lebensqualität: eine *physische*, eine *psychische* und eine *soziale*, wobei diese gewöhnlich ihrerseits in unterschiedliche Teildimensionen untergliedert sind. Typische Teildimensionen der *physischen* Lebensqualität sind ungestörte Organfunktion, Mobilität und Kommunikationsfähigkeit. Gelegentlich wird auch die Teildimension Schmerz/Schmerzfreiheit hier eingeordnet. Typische Teildimensionen der *psychischen* Lebensqualität sind Wohlbefinden, Zufriedenheit und Angst/Angstfreiheit. Typische Teildimensionen der *sozialen* Lebensqualität sind Sozialkontakte, Ausübung sozialer Rollen, Arbeitssituation, familiäre Beziehungen, finanzielle Lage.

Wie man sieht, ist lediglich die zweite Dimension ausschließlich durch subjektive Größen bestimmt. Bei der physischen und der sozialen Dimension dominieren die objektiven Größen. Das gibt die Lage insgesamt angemessen wieder. Wie in den Sozialwissenschaften überwiegen auch in der Medizin die *objektiven* Indikatoren, vor allem aus Gründen der leichteren Erfaßbar- und Meßbarkeit.

Demgegenüber wird – anders als in den Sozialwissenschaften – der *Begriff* der Lebensqualität in der Medizin fast durchgängig *subjektivistisch* bestimmt. Auch wenn die Medizin primär oder ausschließlich an der „physical" oder „health related quality of life" interessiert ist, also an der Lebensqualität, insoweit sie von gesundheitlichen Faktoren abhängt, geht es bei der Lebensqualität des Patienten doch nicht um den *objektiven Gesundheitszustand*, sondern um das *subjektive Befinden* und zwar auch dann, wenn dies nur *indirekt* durch den objektiven Gesundheitszustand bedingt ist. Tatsächlich empfinden viele Patienten die mit ihrer Krankheit verbundenen sekundären Einschränkungen ihrer Lebensmöglichkeiten als belastender als die „Beschwerden", nach denen der Arzt bei der Visite fragt. Andererseits gibt es zahlreiche Beispiele dafür, daß auch nach objektiven Maßstäben Schwerkranke eine beträchtliche subjektive Lebensqualität erreichen.

Auch wenn in der Medizin die *objektiven* Indikatoren weiterhin überwiegen, geht der Trend in Richtung einer zunehmenden Berücksichtigung der subjektiven Dimension, also der Wahrnehmungen und Beurteilungen des Patienten. Ganz und gar objektivistisch angelegt war einer der ersten zur Einschätzung unterschiedlicher Krebstherapien entwickelten Indizes, der *Karnofsky Performance Status* von 1949. Er berücksichtigt nahezu ausschließlich objektive Fähigkeiten und verwendet in seinen Kategorien nur einmal den Begriff eines subjektiven Zustands („keine Beschwerden" in der höchsten Kategorie). Demgegenüber berücksichtigt einer der bekanntesten neueren Indizes, die *Rosser-Matrix,* neben der objektiven Dimension *Behinderung* gleichberechtigt die subjektive Dimension *Schmerz.* Eine eigenständige Dimension der sozialen Lebensqualität fehlt hier, Verschlechterungen in den sozialen Beziehungen werden vielmehr unter „Behinderung" subsumiert. Ein in Deutschland von Monika Bullinger und Ernst Pöppel (1988, 679) entwickeltes Konzept bezieht *vier* Dimensionen ein: die *physische*, die *psychische*, die *soziale* und die *funktionale*: 1. körperliche Verfassung (einschließlich Beschwerden), 2. psychisches Befinden (z.B. Depression, Angst), 3. Anzahl und Güte der sozialen Beziehungen, 4. Funktionsfähigkeit in verschiedenen Lebensbereichen (Beruf, Haushalt, Freizeit). Auch hier werden subjektive Größen einmal dem psychischen Befinden, ein andermal der körperlichen Verfassung zugerechnet, je nachdem, ob es sich um primäre oder sekundäre Krankheitsfolgen handelt. Der sogenannte *Spitzer-Index* umfaßt *fünf* Dimensionen: *Tätigkeit, alltägliche Verrichtungen, Gesundheit, Unterstützung, Einstellungen*, wobei die Dimensionen *Tätigkeit, alltägliche Verrichtungen* und *Unterstützung* als objektive Ressourcen, die Dimensionen *Gesundheit* und *Einstellungen* als subjektive Wahrnehmungen interpretiert werden.

4. Einheit oder Vielfalt?

Wie sollte man mit der Vielfalt umgehen? Sollte man sie begrüßen oder bedauern? Für manche ist die Uneinheitlichkeit der entwickelten Maße ein Grund, den Begriff der Lebensqualität aus der Diskussion zu verbannen (so z.B. für den Lübecker Sozialmediziner Raspe (Raspe 1990, 38)). Andere halten die Vielfalt der Begriffe von Lebensqualität für unvermeidlich (so Griffin in Nussbaum/Sen 1993, 139) oder sogar – im Sinne eines produktiven Pluralismus – für wünschenswert (so Musschenga 1993, 24).

Der letzteren Position ist zuzugestehen, daß sich die Begriffe der Lebensqualität in Sozialpolitik und Sozialwissenschaften einerseits, in der Medizin andererseits so weit auseinanderentwickelt haben, daß eine irgendwie geartete „Synthese" wenig sinnvoll scheint. Eine disziplinäre Spaltung des Begriffs scheint unausweichlich. Der sozialwissenschaftliche Begriff bezieht sich primär auf objektive Meßgrößen und hat stark wertende Konnotationen; der in der Medizin gebräuchliche Begriff bezieht sich primär auf subjektive Meßgrößen und wird eher deskriptiv verwendet; der eine bezieht sich primär auf kollektive, der andere primär auf individuelle Güter.

Eine andere Frage ist, ob ein begrifflicher Pluralismus auch innerhalb der beiden Hauptanwendungsphären zu begrüßen wäre. Hier sind Zweifel angebracht. Besser wäre es, wenn in jeder Sphäre ein – und dann ein möglichst konsensfähiger – Begriff ein klares „Gebietsmonopol" besäße. Das vor allem deshalb, weil der Begriff seinen Anwendungsbereich nicht nur in der Forschung, sondern auch in der Gesundheitspolitik und in der klinischen Praxis hat, z.B. in der Patientenaufklärung und Patientenberatung, wo von den Beteiligten und Betroffenen nicht erwartet werden kann, daß sie zwischen verschiedenen jeweils kontextspezifischen Begriffen unterscheiden. Ein Patient wäre sehr erstaunt, wenn ihm gesagt würde, daß „Lebensqualität" in der Krebstherapie etwas anderes heißt als bei der Behandlung chronischer Kopfschmerzen. Mögen sich auch die Mittel und Ansatzpunkte zur Steigerung der Lebensqualität in beiden Bereichen unterscheiden, so sollte doch die *Zielgröße* Lebensqualität in beiden in derselben Weise definiert sein.

Ein weiterer Grund für einen einheitlichen Begriff ist das Interesse an der *Vergleichbarkeit* alternativer Therapien sowohl im Einzelfall als auch im Kollektiv. Solange vergleichende Therapiestudien von unterschiedlichen Begriffen ausgehen, wäre jeder Bezug auf „Lebensqualität" eher mißverständlich als hilfreich.

Freilich ist Vereinheitlichung kein Selbstzweck. Adäquatheit ist allemal wichtiger. Wenn sich diese aber nicht an einem „gewachsenen" Begriff messen lassen kann, woran dann?

Ich hatte oben bereits angedeutet, daß dies nur ein ethischer Maßstab sein kann. D.h. auch wenn der Begriff der medizinischen Lebensqualität für sich genommen nicht normativ, sondern deskriptiv charakterisiert ist, so ist doch zu erwarten, daß er an entscheidender Stelle in normative Beurteilungs- und Entscheidungskriterien eingeht. Das ist z.B. beim QALY, dem „quality adjusted life year" (qualitätsgewichtetes Lebensjahr) heute schon der Fall. Im britischen *National Health Service* entscheidet die Definition der Lebensqualität insofern bereits heute indirekt darüber mit, welche Therapien durch die Solidargemeinschaft abgedeckt und welche dem privaten Gesundheitsmarkt überlassen werden.

5. Drei Desiderate

Wie kann ein ethischer Maßstab aussehen? Ich möchte dazu einen Vorschlag machen und im folgenden drei Desiderate zur Diskussion stellen, denen ein einheitlicher Begriff der Lebensqualität im medizinischen Kontext genügen sollte.

Das *erste* Desiderat lautet, daß der Begriff der Lebensqualität im medizinischen Kontext als *deskriptiver* und nicht als evaluativer Begriff bestimmt werden sollte, und zwar aus Adäquatheits- wie auch aus ethischen Gründen. Der *Adäquatheitsgrund* ist der, daß 'Lebensqualität' im medizinischen Kontext *de facto* als deskriptive Charakterisierung und nicht als Bewertung verstanden wird. Die Aussage, daß bei Nierenversagen die Nierentransplantation zu einer höheren Lebensqualität führt als die Dialyse, wird gemeinhin als deskriptive, weder bewertende noch empfehlende Aussage verstanden. Wenn aus dieser vergleichenden Aussage die bewertende Aussage gefolgert wird, daß deshalb bei Nierenversagen die Nierentransplantation der Dialyse vorzuziehen ist, dann folgt diese nicht bereits aus *semantischen* Gründen. Der *ethische* Grund ist der, daß auf diese Weise Lebensqualitätsbeurteilungen von Beurteilungen des Lebenswerts oder Lebensunwerts abgegrenzt werden. Bei Beurteilungen der Lebensqualität geht es nicht um axiologische oder normative Bewertungen von *Leben*, sondern um deskriptive Beurteilungen von *Erleben*. Einem Patienten eine geringe Lebensqualität zuzuschreiben, bedeutet nicht, ihn oder sein Leben abzuwerten, sondern zu beschreiben, wie schlecht es ihm geht.

Das *zweite* Desiderat ist sehr viel kontroverser. Es lautet, daß für den Begriff der Lebensqualität ausschließlich *subjektive* Größen direkt relevant sein sollten. Objektive Größen sollten immer nur soweit als Maßgrößen in Frage kommen, als sie mit den subjektiven korrelieren.

Die Begründung für dieses Desiderat liegt für mich erstens in der *Funktion* des Begriffs der Lebensqualität als Korrektiv der herkömmlichen objektiven Bewertungsstandards. Wenn der Begriff als ein solches Korrektiv fungieren soll, muß er primär darauf abzielen, wie der Patient *subjektiv* von den Wirkungen und Nebenwirkungen einer Therapie oder anderen medizinischen Maßnahme betroffen ist. Es kann nicht auf seine objektive Gesundheit, Leistungsfähigkeit oder Selbständigkeit ankommen, sondern darauf, wie er seinen Zustand selbst *empfindet*. Gleiche äußere Bedingungen werden aber unterschiedlich empfunden. Beeinträchtigungen des äußeren Erscheinungsbilds werden von Frauen gewöhnlich als gravierender empfunden als von Männern. Einschränkungen der körperlichen Bewegungsfähigkeit werden von Handwerkern und Landwirten gewöhnlich stärker als Beeinträchtigung empfunden als von Intellektuellen.

Ein zweiter Grund für die Priorität des Subjektiven liegt für mich in der Tatsache, daß die Aufrechterhaltung und Wiederherstellung subjektiven Wohlbefinden als axiologisches (außermoralisches) Gut mehr oder weniger unangefochten ist, während über den axiologischen Status nahezu aller objektiv definierten Lebensumstände Dissens besteht. Alle jemals formulierten Axiologien messen dem subjektivem Wohlbefinden einen intrinsischen Wert zu, während strittig ist, wieweit für ein gutes Leben auch bestimmte objektive Fähigkeiten oder Leistungen unverzichtbar sind, etwa Gesundheit, physische Leistungsfähigkeit, Tätigsein (gegenüber bloßer Passivität), Wissen (gegenüber Unwissen) oder Realitätskontakt (gegenüber dem Leben in einer Wahnwelt). Diese Konsensfähigkeit sichert dem Gut des subjektiven Wohlbefindens einen axiologischen Primat und das Recht, in normativen Prinzipien vorrangig berücksichtigt zu werden.

Der dritte Grund für einen subjektivistischen Begriff hängt damit eng zusammen: seine weitgehende Unabhängigkeit von sozialen und kulturellen Wertvorstellungen. Je mehr objektive Komponenten in die Bestimmung des Begriffs aufgenommen werden, desto stärker gefährdet ist angesichts der Pluralität der Wertvorstellungen die Einheitlichkeit und überkulturelle Anwendbarkeit des Begriffs. Wenn Lebensqualität als einheitlicher und so weit wie möglich kulturunabhängiger Beurteilungsmaßstab fungieren soll, muß er das subjektive Wohlbefinden messen und nicht, wovon dies für den jeweiligen Patienten abhängt. Es kann für die Bemessung der Lebensqualität etwa nicht darauf ankommen, ob sie aus falschen oder wahren Lüsten (Platon) oder aus höheren oder niederen Befriedigungen (Mill) bezogen wird. Auch Schopenhauer hat auf einem subjektivistischen Begriff des „Wohlseins" bestanden:

> Allerdings ist für das Wohlsein des Menschen, ja für die ganze Weise seines Daseins die Hauptsache offenbar das, was in ihm selbst besteht oder vergeht. Hier nämlich liegt unmittelbar sein inneres Behagen oder Unbehagen, als welches zunächst das Resultat seines Empfindens, Wollens und Denkens ist; während alles außerhalb Gelegene doch nur mittelbar darauf Einfluß hat. (Schopenhauer 1988, 336)

Das *dritte* Desiderat lautet: Die die Lebensqualität definierenden subjektiven Größen sollten in die jeweilige Maßzahl mit dem Gewicht eingehen, das das Individuum selbst ihnen zuschreibt.

Der Grund für dieses Desiderat ist wiederum die *ethische* Inadäquatheit eines Lebensqualitäts-Maßes, das seine Gewichte nicht den reflexiven Selbstbewertungen des jeweiligen Individuums entnimmt, sondern wie immer geartete *Fremdbewertungen* zugrundelegt.

Zunächst ist klar, daß nicht nur *objektive* Fähigkeiten und Ressourcen von verschiedenen Individuen unterschiedlich bewertet werden können, sondern auch *innere* Zustände wie Depression/Lebensfreude, Sorgen/Unbeschwertheit, Schmerzen/Schmerzfreiheit, Wohlgefühl/Unbehagen, Angst/Angstfreiheit usw. Beobachtungen mit der Selbstmedikation mit Schmerzmitteln haben gezeigt, daß die Schmerztoleranz bei angenommenen gleichartigen postoperativen Schmerzzuständen intersubjektiv stark variiert. Nicht jeder fühlt sich durch Schmerzen, Mißstimmungen und Ängste im gleichen Maße belastet. Nicht nur von ihrem hedonischen Wert her positive Zustände wie Lust und Behagen, sondern auch hedonisch negative wie Schmerzen oder Mißstimmungen können zur Normalität werden, so daß sie nicht mehr als schokkierend, ängstigend oder frustrierend erlebt werden. Auch sozialwissenschaftliche Umfragen zur Lebensqualität lassen darauf schließen, daß die weite Verbreitung von Sorgen, Angst, Nervosität, Niedergeschlagenheit sowie Gefühlen der Machtlosigkeit, Sinnlosigkeit und Einsamkeit „koexistieren" können mit einem recht hohen Maß an Zufriedenheit mit dem Leben und der Selbsteinschätzung als glücklich (vgl. Glatzer 1992, 56).

Kommt es bei der Lebensqualität darauf an, hedonisch positive, also *angenehme* innere Zustände zu erleben, oder kommt es darauf an, das zu erleben, was man in reflexiver Einstellung *positiv bewertet*? Klarerweise das letztere. Angenehme innere Zustände sind nicht die Zustände, die jeder jederzeit haben will. Wenn ich z.B. arbeiten will, sind angenehme Zustände keineswegs das, was meine Lebensqualität erhöht. Was meine Lebensqualität erhöht, ist, mich in einem Zustand zu befinden, der dem günstig ist, was mir *wichtig* ist. Lustgefühle sind nicht in jeder Lebenssituation willkommen und Schmerzen nicht in jeder unwillkommen. Was über meine Lebensqualität entscheidet, ist nicht das Ausmaß, in dem meine inneren Zustände *angenehm* (im hedonischen Sinne) sind, sondern das Ausmaß, in dem sie mir *genehm* (im Sinne meiner reflexiven Präferenzen) sind. Nicht Gefühlsqualitäten entscheiden über die Lebensqualität, sondern subjektive *Bewertungen* von Gefühlsqualitäten.

Lebensqualität hat danach etwas mit subjektiven *Präferenzen* zu tun – allerdings nur soweit, als sich diese Präferenzen erstens auf *subjektive* Zustände richten und nicht auf Zustände oder Ereignisse der Welt, und nur insoweit, als sich diese Präferenzen zweitens auf gegebene *gegenwärtige* innere Zustände richten. Die Erfüllung einer auf die Außenwelt gerichteten Präferenz von N macht für Ns Lebensqualität nicht notwendig einen Unterschied, da N von ihr nicht notwendig erfährt. Sofern sich Ns Präferenz auf die Zeit nach Ns Tod richtet, ist es sogar schlechterdings unmöglich, daß sie Ns Lebensqualität tangiert. Auch die Präferenzen, die N für *eigene* innere Zustände hat, sind für seine Lebensqualität solange gleichgültig, wie sie sich nicht auf die Gegenwart, sondern auf die Zukunft beziehen. Entscheidend für Ns Lebensqualität ist, wie N seinen inneren Zustand bewertet, wenn er eingetreten ist, nicht, wie er ihn antizipierend bewertet hat.

Ich habe bisher stets von 'inneren Zuständen' gesprochen und möchte nun anmerken, daß dies in keinem zu engen Sinne verstanden werden darf. 'Zustände' in dem hier relevanten Sinn umfassen nicht nur das, was man fühlt, sondern auch, daß man weiß, glaubt, befürchtet, hofft usw. Wissen – aber auch Nichtwissen – können ebenso beglückend oder unerträglich sein wie Leidens- oder Begeisterungzustände. Man kann sich darüber freuen, daß man sich gesund *fühlt*, aber auch darüber, daß man *weiß*, daß man gesund ist. Man kann darunter leiden, daß man sich krank *fühlt*, aber auch darunter, daß man *weiß*, daß man krank ist, *ohne* sich krank zu fühlen.

Kognitive Zustände sind für die Lebensqualität aber nicht nur als solche bedeutsam, sondern vor allem auch dann, wenn sie mit sensorischen Zuständen zu „interpretierten" Zuständen verschmelzen. Wie man einen eigenen inneren Zustand bewertet, hängt u.a. davon ab, was man über diesen Zustand weiß oder glaubt. Unter körperlichen Beschwerden, Kummer oder Depressionen kann man unterschiedlich stark leiden, je nachdem wie man sie deutet: ob man sie als vorübergehend oder chronisch sieht, als Anzeichen von Remission oder Progression, als Nebenwirkungen einer erfolgreichen oder als Nebenwirkungen einer erfolglosen Therapie, als Vorboten der nahen Gesundung oder als Anfang einer degenerativen Entwicklung.

Das Bild der zwei Ebenen – hier die sensorische Qualität des interpretierten sensorischen Zustands, da die kognitive Interpretation – mag als erste Näherung dienen, ist aber zweifellos zu einfach, um den komplexen Phänomenen gerecht zu werden. Mindestens zwei Komplikationen verunklaren das Bild.

Erstens ist es nicht immer ganz leicht, die Dimension der reflexiven Bewertung eines inneren Zustands von der sensorischen Qualität dieses Zustands abzutrennen. Ein Schmerz, von dem man weiß, daß er nach kurzem nachläßt, „fühlt" sich dadurch möglicherweise auch anders an als ein Schmerz, von dem man weiß, daß er einen auf Dauer begleiten wird.

Zweitens verfügen wir nicht nur über *eine* Reflexionsebene. Wir können vielmehr die Bewertungen unserer sensorischen Zustände ihrerseits bewerten und uns durch das Leiden am Schmerz wiederum unterschiedlich belastet fühlen. Nicht nur sensorische Zustände, auch Interpretationen dieser sensorischen Zustände können durch Interpretation, aber auch durch schlichte Gewönung in ihrer Wertigkeit beeinflußt werden. Jemand kann einen bestimmten Herzschmerz so oft als beängstigend deuten, daß ihn diese Deutung irgendwann nicht mehr sonderlich belastet. Wer mehr Angst hat, braucht diese Angst nicht notwendig auch als beeinträchtigender und belastender zu bewerten, er braucht unter ihr nicht in demselben Maße zu *leiden* wie jemand, der diese Angst weniger gut aushalten und bewältigen kann. Nicht nur unter Schmerzen, auch unter Leiden selbst kann man unterschiedlich stark leiden, z.B. je nachdem, ob es erwartet oder unerwartet ist, ob es selbst- oder fremdverursacht ist, wieweit es der „Preis" für positiv Bewertetes ist (Eifersucht als „Preis" für Liebe, Gewissensbisse als „Preis" für lustvolle Normverletzungen) oder wieweit es positiv Bewertetes verhindert oder erschwert.

6. Konsequenz: Relativierung objektiver Indikatoren

Die wichtigste Konsequenz dieses reflexiv-subjektivistischen Ansatzes (der sich an den von Haslett (1990) entwickelten nutzentheoretischen Ansatz anschließt), ist die, daß objektive Indikatoren lediglich *indirekt* für die Lebensqualität eines Patienten relevant sind und in der Regel nur als Heuristik, nicht aber als konstitutive Kriterien gelten können. Objektive Bedingungen sind für die Lebensqualität eines Individuums in zweierlei Weise relevant: als *kausale* Bedingungen subjektiver Zustände und als *intentionale* Gegenstände subjektiver Präferenzen. Beidemale sind sie für sich genommen nicht aussagekräftig. Auch statistisch mit der subjektiven Lebensqualität hochgradig korrelierte objektive Indizes können im Einzelfall fehlgehen. Vor kurzem hörte ich von einem nierenkranken und dialysepflichtigen Strafgefangenen, dessen Lebensqualität sich dadurch erheblich zu verschlechtern drohte, daß sich für ihn die Gelegenheit zu einer Transplantation ergab: Als Dialysepatient bekam er Haftverschonung, als Transplantierter nicht. Sollen wir in diesem Fall sagen, daß sich seine *medizinische Lebensqualität* verbessert hätte, auch wenn sich seine *Lebensqualität insgesamt* verschlechtert hätte? Nein. Eine spezifisch *medizinische Lebensqualität* gibt es nicht. Medizinisch beinflußbare Größen wie Gesundheit und Krankheit, Leistungsfähigkeit und Schwäche, Schmerz und Schmerzlosigkeit sind im allgemeinen für die Lebensqualität hochrelevant und wichtig – aber eben immer nur *so* wichtig, wie sie das Individuum selbst für wichtig hält.

Wenn es darauf ankommt, was das Individuum selbst für wichtig hält, ist das in der Medizin häufig beobachtete sogenannte „Zufriedenheitsparadox" im Grunde kein Paradox und das „Unzufriedenheitsdilemma" (Trede 1994, 35, vgl. Lütterfelds 1991, 174)) kein Dilemma. „Zufriedenheitsparadox" heißt, daß Patienten sich viel besser, „Unzufriedenheitsdilemma", daß sie sich viel schlechter fühlen, als ihrem objektiven Gesundheitszustand entspricht. Paradox sind sind diese Phänomene nur vor dem Hintergrund der Annahme, daß uns Gesundheit und Krankheit als solche wichtig sind. Diese Annahme ist aber nur begrenzt richtig. Vielen sind die Sekundärfolgen wichtiger, z.B. die Folgen für Partnerschaft, Betreuungslage, Wohnverhältnisse, für Handlungsfähigkeit, Kommunikationsfähigkeit, Arbeitsfähigkeit.

Erhebungen bei Transplantierten haben darüber hinaus ergeben, daß die Lebensqualität in erheblichem Maße mit Faktoren korreliert, die – trotz der „dramatischen" Qualität der Transplantation – mit gesundheitlichen Faktoren erstaunlich wenig zu tun haben (vgl. Bullinger 1993, 219). Jüngere und besser Gebildete haben danach präoperativ und postoperativ durchweg eine bessere Lebensqualität als Ältere und weniger Gebildete – möglicherweise weil sie über das bessere Selbstkonzept verfügen und sich gesund wie krank mehr zutrauen. Ein gewisses Grundvertrauen in die Welt und in sich selbst scheint wichtiger für die Zufriedenheit mit dem Leben als das äußere Schicksal.

Schopenhauer, antiker Weisheitslehren eingedenk, bestätigt das:

> Das Beste und Meiste muß ... jeder sich selber sein und leisten. Je mehr nun dieses ist, und je mehr demzufolge er die Quellen seiner Genüsse in sich selbst findet, desto glücklicher wird er sein. ... Alle äußeren Quellen des Glückes und Genusses sind ihrer Natur nach höchst unsicher, mißlich, vergänglich und dem Zufall unterworfen, dürften daher, selbst unter den günstigsten Umständen, leicht stocken. (Schopenhauer 1988, 353 f.)

Glück ist vielleicht am Ende zum großen Teil schlicht eine Sache des Temperaments:

> Was nun aber, von ihnen allen, uns am unmittelbarsten beglückt, ist die Heiterkeit des Sinnes; denn diese gute Eigenschaft belohnt sich augenblicklich selbst. Wer eben fröhlich ist, hat allemal Ursache es zu sein: nämlich eben diese, daß er es ist. Nichts kann so sehr wie diese Eigenschaft jedes andere Gut vollkommen ersetzen; während sie selbst durch nichts zu ersetzen ist. (Schopenhauer 1988, , 344)

Was für die Wichtigkeit gesundheitlicher Faktoren gilt, gilt in noch größerem Maße für die herkömmlichen Wohlstandsmaße. Sie sind wichtig nur für den, dem sie wichtig sind. Andere Dinge können jedoch wichtiger sein, z.B. Geborgenheit und Zugehörigkeit, subjektive Freiheit, die Abwesenheit von Neid, ein reines Gewissen, Übereinstimmung zwischen Lebensführung und Ich-Idealen, die Fähigkeit, die Welt als werthaft zu erleben. *Reichtum* ist deshalb nicht sonderlich erstrebenswert:

> Eigentlicher Reichtum, d.h. großer Überfluß vermag wenig zu unserem Glück; daher viele Reiche sich unglücklich fühlen; weil sie ohne eigentliche Geistesbildung, ohne Kenntnisse und deshalb ohne irgendein objektives Interesse, welches sie zu geistiger Beschäftigung befähigen könnte, sind. (Schopenhauer 1988, 341)

Wenn Lebensqualität von *Bewertungen* abhängt, übernimmt vor allem das *Anspruchsniveau* eine Schlüsselrolle. Wie ein Individuum seine inneren Zustände bewertet, hängt ab von Erwartungen, Ansprüchen und Empfindlichkeiten. Objektive Verbesserungen werden durch Erhöhungen des Anspruchsniveaus als selbstverständlich wahrgenommen und dadurch entwertet, objektive Verschlechterungen werden, nachdem die anfängliche Enttäuschung verflogen ist, „verkraftet". Auch hierzu hat Schopenhauer das Wesentliche gesagt:

> Die Zufriedenheit eines jeden beruht nicht auf einer absoluten, sondern auf einer bloß relativen Größe, nämlich auf dem Verhältnis zwischen seinen Ansprüchen und seinem Besitz; daher dieser letztere, für sich allein betrachtet, so bedeutungsleer ist wie der Zähler eines Bruches ohne den Nenner. ... Jeder hat einen eigenen Horizont des für ihn mögli-

> cherweise Erreichbaren: so weit wie dieser gehen seine Ansprüche. (Schopenhauer 1988, 367)

Deshalb lassen sich zahlreiche Verschlechterungen der objektiven Lage durch Anpassung des Anspruchsniveaus nach unten auffangen:

> Daß nach verlorenem Reichtum oder Wohlstand, sobald der erste Schmerz überstanden ist, unsere habituelle Stimmung nicht sehr verschieden von der früheren ausfällt, kommt daher, daß, nachdem das Schicksal den Faktor unseres Besitzes verkleinert hat, wir selbst nun den Faktor unserer Ansprüche gleich sehr vermindern. Diese Operation aber ist das eigentlich Schmerzhafte bei einem Unglücksfall. Nachdem sie vollzogen ist, wird der Schmerz immer weniger, zuletzt gar nicht mehr gefühlt: Die Wunde vernarbt. Umgekehrt wird bei einem Glücksfall der Kompressor unserer Ansprüche hinaufgeschoben, und sie dehnen sich aus: Hierin liegt die Freude. Aber auch sie dauert nicht länger, als bis diese Operation gänzlich vollzogen ist: Wir gewöhnen uns an das erweiterte Maß der Ansprüche und werden gegen den demselben entsprechenden Besitz gleichgültig. (Schopenhauer 1988, 368)

Belege für die fulminante Anpassungsfähigkeit der Anspruchs- und Toleranzniveaus sind etwa die historischen *Raumtemperaturen*, die uns Heutige schon beim Daran-Denken frösteln lassen, oder auch die aus heutiger Sicht nur schwer nachzuvollziehende Toleranz gegenüber *Körperstrafen*. Weitreichende Adaptationsphänomene sind auch aus der Medizin bekannt. Bei Tumorpatienten ändern sich die Einstellungen vielfach so, daß sich das Individuum mit einer zunächst als unerträglich beurteilten gesundheitlichen Situation aussöhnt, ja ihr neuen Sinn abgewinnt. Die gefürchtete Krankheit wird zur Herausforderung, sich auf das Wesentliche zu besinnen, und damit zur Gelegenheit einer „Nachreifung" der Persönlichkeit (vgl. Diehl et al. 1990, 162).
Abhängig ist die Lebensqualität nicht nur vom Anspruchsniveau, sondern auch von der wahrgenommenen Lebenssituation anderer. Lebensqualität ist wie Glück und Zufriedenheit eine partiell *positionale* Größe. Ich zitiere Wolfgang Glatzer:

> Die Individuen vergleichen ihre gegenwärtige Lebenssituation nicht nur mit ihrer vergangenen Situation, ihren Ansprüchen für die Zukunft, sondern insbesondere auch mit ihren Freunden, Kollegen und dem 'durchschnittlichen Bundesbürger'. (Glatzer 1992, 56 f.)

Dennoch meint Glatzer der Sozialpolitik nicht jeden Erfolg absprechen zu müssen:

> Trotzdem gilt im Durchschnitt aller Bundesbürger, daß diejenigen, die bessere Lebensbedingungen haben, auch zufriedener mit ihnen sind, und daß Schlechtergestellte unzufriedener sind.

woraus Glatzer die Konsequenz zieht:

> Die Gesellschaftspolitik kann insgesamt damit rechnen, daß sich eine Verbesserung der Lebensbedingungen in einer höheren Zufriedenheit der Bürger äußert.

Das hängt freilich davon ab, ein wie großer Anteil der Lebensqualität vergleichsabhängig ist und deshalb nur auf relative, nicht aber auf absolute Besserstellungen reagiert. Darüber hinaus könnte auch der Anstieg des Anspruchsniveaus dafür sorgen, daß alles beim Alten bleibt. In der Tat ist die von Befragten angegebene Lebenszufriedenheit in den zehn Jahren von 1978-1988 trotz des hohen Zuwachses an wirtschaftlichem Wohlstand nicht nennenswert angestiegen.

7. Einige weitere Konsequenzen

Von hier aus lassen sich einige weitere Konsequenzen ziehen.

Eine erste Konsequenz ist der Primat der *Selbstbeurteilung* gegenüber der *Fremdbeurteilung* von Lebensqualität. Für die Medizin heißt das, daß der Patient selbst darüber entscheiden können muß, welche Einschränkungen seiner Lebensbedingungen er gegebenenfalls eher in Kauf zu nehmen bereit ist, ob er etwa bei einer sehr schmerzhaften Erkrankung eher mehr Schmerzen aushalten oder sich durch hohe Schmerzmittelgaben in seinem Wachheitszustand beeinträchtigen lassen will. Diese Konsequenz ist auch für die Praxis nicht unwichtig, da empirische Ergebnisse nahelegen, daß Selbst- und Fremdbeurteilungen der Lebensqualität gelegentlich weit auseinandergehen. Ärzte sehen die Lebensqualität ihrer Patienten durch die Krankheit vielfach massiver beeinträchtigt als die Patienten selbst, vor allem wenn sie mit einer zukünftigen Verschlimmerung der Symptomatik rechnen. Andererseits neigen sie dazu, die durch Behandlung erreichbaren Verbesserungen der Lebensqualität zu überschätzen (vgl. Helmchen 1990, 107). Das krasseste Beispiel in dieser Hinsicht ist eine Untersuchung an 75 Patienten einer englischen Gruppenpraxis, bei der sich nur 48 % der Patienten bei einer bestimmten Hypertonie-Behandlung besser und 9 % sogar schlechter fühlten, während die Ärzte, gestützt auf die ihnen verfügbaren objektiven Indikatoren, bei 100 % der Patienten eine Verbesserung annahmen (vgl. Distler 1990, 73).

Freilich kann die Entscheidungssouveränität des Patienten nicht uneingeschränkt gelten. Angesichts der abhängigen Position des Patienten ist nicht auszuschließen, daß Patientenbeurteilungen durch eine Tendenz zur sozialen Erwünschtheit verzerrt sind, d.h. daß Patienten, um das Wohlwollen des Arztes nicht zu verlieren, auf entsprechende Fragen nicht im Sinne ihrer eigenen Präferenzen, sondern im Sinne der vermuteten Präferenzen des Arztes antworten. Außerdem ist zu beachten, daß Interviewfragen bzw. Gespräche eine Form der Zuwendung darstellen, die dann, wenn ansonsten keiner intensiver nach dem Befinden des Patienten fragt, möglicherweise durch entgegenkommende Antworten honoriert wird.

Unter dem Aspekt der Bewertungssouveränität des Patienten müssen alle Meßinstrumente zur Erfassung der Lebensqualität als problematisch erscheinen, die diese von Fremdbeurteilungen abhängen lassen, etwa die *Rosser-Matrix*, die die Lebensqualität des Patienten danach beurteilt, wie *andere* seine Symptome bewertet haben. Die Werte der Rosser-Matrix wurden dadurch gewonnen, daß man 70 Patienten, Ärzte, Pflegende und Angehörige von Patienten nach ihrer Einschätzung bestimmter Kombinationen von Zuständen in den Dimensionen „Schmerz" und „Behinderung" befragte. Die aus dieser Stichprobe resultierenden Durchschnittswerte werden dann für die Beurteilung der Lebensqualität von Patienten übernommen, ohne eigens zu prüfen, ob deren Wertvorstellungen mit den durchschnittlichen Bewertungen der damaligen Stichprobe übereinstimmen. Wie wir wissen, werden aber gerade Beeinträchtigungen in der Dimension „Behinderung" von verschiedenen Individuen unterschiedlich beurteilt (vgl. Nordenfelt 1973, 157).

Auch das starre Vier-Dimensionen-Schema von Bullinger und Pöppel (1988) läßt dem Patienten zu wenig Gewichtungsspielraum. Insbesondere die unterschiedliche Bedeutung der Beziehungs- und der Funktionsdimension für unterschiedliche Charakterstrukturen und Lebensentwürfe ist unzureichend repräsentiert. Wer ohnehin einsam lebt, wird durch krankheitsbedingte Einsamkeit möglicherweise weniger beeinträchtigt als der Umtriebige und Kontaktbedürftige.

Eine *zweite* Konsequenz ist die Notwendigkeit einer *Individualisierung* der medizinischen Indikationsstellung. Welche von mehreren alternativen Therapien für einen bestimmten Patienten optimal ist, muß sich u.a. nach den individuellen Wertüberzeugungen richten, von denen seine Lebensqualität abhängt. Da vielfach nicht die aktuellen, sondern die prognostizierten zukünftigen Bewertungen des Patienten für die Wahl einer Therapie entscheidend sind, bedeutet das eine erhebliche Komplizierung. Der Arzt muß nicht nur abschätzen, wie sich die Therapie auf den körperlichen Zustand, sondern auch, wie sie sich auf das Wohlbefinden des Patienten auswirkt, genauer: auf dessen reflexive Bewertung seines Befindens – unter Berücksichtigung seiner Anpassungsfähigkeit und Toleranz gegen Nebenwirkungen und unter Bilanzierung der sich daraus ergebenden außermedizinischen Belastungs- und Entlastungsfaktoren (vgl. Trede 1994, 35). In der Regel wird der Arzt eine solche Entscheidung nur dann adäquat fällen können, wenn er den Patienten umfassend in die Entscheidung einbezieht. Insofern bedeutet Individualisierung nicht nur eine Komplizierung, sondern auch eine Chance für ein verbesserte Patientenbetreuung (vgl. Hampe 1997, 177): Der Arzt und die Pflegenden müssen die subjektive Sicht des Patienten zur Kenntnis nehmen, sie müssen ihm *zuhören*.

Eine *dritte* Konsequenz der formulierten Desiderate ist, daß sich das Problem der intra- und interpersonalen Vergleichbarkeit für einen auf reflexiven Selbstbewertungen basierenden Lebensqualitätsbegriff möglicherweise eher bewältigen läßt als für einen Begriff, der auf Präferenzerfüllungen oder auf dem hedonischen Wert innerer Zustände basiert. Um intrapersonale und interpersonale Vergleiche zu ermöglichen, bedarf es lediglich der „Eichung" der Zensuren, die jeder seinen eigenen Zuständen gibt, an Zuständen, von denen man begründet annehmen kann, daß sie von allen ähnlich bewertet werden.

Eine *vierte* Konsequenz der angegebenen Desiderate ist, daß „Lebensqualität" auf alle diejenigen Individuen nicht anwendbar ist, die wie kleine Kinder oder Demente zu einer reflexiven Selbstbewertung nicht oder nur bedingt fähig sind. Man kann darin einen Nachteil, aber auch einen Vorteil sehen. Ich halte – ähnlich wie Hans-Martin Sass (Sass 1997, 12) – diese Anwendungsbeschränkung jedenfalls für eine zwingende Konsequenz aus der Verankerung der Lebensqualität in der Bewertungssouveränität des jeweiligen Patienten.

8. Ausblick: Ethische Probleme in der Anwendung von Lebensqualitätsmaßen

Der Begriff der Lebensqualität, so wie er im medizinischen Kontext verwendet wird, ist ein deskriptiver Begriff und impliziert von sich aus weder eine bestimmte Axiologie noch eine bestimmte normative Ethik. Vor allem impliziert der Begriff der Lebensqualität nicht, wie manchmal unterstellt wird, spezifisch utilitaristische Normierungen, wie sie implizit in das QALY-Konzept eingehen. Auch wenn wir alles über Lebensqualität wüßten, wären einige schwierige axiologische und normative Fragen noch nicht beantwortet:

1. Ist Lebensqualität das einzige für die normative Ethik relevante Gut oder ist es ein Gut unter Gütern? Für ein „erfülltes Leben", so wie es gemeinhin verstanden wird, ist eine hohe Lebensqualität in dem angedeuteten Sinn notwendig, aber wohl nicht hinreichend. Die intuitive Vorstellung eines „erfüllten Lebens" umfaßt mehr als Zufriedenheit, nämlich eine gewisse Vielfalt, Reichhaltigkeit und Ambitioniertheit der Lebensziele. Hohe Lebensqualität und „erfülltes Leben" fallen nur für ein Individuum zusammen, das sich entsprechend vielfältige, reichhaltige und ehrgeizige Lebensziele setzt und obendrein das Glück hat, sie auch zu erreichen.

2. Sollte bei der Bewertung von Therapien ausschließlich die zukünftige Lebensqualität des Patienten berücksichtigt werden oder auch die Auswirkungen auf die Lebensqualität anderer? Wie aufwendig im Sinne *entgangener* Lebensqualität darf eine Therapie für andere sein? Diese Frage stellt sich vor allem dann, wenn eine Therapie anderen, z.B. den versorgenden Angehörigen, höhere Belastungen auferlegt als dem Patienten selbst (vgl. Parker 1990).
3. Wie soll Lebens*qualität* mit Lebens*quantität* ins Verhältnis gesetzt werden? Sollen sie miteinander multipliziert werden – mit der Folge, daß eine medizinische Behandlung, die 10 weitere Lebensjahre bei Lebensqualität 0.8 ermöglicht, einer anderen, die 8 Lebensjahre bei Lebensqualität 1.0 ermöglicht, gleichwertig ist? Oder sollen zukünftige Lebensjahre *diskontiert* werden, mit der Folge, daß spätere Lebensjahre weniger zählen als frühere (und die letztere Alternative als überlegen gilt)? Offenbar werden in den meisten medizinischen Kosten-Nutzen-Analysen, die mit QALYS arbeiten, zukünftige Lebensjahre nach den relativ hohen Diskontsätzen, die für langfristige öffentliche Investitionen gelten, diskontiert – wohl um den Intuitionen derer entgegenzukommen, die es für ungerechtfertigt halten, die 50 gesunden Lebensjahre, die die Operation eines 30-jährigen ermöglicht, als 5mal besser zu beurteilen als die 10 weiteren Lebensjahre, die dieselbe Operation einem 70-jährigen ermöglicht (vgl. Gudex 1990, 229). Aber auch wenn die rechnerische Diskontierung späterer Lebensjahre der psychologischen Diskontierung entsprechen mag, mit der das Individuum seine eigenen zukünftigen Lebensjahre abwertet, ist fraglich, ob diese *psychologische* Tendenz zur Kurzsichtigkeit bei einer *ethischen* Abwägung ins Spiel kommen darf. Wenn es auf die zukünftige Lebensqualität des Operierten ankommt, sollte doch wohl entscheidend sein, wie sich seine Lebensqualität für ihn in *Zukunft* darstellt, und nicht, wie sie sich für ihn *heute* darstellt.

Mit diesen Fragen sind wir bereits mitten in den Problemen einer *Ethik* der Lebensqualität. Eine solche Ethik ist so faszinierend wie schwierig. Aber sie war hier nicht mein Thema.

Literaturnachweise

Baldwin, S.; Godfrey, Ch.; Propper, C. (Hrsg.), *Quality of life: perspectives and policies*, London-New York (Routledge) 1990.

Bullinger, M.: „Lebensqualität – Entscheidungshilfen durch ein neues evaluatives Konzept?“, in: E. Nagel, Ch. Fuchs (Hrsg.), *Soziale Gerechtigkeit im Gesundheits-*

wesen. Ökonomische, ethische, rechtliche Fragen am Beispiel der Transplantationsmedizin, Berlin (Springer) 1993, S. 214-232.

Bullinger, M.; Pöppel, E.: „Lebensqualität in der Medizin: Schlagwort oder Forschungsansatz“, *Deutsches Ärzteblatt*, **85** (1988), 679-680.

Diehl, V. u.a.: „‘Lebensqualität’ als Bewertungskriterium in der Onkologie“, in: Schölmerich, Thews 1990, S. 149-168.

Distler, A.: „Aspekte der ‘Lebensqualität’ bei der Therapie der Hypertonie“, in: Schölmerich, Thews 1990, S. 67-80.

Glatzer, W.: „Lebensqualität aus sozio-ökonomischer Sicht“, in: G. Seifert (Hrsg.), *Lebensqualität in unserer Zeit*, Göttingen (Vandenhoeck) 1992, S. 47-60.

Gudex, C.: „The QALY: How can it be used?“, in: Baldwin et al. 1990, S. 218-230.

Hampe, E.: „Lebensqualität als Bewertungskriterium in der Transplantationsmedizin“, in: J.S. Ach, M. Quante (Hrsg.), *Hirntod und Organverpflanzung. Ethische, medizinische, psychologische und rechtliche Aspekte der Transplantationsmedizin*, Stuttgart-Bad Cannstatt (Frommann-Holzboog) 1997, S. 173-188.

Haslett, D.W.: „What is utility?“, *Economics and philosophy*, **6** (1990), 65-94.

Helmchen, H.: „‘Lebensqualität’ als Bewertungskriterium in der Psychiatrie“, in: Schölmerich, Thews 1990, S. 93-116.

Lütterfelds, W.: „Philosophische Aspekte der medizinischen Lebensqualität“, in: H. Tüchler, D. Lutz (Hrsg.), *Lebensqualität und Krankheit. Auf dem Weg zu einem medizinischen Kriterium Lebensqualität*, Köln (Dt. Ärzte-Verlag) 1991, S. 162-187.

Musschenga, B.: „Are health and quality of life culturally relative?“, *Societas Ethica Jahresbericht*, 1993, 21-34.

Nordenfelt, L., *Quality of life, health and happiness*, Avebury (Aldershot) 1993, S. 148-164.

Nussbaum, M.; Sen, A. (Hrsg.), *The quality of life*, Oxford (Clarendon) 1993.

Parker, G.: „Spouse carers: whose quality of life?“, in: Baldwin et al. 1990, S. 120-130.

Raspe, H.-H.: „Zur Theorie und Messung der ‘Lebensqualität’ in der Medizin“, in: Schölmerich, Thews 1990, S. 23-40.

Sass, H.-M., *Lebensqualität – Ein Bewertungskriterium in der Medizin?*, Bochum (Zentrum f. Med. Ethik) 1990 (Medizinethische Materialien 19).

Schölmerich, P.; Thews, G. (Hrsg.): *‘Lebensqualität’ als Bewertungskriterium in der Medizin*, Stuttgart-New York (Fischer) 1990.

Schopenhauer, A.: „Aphorismen zur Lebensweisheit“, in: *Sämtliche Werke*, hrsg. von A. Hübscher, Bd. 5., 4. Aufl., Mannheim (Brockhaus) 1988, S. 331-530.

Swoboda, H., *Die Qualität des Lebens: vom Wohlstand zum Wohlbefinden*, Frankfurt/M. (Suhrkamp) 1974.

Trede, M.: „Leben oder Überleben? Aufgaben der onkologischen Chirurgie“, in: Ch. Herfarth, H.J. Buhr (Hrsg.), *Möglichkeiten und Grenzen der Medizin*, Berlin (Springer) 1994, S. 33-39.

Über das Vergnügen naturgemäßen Tuns*

John Stuart Mills Konzept eines Lebens in Lust und Würde

Maximilian Forschner

1. Einleitung: die Antithese von Lust und Würde

Cicero führt die Polemik gegen den tatsächlichen oder vermeintlichen Naturalismus Epikurs im Namen der Würde des Menschen.[1] Epikur interpretiert menschliches Glück in Begriffen der Lustrealisierung und Schmerzvermeidung. Theoretische und sittlich-praktische Tätigkeit des Menschen werden funktional auf das Ziel eines heiter-gelösten, autarken Lebensgenusses bezogen. Darin sieht Cicero die fundamentale Differenz zur stoischen Philosophie, die nicht die Lust, sondern das sittlich Gute ins Zentrum ihrer Lehre vom Ziel des menschlichen Lebens stellt und damit der Würde der menschlichen Natur gerecht wird. Glücklich werden wir in stoischer Sicht, indem wir in Theorie und Praxis unsere Vernunftbestimmung realisieren und die sittliche Qualität des Personseins als einzig unbedingt Wertvolles anerkennen. Der Mensch ist Geist vom göttlichen Geist. Er erreicht sein Ziel im vollständigen Einigsein mit der göttlichen Allnatur, das sich in Akten der theoretischen und praktischen Interpretation der göttlichen Weltordnung und Weltverwaltung bekundet.

* Der vorliegende Beitrag ist textgleich mit dem Kap. VI meines Buches *Über das Handeln im Einklang mit der Natur*, Darmstadt (WBG) 1998, S. 120-141.

1 „Die Lust (*voluptas*), mein Brutus, würde, so meine ich, wenn sie für sich selbst spräche und nicht so hartnäckige Patrone hätte, durch das im vorigen Buch Gesagte widerlegt, der Würde (*dignitas*) weichen. Denn es wäre schamlos, wenn sie noch länger der menschlichen Exzellenz (*virtus*) widerstehen, oder die angenehmen Dinge den ehrenvollen vorziehen oder die Behauptung durchfechten wollte, die süße Empfindung des Leibes und die aus ihr sich ergebende Freude seien mehr wert als die Größe und Konstanz des Geistes (*gravitas et constantia animi*)", M.T. Cicero, *De finibus bonorum et malorum*, III, 1.1 (z.B. Stuttgart (Reclam) 1989).

Der antike Gegensatz zwischen Epikureismus und Stoa schreibt sich in gewisser Weise in der neuzeitlichen (und gegenwärtigen) Antithetik eines (mehr) utilitaristisch oder eines (mehr) kantianisch geprägten Verständnisses von Sittlichkeit und der entsprechenden Verhältnisbestimmung von Glück und Moralität des Menschen fort. Dabei verbinden sich mit der Anthropologie und Ethik des Utilitarismus die tatsächlichen und vermeintlichen Herausforderungen des Szientismus, des Naturalismus (und des Atheismus),[2] gegen die sich ein personalistisches menschliches Selbstverständnis zu behaupten versucht.

Die moderne Antithese scheint mir in nicht wenigen Punkten (auf beiden Seiten) von Mißverständnissen und verkürzter Kenntnisnahme der alternativen Position sowie der eigenen Tradition gekennzeichnet zu sein. Ich konzentriere mich im folgenden (im Blick auf die genannten Aspekte der Herausforderung und Selbstbehauptung) auf John Stuart Mill, weil seine Gedanken darüber, was den Menschen zum Menschen macht und worin er seine Erfüllung finden mag, in Deutschland unter Gebildeten weniger bekannt sind als die entsprechenden Gedanken Kants und gleichwohl ähnlich herausragend repräsentativ erscheinen; weil zweitens entscheidende Punkte seines Utilitarismus weder in der gegenwärtigen Mill-Literatur[3] noch bei den Hauptvertretern des Gegenwartsutilitarismus zureichend berücksichtigt und gewürdigt werden; und weil drittens seiner Verhältnisbestimmung von Glück und Moralität und seinen Aussagen zum möglichen Glück des Menschen meines Erachtens in einer säkularisierten Moderne ein hohes Maß an vermittelnder Plausibilität eignet. Dabei gilt mein Hauptaugenmerk einer Analyse von Mills Begriff der Lust und dem Problem, wie sich sein hedonistischer Ansatz mit seiner Leitvorstellung eines noblen Charakters verbinden läßt. Zuvor sei seine Position allerdings in den größeren ethischen Diskussionskontext der Alternativen gestellt.

[2] Vgl. dazu R. Spaemann, *Das Natürliche und das Vernünftige*, München (Piper) 1987, S. 7; 77 ff.

[3] Vgl. dazu v.a. J. Skorupski, *J. St. Mill. The Arguments of the Philosophers*, London-New York (Routledge) 1989; J.-Cl. Wolf, *John Stuart Mills „Utilitarismus". Ein kritischer Kommentar*, Freiburg-München (Alber) 1992.

2. Zur Verhältnisbestimmung von Glück und Moralität in der philosophischen Ethik

In der gegenwärtigen philosophischen Diskussion besteht eine gewisse Unklarheit bzw. Uneinigkeit darüber, was man unter Ethik zu verstehen habe, worin die wesentliche Aufgabe einer philosophischen Ethik zu sehen sei.

Bis vor nicht allzulanger Zeit verstand sich *allgemeine* Ethik primär, wenn auch nicht exklusiv als *Moralphilosophie*, als philosophische Untersuchung der Moralität des Menschen, sei es im Sinne einer normativen Theorie der Begründung moralischer Normen und Wertungen, sei es im Sinne einer bloßen metaethischen Analyse der Sprache der Moral. Ein dominantes Verständnis von Moralität in Begriffen der Pflicht konzentrierte sich prinzipientheoretisch, zumal im deutschsprachigen Bereich, auf die Frage, ob die Verbindlichkeit moralischer Anforderungen sich letztlich auf Weisungen eines Gottes oder auf die Selbstgesetzgebung einer reinen praktischen Vernunft oder auf einen idealisierten vertragsanalogen Konsens einer Kommunikationsgemeinschaft sprachfähiger Subjekte stützt. Und es konzentriert sich in der Form *angewandter* Ethik immer noch auf Fragen des moralischen Gebotenseins, des Erlaubt- oder Verbotenseins von Handlungsweisen, etwa im Bereich der Gestaltung der Anfangs- und Endphase des menschlichen Lebens, der Gewinnung und des Einsatzes von Energie, der Züchtung, der Haltung und des Verbrauchs von Tieren etc., von Handlungen und Praktiken insbesondere, deren Möglichkeit allererst durch die Entwicklung moderner Wissenschaft und Technik eröffnet wurde, auf deren Problemlagen eine überkommene Rechts- und Morallehre verständlicherweise noch keine überzeugenden Antworten zu bieten vermag.

Diese Situation der philosophischen Ethik hat sich auf *allgemeiner*, d.h. prinzipientheoretischer Ebene indessen in den letzten Jahren grundlegend geändert; und auch im Bereich der *angewandten* Ethik setzt inzwischen eine Neuorientierung ein.[4] Man erinnert sich unter dem Frustrationsdruck einer steril gewordenen Metaethik und Normenbegründungstheorie verstärkt der Fülle und Breite einer Disziplin, die ihre Anfänge und Höhepunkte in Antike und Mittelalter auszeichnete, und die in gewisser Weise ja auch bei den großen neuzeitlichen Moralphilosophen noch vorhanden war. Man erinnert sich vor allem daran, daß die Grundfrage, die am antiken Anfang der Ethik steht, nicht primär auf die Klärung von *Moralität* zielt, sondern von *Eudaimonie*, d.h. auf die Bedingungen und Elemente eines gelungenen, überzeugenden,

[4] Vgl. dazu L. Siep, „Eine Skizze zur Grundlegung der Bioethik“, *Zeitschrift für philosophische Forschung*, 50 (1996), 236-253; ders., „Zwei Formen der Ethik“, *Abhandl. d. Nordrh.-Westf. Akad. d. Wissensch. G 347*, Opladen 1997.

lebenswerten menschlichen Lebens, auf die στοιχεῖα τοῦ καλῶς ζῆν, wie Epikur es im Brief an Menoikeus ausgedrückt hat.[5]

Natürlich spielte im Rahmen dieser Ausgangsfrage die Analyse und Verortung des moralischen Selbstverständnisses von Anfang an eine wichtige Rolle; aber sie spielte ihre Rolle im Kontext der Frage, ob moralische Tugend und gerechtes Verhalten notwendige Voraussetzung, wesentlicher Bestandteil oder gar zureichende Bedingung eines geglückten menschlichen Lebens sei; oder ob man allenfalls aus strategischen Gründen sich den *Anschein* eines guten Charakters, moralischer Gesinnung und uneigennützigen Verhaltens zu geben hat, um einer egozentrischen Glücksverfolgung die Hindernisse zu beseitigen, die sozialen Sanktionen zu ersparen, und den optimalen Erfolg zu sichern. Die letztere Position wird etwa in Platons Œuvre von den exzentrischen und schillernden literarischen Figuren des Thrasymachos in der *Politeia* und des Kallikles im *Gorgias* vertreten. Platon selbst und mit ihm alle großen philosophischen Ethiken der klassischen und der hellenistischen Zeit sind um den Nachweis bemüht, daß Glück (im Sinne von Eudaimonia)[6] und Amoralität sich ausschließen, daß ein Schurke weder in dieser noch in einer möglichen anderen Welt glücklich sein kann, sei es aus intrinsischen, sei es aus unaufhebbaren extrinsischen Gründen.

Nicht zuletzt in engem Anschluß an diese Leitvorstellungen der Antike ist die Frage nach der Verhältnisbestimmung von Glück und Moralität in jüngster Zeit wieder ins Zentrum der ethischen Diskussion gerückt.[7]

Wir stehen heute, ob wir es wollen oder nicht, in der Tradition der europäischen Aufklärung. Diese hat vieles dazugetan, ihre antiken (und mittelalterlichen) Quellen im Dunkeln zu belassen oder vergessen zu machen. Doch auch von den Klassikern der Aufklärung trennt uns bereits manche Einseitigkeit eines langen Traditions-, Rezeptions- und Kritikgeschehens.

Um gegenwärtige Ansätze, Argumentationsmuster und Kontroversen in der *allgemeinen*, aber zum Teil auch in der *angewandten* Ethik adäquat begreifen und beurteilen zu können, bedarf es nicht nur einer erinnernden Vergegenwärtigung der antiken (und mittelalterlichen) Tradition; es bedarf neben dieser auch einer genaueren Kenntnisnahme der Klassiker der Aufklärung. Ich konzentriere mich im folgenden auf die wirkmächtigsten Antipoden der

5 Diogenes Laertius, *Leben und Meinungen berühmter Philosophen*, X, 123 (Hamburg (Meiner) 3. Aufl. 1990).

6 Vgl. dazu M. Forschner, *Über das Glück des Menschen. Aristoteles, Epikur, Stoa, Thomas von Aquin, Kant*, Darmstadt (WBG) 2. Aufl. 1994.

7 Vgl. dazu etwa M.C. Nussbaum, *The Therapy of Desire. Theory and Practice in Hellenistic Ethics*, Princeton (Princeton Univ. Press) 1994; J. Annas, *The Morality of Happiness*, New York-Oxford (Oxford Univ. Press) 1993.

neuzeitlichen kontinentalen und angelsächsischen Moralphilosophie, nämlich Immanuel Kant und John Stuart Mill.

Jenseits aller Gegensätze verbindet beide Autoren (und die Traditionen, für die sie stehen) ein annähernd gemeinsames Verständnis von Moralität. Danach versteht man unter Moralität den Willen (unter Aufbietung aller Kräfte) zu Handlungen, die mit universal verbindlichen, weil rational begründbaren Normen übereinstimmen, die frei anerkannt und nicht (oder nicht zureichend) durch Anwendung von Zwang durchgesetzt werden sollen bzw. können.[8]

Moralität ist in diesem Verständnis eine Einstellung und Verhaltensdisposition von Personen, die auf die Verwirklichung einer normativen Ordnung vernünftigen Neben- und Miteinanderlebens von Menschen in der Welt zielt, einer Ordnung, in der erstens die Normadressaten einander als verantwortlich handelnde Personen anerkennen und verpflichten, und in der zweitens alle individuellen und gruppengebundenen Ansprüche, Interessen und Handlungsziele dem Kriterium unparteilicher Zustimmungsfähigkeit und Zumutbarkeit unterworfen sind.

Freiheit im Sinne autonomer Selbstbindung vernunftfähiger Subjekte in Nichteinmischung, Kooperation, Solidarität und Selbstopferung, Respektierung der Würde der Person, die in der Fähigkeit zur genannten Freiheit gründet, sowie das Prinzip der unparteilichen Behandlung eigener und fremder Ansprüche bzw. der Verallgemeinerungsfähigkeit der Handlungsmaximen –, dies sind die wesentlichen Begriffe und Grundsätze, mit denen die aufgeklärte Neuzeit und Moderne im weitgehenden Konsens die Idee der Moralität expliziert.[9]

Ernsthafter Streit ergibt sich auf dieser Ebene allein aus der Frage, ob man Moralität und ihren Wert begründungstheoretisch in einem Selbstverständnis und Selbstverhältnis reiner praktischer Vernunft verankert, wie Kant dies tut, oder aber funktional auf das Glück des einzelnen und das Gemeinwohl der Menschheit bezieht, wie Mill es versucht. Aber diese begründungstheoretische Kontroverse bleibt natürlich nicht völlig abstrakt; sie findet ihren Widerschein im konkreten Selbstverständnis des Menschen als eines auf Moralität bedachten und um sein Glück besorgten Wesens.

8 Vgl. K.H. Ilting, *Naturrecht und Sittlichkeit*, Stuttgart (Klett-Cotta) 1983, S. 115.

9 Vgl. dazu ausführlicher M. Forschner, *Mensch und Gesellschaft. Grundbegriffe der Sozialphilosophie*, Darmstadt (WBG) 1989, Kap. 1.3.

3. Kants Kritik der Funktionalisierung der Vernunft im Dienste des Glücksstrebens

Für Kant ist klar, warum der Mensch moralisch sein und sich um Moralität in seinem Leben bemühen sollte: Uneingeschränkt gut ist nur der gute Wille. Das freie und vernünftige Subjekt glänzt wie ein Juwel in der ansonsten gleichgültigen Weite einer unermeßlichen Welt. Nur als moralisches Wesen wird der Mensch der unvergleichlichen Würde seines Personseins gerecht, nur als moralisches Wesen erfüllt er den unbedingten Anspruch praktischer Vernunft, die Bestimmung seiner Natur als vernunftfähiges, freies, personales Subjekt. Nur als moralitätsfähiges und dieser Fähigkeit gerecht werdendes Wesen kann er sich selbst achten, in seinem einzigartigen Wert von allen Naturdingen und Naturprozessen unterscheiden, und Natur selbst als zweckmäßiges Gebilde zu verstehen versuchen. Gewiß, der Mensch ist unvermeidlich auch Natur und Sinnlichkeit mit ihren Bedürfnissen und Neigungen und strategischer Verstand auf der Suche nach der Vermeidung von Schmerzen, der Befriedigung von Bedürfnissen, dem Erlangen von Genüssen. Aber Vernunft und Freiheit sind nicht nur, ja nicht primär dazu da, das Glück der Menschen im Sinne der Befriedigung ihrer Neigungen zu besorgen und zu optimieren. Ihre primäre Funktion besteht vielmehr darin, im Miteinander, Nebeneinander und Gegeneinander der Menschen auf ihrer endlosen gemeinsamen, konkurrierenden und widerstreitenden Suche nach Glück Recht und Gerechtigkeit zu wahren, zum Ausdruck zu bringen, durchzusetzen.

Bestünde das Ziel menschlicher Vernunft primär darin, das Glück des Menschen zu besorgen, erwiese Vernunft sich als Vermögen von höchst zweifelhaftem Wert. Denn, so Kant, Vernunft als Leitungsinstanz menschlichen Verhaltens ist weder im natürlichen noch im kultivierten Zustand ein zum „Entwurf der Glückseligkeit und der Mittel, dazu zu gelangen" besonders geeignetes, gar tierischem Instinkt überlegenes „Werkzeug".[10] Ja, Vernunft wird für dieses Ziel um so unzweckmäßiger, je mehr man sie dahingehend ausbildet und einsetzt. Die Glücksvorstellung des Menschen bezieht sich, wo sie die naturalen Vorgaben des physisch Notwendigen hinsichtlich Nahrung und Schutz vor Witterungsverhältnissen überschreitet, auf ein schillerndes und schwankendes Ideal der Einbildungskraft, das ihn nie zur Ruhe kommen läßt, das ihn über den Genuß des Vorhandenen und den Gebrauch des Zuhandenen hinaustreibt, das ihn auf eine Totalität der Befriedigung aller Neigungen fixiert, die die partikulären und endlichen Dinge unserer Lebens- und Erfahrungswelt schon ihrer Struktur nach nicht bieten können. Wer Vernunft mit dem ihr eigenen Ausgriff auf Totalität zur Diene-

[10] Vgl. *Grundlegung zur Metaphysik der Sitten*, Akad.- Ausg. IV, 359.

rin seiner Neigungen und Leidenschaften macht, der wird von seinem Status und Leben als Mensch in dieser Welt unweigerlich enttäuscht werden. Und seine Selbstliebe, die sich auf sein endliches Leben, seine Bedürfnisse und ihre Befriedigung versteift, wird, letztendlich in einen Selbsthaß der Vernunft umschlagen,[11] einer Vernunft, die ihn mit Erinnerungen und Zukunftssorgen belastet, die seine Ängste und Wünsche potenziert und der Möglichkeit eines reflexionslos-animalischen Genusses des Lebens in seiner jeweiligen Gegenwart beraubt.

Nach Kant sieht die Vernunft des Menschen ihre Bestimmung falsch, wenn sie sich funktional versteht und dominant oder gar ausschließlich auf das Glück des Menschen in dieser Welt konzentriert, sei es das eigene, sei es das eines Volkes oder auch das der Menschheit. Vernunft hat ihren Zweck in sich selbst; die Aktualisierung rechter Vernunft in freier Personalität ist dasjenige, was in der Welt allein uneingeschränkt gut genannt zu werden verdient.

4. Die utilitaristische Funktionalisierung der Moralität im Rahmen einer hedonistischen Glückstheorie

Ganz anders John Stuart Mill (1806-1873), der das Moralitätsverständnis der Gebildeten der angelsächsischen Welt im 19. und 20. Jahrhundert ähnlich stark geprägt hat, wie Kant es im deutschsprachigen Bereich seit der Aufklärung tat und nach wie vor tut.

Mill ist nach Jeremy Bentham (1748-1832) der zweite Klassiker des *Utilitarismus*, d.h. jener ethischen Theorie, die glaubt, daß die verschiedenen moralischen Grundsätze auf das Prinzip des größten Nutzens als gemeinsamen Grund aller moralischen Verpflichtung zurückgeführt werden können.[12] Mill nennt seine Theorie auch Glückstheorie,[13] weil ihm der Begriff des Nutzens (*utility*) durch den Begriff des Glücks (*happiness*) ersetzbar und interpretierbar erscheint. Nach dieser Theorie liegt das Kriterium für recht und unrecht,

[11] Vgl. dazu ausführlicher M. Forschner, „Guter Wille und Haß der Vernunft", in: *Grundlegung zur Metaphysik der Sitten. Ein kooperativer Kommentar* (Hrsg. O. Höffe), Frankfurt/M. (Klostermann) 2. Aufl. 1993, S. 66-82.

[12] Vgl. „Utilitarianism", in: *Collected Works of John Stuart Mill, Vol. X: Essays on Ethics, Religion and Society*, ed. J. M. Robson, London (Routledge) 1969, S. 203-259. Die Formeln „the principle of utility, the greatest happiness principle, as the fundamental principle of morality, and the source of moral obligation" finden sich ebd., Kap. I, S. 207.

[13] „the Utilitarian or Happiness theory", ebd., S. 207.

für die moralische Qualität einer Handlung bzw. einer Handlungsart oder Praxis in ihrer Bedeutung für das Glück und Leid der von der Handlung oder Praxis Betroffenen.

Mill möchte mit seiner Schrift *Utilitarianism* (von 1861) einen Beitrag zum besseren Verständnis des Utilitarismus leisten und einen Beweis dieser Theorie erbringen, insoweit sie, als Lehre auch von den letzten Zwecken, überhaupt einen Beweis zuläßt. Das größte Mißverständnis zieht der Utilitarismus durch seinen Namen auf sich. Das *utile* bezeichnet in der vor allem über Cicero[14] geprägten philosophischen Sprachpraxis etwas, was gut ist als Mittel für etwas anderes, nicht aber etwas, was selbstwerthaft gut ist, was wir um seiner selbst willen wünschen und erstreben. Für letzteres traten als bevorzugte Kandidaten das Lustvolle, Freudvolle, Angenehme (das *iucundum*) und das sittlich Schöne, Bewundernswerte, Ehrenvolle (das *honestum*) auf.

Nun will sich der neuzeitliche Utilitarismus, wie er sich bei seinem Begründer Bentham verstand, gerade als *hedonistische Glückstheorie* präsentieren, mit einer deutlichen Spitze gegen die finstere puritanische Ächtung der Lust zugunsten des für das ewige Heil Dienlichen und Gebotenen. Mill stellt deshalb gleich eingangs klar: „Wer in dieser Sache nur einigermaßen bewandert ist, wird wissen, daß alle Autoren von Epikur bis Bentham, die die Nützlichkeitstheorie vertreten haben, unter Nützlichkeit nicht etwas der Lust Entgegengesetztes, sondern die Lust selbst und das Freisein von Schmerz verstanden haben, und daß sie, statt das Nützliche dem Angenehmen oder Gefälligen entgegenzusetzen, stets erklärt haben, daß sie unter dem Nützlichen unter anderem auch das Angenehme und Gefällige verstanden".[15]

Der Utilitarismus hat seinen Namen demnach nicht von seiner Theorie des Wertvollen und des höchsten Guts, sondern von seiner Funktionalisierung der Moralität, von seiner objektiven Herabstufung des *honestum* auf den Rang des *utile.* Und seine Kernthese bezüglich der Relation dieses Nützlichen zum zielhaft Guten lautet: Ohne das Vorhandensein und den Einsatz nobler Charaktere kein Glück auf Erden; aber worauf es zielhaft ankommt, ist das Glück der Menschen und möglichst große Leidfreiheit allen Lebens.

Die utilitaristische Theorie der Moralität ruht wie jede andere auf einer sogenannten *Theory of life*, d. h. auf einem Selbst- und Weltverständnis, das besagt, was dem menschlichen Leben Sinn verleiht, was es so qualifiziert, daß es wert ist, gelebt zu werden. Und sie setzt das Endziel, d. h. das, was wir um

[14] Durch seine Schrift *De finibus bonorum et malorum.*

[15] Die von mir verwendete deutsche Ausgabe: John Stuart Mill, *Der Utilitarismus*, Übersetzung, Anmerkungen und Nachwort von D. Birnbacher, Stuttgart (Reclam) 1985, ist weitgehend, wenn auch nicht in allem verläßlich; die Übersetzungen sind im folgenden teilweise von mir reformuliert. Das obige Zitat ebd., S. 11.

seiner selbst willen, nur um seiner selbst willen und alles andere um seinetwillen erstreben, in die Lust und das Freisein von Unlust.

In der antiken und mittelalterlichen Ethiktradition wird der *terminus ad quem* menschlichen Strebens, in dem es seine Erfüllung zu finden sucht, bekanntlich mit dem Namen „Glück“ bzw. „Glückseligkeit“ (εὐδαιμονία, *beatitudo*, *felicitas*) bezeichnet. Mill weiß um diese Tradition und zieht wie sein Lehrer Bentham die für manche provozierende Konsequenz einer Identifikation von Glück und Lust: „Unter 'Glück' (*happiness*) ist dabei Lust (*pleasure*), und das Freisein von Schmerz (*pain*), unter 'Unglück' (*unhappiness*) Unlust und das Fehlen von Lust verstanden“; er ist der Auffassung, „daß Lust und das Freisein von Unlust die einzigen Dinge sind, die als Endzwecke wünschenswert sind, und daß alle anderen wünschenswerten Dinge ... entweder der Lust wegen wünschenswert sind, die ihnen selbst inhäriert, oder weil sie Mittel sind zur Beförderung von Lust und zur Vermeidung von Unlust“.[16]

Der Interpretation des höchsten Guts in Begriffen der Lust korrespondiert in objektiver Perspektive ein rein funktionales bzw. poietisches Verständnis von Moralität: „Die Auffassung, für die die Nützlichkeit oder das Prinzip des größten Glücks die Grundlage der Moral ist, besagt, daß Handlungen insoweit und in dem Maß moralisch richtig sind, als sie die Tendenz haben, Glück zu befördern, und insoweit moralisch falsch, als sie die Tendenz haben, das Gegenteil von Glück zu bewirken“,[17] wobei mit diesem Maßstab freilich nicht das größte Glück des Handelnden selbst, sondern das größte Glück insgesamt gemeint ist.[18]

Die hedonistische Theorie des zielhaft Wertvollen und das funktionalistische Verständnis der Moral bindet den Utilitarismus eindeutig an die epikureische Tradition und setzt ihn wie diese ernsthaften Einwänden und wohlfeilen Mißverständnissen aus. Dies ist nicht weiter verwunderlich und würde ersichtlich keinen Grund bieten, sich statt mit Epikur mit J.St. Mill zu beschäftigen. Was Mill für uns interessant macht, ist dies, daß sein Versuch einer Klärung und Verdeutlichung der epikureisch-utilitaristischen Position mit stillschweigenden Ergänzungen, Modifikationen und Korrekturen dieser Philosophie verbunden ist, die sie anderen Positionen annähern, und die in eine im Ganzen nicht unplausible Theorie der Moralität und des menschlichen Glücks münden. Dabei beziehen sich Mills Korrekturen sowohl auf den Begriff der Lust als auch auf die funktionale Bestimmung der Moral.

16 „... that pleasure, and freedom from pain, are the only things desirable as ends; and that all desirable things ... are desirable either for the pleasure inherent in themselves, or as means to the promotion of pleasure and the prevention of pain“, a.a.O., engl.: S. 210; dt.: S. 13.

17 A.a.O., dt.: S. 13.

18 Vgl. a.a.O., dt.: S. 20.

5. Kritik des Hedonismus: zur Objektorientierung menschlichen Strebens

Von einem Gut oder Wert zu sprechen macht letztlich nur Sinn in Bezug zu lebenden Wesen, für die etwas eine Bewandtnis hat, die etwas wollen, wünschen, erstreben und dieses „Etwas“ mögen, schätzen und als wertvoll erleben oder beurteilen. Güter und Werte sind in irgendeiner Form Strebensziele und Objekte positiven Erlebens. Eine triviale Wahrheit scheint auch zu sein, daß alle Erfüllung eines Wunsches, die Befriedigung eines Strebens, das Erleben eines Gutes mit einer Form von Lust, Freude, Vergnügen auf seiten des strebenden und erlebenden Subjektes verbunden ist. Aber damit ist nicht gesagt, daß alles Streben lebender Wesen auf Lust zielt. Dies wäre, was man den hedonistischen Fehlschluß genannt hat. Auch nichthedonistische Ethiken wie die des Aristoteles oder des Thomas von Aquino betonen die gewichtige Rolle der Lust im Begriff des Glücks; Thomas etwa spricht gar vom Endziel des Menschen als *fruitio dei.*[19]

Aber sie betonen auch und vor allem die Möglichkeit und Wirklichkeit der „Außen“-Gerichtetheit, der Objektzentrierung des Strebens, das sich auf Gegenstände, Sachverhalte, Aktivitäten richtet, sich in sie „verliert“, und sich in diesem Sichverlieren erfüllt, ohne die positive Qualität, das Angenehme, Lust- oder Freudvolle des eigenen Erlebens von etwas im Auge zu haben. Und in der Tat gilt: Menschliches, und nach allem, was wir beobachten können, nicht nur menschliches Streben hat in der Regel eine das Subjekt des Strebens und seine Befindlichkeit transzendierende intentionale Struktur; der Konzentration auf die eigene Erlebnislust haftet das Merkmal des Künstlichen, Nachträglichen, des Unnormalen, ja mitunter des nachgerade Verkehrten an, zumal diese Konzentration des Gesuchten offensichtlich nur in der Form flüchtigen episodischen Erlebens habhaft werden kann, dem der direkte Zugriff den erhofften Glanz zu rauben pflegt. Lust, Vergnügen, Freude sind offensichtlich Zusatz- bzw. Begleitphänomene, die sich gerade dann am besten entfalten, wenn man sie nicht direkt intendiert, sondern wenn man sich mit Dingen beschäftigt, die man ihrer selbst wegen schätzt, die einen faszinieren, „gefangennehmen“ und das Selbst vergessen lassen. Tatsächlich schiebt sich dieses Selbst und sein Befinden natürlicherweise nur im Schmerz und Bedürfnisdruck und unter Bedingungen der Bedrückung und Behinderung in den Vordergrund, während wir den unbehinderten Vollzug objektzentrierter selbstwerthafter Aktivität auch unter Bedingungen des Ernstes, der Anstrengung und Mühe als erfüllend und freudvoll erleben.

Aristoteles scheint phänomenologisch durchaus im Recht zu sein, wenn er Lust im Vollsinn des Wortes als einen vollendenden Zusatz unbehinderten

[19] Vgl. *Summa theologica*, I-II, qu.11, a. 3 u. 4.

artspezifischen Tuns bestimmt, ja geradezu mit unbehinderter selbstwerthafter Aktivität gleichzusetzen geneigt ist.[20] Und er scheint mir auch darin im Recht zu sein, das Glück des Menschen in den unbehinderten Vollzug zielgerichteter Tätigkeiten zu setzen, in denen die naturgegebene Eigenart des Menschen als Vernunftwesen eine prägende oder leitende Rolle spielt. Nach allem, was wir aus Erfahrung wissen, wirkt auch und gerade unter Gesichtspunkten des Vergnügens und der Freude nur das Leben von Menschen überzeugend, die sich betrachtend, gestaltend, handelnd auf geistgeprägte und in dieser Geistgeprägtheit auf primär objektzentrierte Weise zur Welt in Beziehung setzen.

Die Crux des Hedonismus ist darin zu sehen, daß das, was er als Ziel des menschlichen Lebens ansetzt – Lust und Freisein von Schmerz –, in der Regel nach einem Modell verstanden wird, das den Phänomenen, die mit dem Ausdruck „Lust" bezeichnet werden können, in höchst unzureichendem Maße gerecht wird. Was ich meine, ist das *Kausalmodell*, das Lust als Qualität der Selbstempfindung und Selbstwahrnehmung eines Lebewesens im Sinne einer *Wirkung* versteht, der bestimmte *Ursachen* als diese Wirkung nach einer Regel hervorbringende Faktoren zugeordnet werden können. Diesem Modell ist wesentlich, daß Ursache und Wirkung *per definitionem* voneinander trennbare und isolierbare Phänomene sind. Wir haben das ganz und gar subjektive innerlich-private Wirkungsphänomen der Lust/Unlustqualität der Empfindung, des Gefühls, des Erlebens von etwas einerseits; und wir haben die verschiedensten, nicht in ihrer Eigenart und objektiven Seinsweise, sondern nur in ihrer kausalen Rolle der Lusterzeugung und Unlustbehebung bedeutsamen Ursachefaktoren andererseits. Die Ursachen sind der Wirkung äußerlich; sie sind somit, wenn sie denn die gleiche oder ähnliche Wirkung erzielen, gegenseitig ersetzbar. Wem es z.B. ganz auf die Qualität einer bestimmten Empfindung im Zungen-, Gaumen- und Nasenbereich ankommt, die er sowohl durch einen edlen Wein als auch durch ein synthetisches Getränk erzielen kann, oder wer das Gefühl wohlig-schauriger Gestimmtheit liebt, die sich ihm beim Durchklettern einer wilden Gebirgslandschaft oder nach dem Konsum von Drogen einstellt, der mag die Wahl der Ursachen bzw. Mittel seiner Lust nach dem Gesichtspunkt von Kostenaufwand und Nebenwirkungen treffen; für die Substanz des angezielten Vergnügens selbst macht es keinen Unterschied.

Man sieht, daß dieses *kausale* Modell der Struktur und Art nur sehr weniger Vergnügen, und wohl auch den Hauptvergnügen nur weniger Menschen

20 Vgl. v. a. *Nikomachische Ethik*, X, 1174 a 11 – 1176 a 29; zur Theorie der Lust bei Aristoteles vgl. F. Ricken, *Der Lustbegriff in der Nikomachischen Ethik des Aristoteles*, Göttingen (Vandenhoeck & Ruprecht) 1976; J.C.B. Gosling, C.C.W. Taylor, *The Greeks on Pleasure*, Oxford (Clarendon) 1982, S. 193-344.

gerecht wird. Es ist offensichtlich an der möglichen leiblich-sinnlichen Lust eines vom intentionalen Lebens- und Erlebniszusammenhang isolierten Tast-, Geschmacks- oder Geruchssinns ausgerichtet. Im allgemeinen trifft und erklärt ein *intentionales* Modell, das zwischen *Ursache* und *Gegenstand* eines Vergnügens unterscheidet und *das Objekt des Vergnügens als für dieses selbst konstitutiv erachtet*, ungleich besser, was jedenfalls wir Menschen als Lust erfahren und mit Vergnügen tun und erleben.

Unser Tun ist im allgemeinen zielorientiert; unser Streben ist auf Objekte bzw. Sachverhalte gerichtet, die es im Herstellen und Handeln zu realisieren, die es im Forschen zu erkennen trachtet. Unser Empfinden und Fühlen, d.h. unser lust/unlustgefärbtes Erleben des Lebens erhält über die Gegenstände unseres Strebens und Tuns seine Bestimmtheit und meist auch Wesentliches seiner Erlebnisqualität. Unsere Lust, unser Vergnügen ist in der Regel ein *Vergnügen an etwas*, eine *Freude über etwas*; das Ausgerichtetsein auf ein Objekt gehört im allgemeinen zu ihrer internen Struktur.

6. Mills hedonistische Lösung: qualitative Differenzierung der Lust anhand einer Stufung von Fähigkeiten

Mill spricht in schillernder, gegenüber dem Unterschied einer kausalen oder intentionalen Interpretation neutraler Weise von verschiedenartigen *Quellen der Lust* (*sources of pleasure*).[21] Aber daß er sich des Unterschieds zumindest implizit bewußt war, zeigt sich daran, daß er die Fixierung des älteren Utilitarismus auf die Lust „bloßer sinnlicher Empfindung"[22] und den Rahmen einer unterscheidenden Bewertung nach rein quantitativen Gesichtspunkten (der Dauer, der Verläßlichkeit, der Unaufwendigkeit etc.) durchbricht. Er will *Arten der Lust* gemäß ihrer *inneren Beschaffenheit* unterschieden wissen.[23]

[21] A.a.O., dt.: S. 14; engl.: S. 210: „... for if the sources of pleasure were precisely the same to human beings and to swine ..."

[22] A.a.O., dt.: S. 15; engl.: S. 211: „... (pleasures) of mere sensation".

[23] Ebd.: „But there is no known Epicurean theory of life which does not assign to the pleasures of the intellect, of the feelings and imagination, and of the moral sentiments, a much higher value as pleasures than to those of mere sensation. It must be admitted, however, that utilitarian writers in general have placed the superiority of mental over bodily plesures chiefly in the greater permanency, safety, uncostliness, &c., of the former – that is, in their circumstantial advantages rather than in their intrinsic nature ... It is quite compatible with the principle of utility to recognise the fact, that some kinds of pleasure are more desirable and more valuable than others."

Obiectum specificat actum – der Gegenstand, das, was man tut und erlebt, spezifiziert den Akt, so lautet ein bekannter scholastischer Grundsatz; und über unterschiedliche Aktarten wissen wir von unterschiedlichen Vermögen. Mill gliedert, ohne in seiner Argumentation diese ontologisch und epistemologisch vermittelnden Grundsätze explizit zu bemühen, die Arten des Vergnügens nach den unterschiedlichen Fähigkeiten, die in seiner Aktualisierung im Spiel sind. Danach sind Freuden des erkennenden Verstandes etwas anderes als Freuden sozialer Gefühle oder künstlerischer Einbildungskraft oder moralischen Bewußtseins, und differieren so geartete Freuden des Geistes von jenen der bloßen Sinnlichkeit. Was aber sind Freuden etwa des Verstandes anderes als Freuden objektorientierter intellektueller Tätigkeit, die dann sich erfüllen, wenn der Verstand in seinem Tun unbehindert, d.h. ohne bedrückende Frustration Erkenntnisse realisiert?

Mill spricht ganz in der Tradition antiker Stufung des Seelischen von höheren und niederen Fähigkeiten, entsprechend von Freuden des Geistes (*mental pleasures*) und Freuden des Leibes (*bodily pleasures*). Die Stufung der Fähigkeiten, die aus dem Erfahrungsbereich der Biologie ihre Selbstverständlichkeit bezieht, ist zunächst rein deskriptiv gemeint. Tatsächlich überbietet ja menschlicher Geist in einem empirisch angebbaren Sinn alles an Fähigkeiten, was wir im Rahmen des Lebendigen kennen. Eine wertende Stufung kommt ins Spiel durch den Gedanken einer fundamentalen schrittweisen Selbstaffirmation der sich entwickelnden und ihrer selbst schrittweise innewerdenden menschlichen Natur, die über die Bejahung ihrer gestuften Fähigkeiten auch eine graduierende Bewertung der Ziele vollzieht, in denen die Aktualisierung dieser Fähigkeiten sich erfüllt.

Mill übernimmt diesen vor allem von der stoischen Oikeiosislehre ausformulierten Gedanken, ohne freilich die Konsequenz einer Verabschiedung seines grundsätzlichen Hedonismus zu ziehen. „Die Menschen haben höhere Fähigkeiten als die tierischen Strebevermögen, und wenn sie mit diesen einmal vertraut gemacht sind, betrachten sie nichts als Glück, was nicht deren Erfüllung einschließt“.[24] Diesen Satz könnte ohne Zweifel ein Stoiker geschrieben haben. Und stoischer ebenso wie aristotelischer[25] Tradition ist auch

[24] „Human beings have faculties more elevated than the animal appetites, and when once made conscious of them, do not regard anything as happiness which does not include their gratification“, a.a.O., Kap. II, S. 210 f.

[25] Vgl. Aristoteles, Nikomachische Ethik, X, 1174 a 1 ff.: „Und weiterhin: niemand würde zu leben wünschen, wenn er mit seinem Verstand zeitlebens auf der Stufe eines Kindes verharren müßte, selbst wenn er dabei kindliche Freuden in höchstem Maße genießen könnte; noch würde er sich Vergnügen wünschen um den Preis einer höchst verabscheuungswürdigen Tat, selbst wenn er niemals darüber Unlust zu empfinden bräuchte. – Und schließlich bedeuten uns doch viele Dinge ein ernstes Anliegen, auch wenn sie uns gar keine Lust brächten, z.B. Sehen, Erinnern, Erkenntnis, der Besitz ethischer Vorzüge. Wenn aber mit diesen Werten

das Argument verpflichtet, daß „von zwei Freuden diejenige die wertvollere/wünschenswertere ist, die von allen oder nahezu allen, die Erfahrung in beiden haben, ... entschieden bevorzugt wird".[26]

Die Rede von einer „entschiedenen Präferenz" bedarf der Erläuterung. Mill arbeitet hier mit der Unterscheidung von Qualität und Quantität und will diejenige Freude als qualitativ höherstehend relativ zu einer anderen gewertet wissen, auf die man als in beiden Erfahrener auch um den Preis eines größeren Betrags an Mangel und Unzufriedenheit hinsichtlich der anderen nicht verzichten möchte. Mill glaubt, auf die unbestreitbare Tatsache verweisen zu können, daß so gut wie alle erfahrenen Menschen in diesem Sinn die Freuden, in denen auf dominante Weise Geist im Spiel ist, gegenüber den Freuden der bloßen Sinnlichkeit entschieden bevorzugen.

Diese Tatsache mag jeder für sich über das Experiment einer kontrafaktischen, bloß in Gedanken zu vollziehenden Wahl der Daseinsstufe (*grade of existence*) überprüfen. „Nur wenige Menschen würden darin einwilligen, sich in eines der niederen Tiere verwandeln zu lassen, auch wenn man ihnen verspräche, daß sie die Befriedigungen des Tiers im vollen Umfang auskosten dürften. Kein intelligenter Mensch möchte ein Tor, kein gebildeter ein ungebildeter, kein Mensch mit Sensibilität und Gewissen möchte selbstsüchtig und grobschlächtig sein – auch wenn sie überzeugt wären, daß der Dumme, der Ungebildete oder der Schurke mit seinem Los zufriedener ist als sie mit dem ihren. Das, was sie vor ihm voraushaben, würden sie auch für die vollständigste Erfüllung all der Wünsche nicht aufgeben, die sie mit ihm gemeinsam haben. Sollte ihnen dies doch einmal in den Sinn kommen, dann nur in Fällen extremen Unglücks, in denen sie bereit sind, so gut wie jedes andere Los in Kauf zu nehmen, wie wenig sie sich auch von ihm versprechen, nur um dem ihren zu entgehen. Ein Wesen mit höheren Fähigkeiten erfordert mehr zu seinem Glück, ist wohl auch stärkerer Leiden fähig, und ihm sicher an mehr Punkten ausgesetzt als ein niedrigeres; aber trotz dieser Gefährdungen kann es niemals ernsthaft wünschen, in eine seinem Empfinden nach niedrigere Daseinsstufe abzusinken".[27]

notwendig Lustempfindungen verbunden sind, so macht das keinen Unterschied, denn wir würden sie für uns erwählen, auch wenn uns von ihnen keine Lust käme" (Übers. F. Dirlmeier). Gerade der letzte Satz dieses Zitats zeigt aber auch die Differenz zwischen Aristoteles und Mill.

26 A.a.O., dt.: S. 15 f.; „Of two pleasures, if there be one to which all or almost all who have experience of both give a decided preference, irrespective of any feeling of moral obligation to prefer it, that is the more desirable pleasure." A.a.O., S. 211.

27 A.a.O., dt.: S. 16 f.; engl.: S. 211 f.

7. Das Gefühl der Würde und das Bewußtsein menschlicher Unvollkommenheit

Das gewichtigste und entscheidende Motiv nun, das den Menschen seine höhere Daseinsstufe bevorzugen läßt, sieht Mill in einem stolzen und beglükkenden *Gefühl der Würde* (*sense of dignity*), „das allen Menschen in der einen oder anderen Weise und im ungefähren Verhältnis zu ihren höheren Anlagen eigen ist und das für die, bei denen es besonders stark ausgeprägt ist, einen so entscheidenden Teil ihres Glücks ausmacht, daß sie nichts, was mit ihm unvereinbar ist, länger als nur einen Augenblick lang zu begehren imstande sind".[28] Mill beruft sich in diesem Kontext explizit auf die Stoa;[29] er weiß um die Bedeutung, die dem Begriff der *dignitas* in Ciceros Texten eignet. Danach meint Würde etwas unvergleichlich Wertvolles in der Welt, das im Personsein des Menschen, in seiner Fähigkeit zu theoretischer und praktischer Vernunft, in der Möglichkeit zu freier Gestaltung seines Lebens gründet. Das Gute, das sich dem Menschen durch die Möglichkeiten seines Personseins eröffnet, ist von anderer Art als das Gute, das er mit den Tieren über die Befriedigung seiner sinnlichen Wünsche zu genießen vermag. Und menschliches Glück besteht, wenn es denn überhaupt realisierbar ist, wesentlich in der Aktualisierung von derart Gutem.

Mill teilt mit einem breiten Strom der vorchristlichen und christlichen Tradition die Auffassung, daß zwischen den Totalitätsvorstellungen und Vollkommenheitsausgriffen menschlicher Vernunft und der Verfassung unserer Lebenswelt ein unüberbrückbarer Hiatus besteht. Menschliches Glück ist deshalb unaufhebbar ein Glück im Bewußtsein seiner Unvollkommenheit, geht also unweigerlich mit Formen und Graden der Unzufriedenheit mit sich und der Welt einher. „Es ist unbestreitbar, daß ein Wesen, dessen Fähigkeiten zu Genuß und Freude niedrig sind, die größte Chance hat, sie voll befriedigt zu bekommen; während ein hochbegabtes Wesen immer das Gefühl haben wird, daß alles Glück, das es erwarten kann, so wie die Welt verfaßt ist, unvollkommen ist. Aber es kann lernen, seine Unvollkommenheiten zu ertragen, wenn sie denn überhaupt erträglich sind; und sie werden es nicht das Wesen beneiden machen, das nun in der Tat um die Unvollkommenheiten

[28] A.a.O., dt.: S. 17; engl.: S. 21: „... but its most appropriate appellation is a sense of dignity, which all human beings possess in one form or other, and in some, though by no means in exact, proportion to their higher faculties, and which is so essential a part of the happiness of those in whom it is strong, that nothing which conflicts with it could be, otherwise than momentarily, an object of desire to them."

[29] A.a.O., engl.: S. 212: „we may refer it (sc. den Unwillen, in eine niedere Daseinsstufe herabzusinken) to the love of liberty and personal independence, an appeal to which was with the Stoics one of the most effective means for the inculcation of it."

nicht weiß, einfach deshalb, weil es keinen Sinn hat für all das Gute, das erst diese Unvollkommenheiten als solche qualifiziert (und in den Blick treten läßt). Es ist besser ein unzufriedener Mensch zu sein als ein zufriedenes Schwein; besser ein unzufriedener Sokrates als ein zufriedener Dummkopf. Und wenn der Tor oder das Schwein anderer Meinung sind, dann deshalb, weil sie nur ihre Seite der Angelegenheit kennen. Die andere Partei kennt beide Seiten".[30]

8. Ein kantianischer Einwand

Der gravierendste Einwand gegen diese Gedanken, die auf ein wenn auch unvollkommenes Glück der Aktualisierung spezifisch menschlicher Fähigkeiten setzen, mag mit einer kurzen Skizze der Kantischen Position angedeutet sein. Der totalisierende Ausgriff der Vernunft auf alle Vollkommenheiten des Seins läßt nach Kant das in dieser Welt Gegebene und Mögliche als defizient und enttäuschend erscheinen. Es zeugt nicht von Vernunft, sich auf Dauer mit notwendigerweise Enttäuschendem zu beschäftigen. Die Aufgabe menschlicher Vernunft, wenn sie denn nicht mit sich selbst sich zerwerfen soll, kann demnach jedenfalls nicht primär und direkt in der Besorgung des Glücks, sie muß vielmehr im Wißbaren und Lösbaren liegen; und das kann nur heißen: in moralischer Selbst- und rechtlicher Weltgestaltung. Natürlich gehört zu moralischer Selbst- und rechtlicher Weltgestaltung auch ein Einsatz für sich und andere, eine Beschaffungs- und Ordnungsleistung gegenüber den teils immer gleichen, teils schwankenden und mitunter recht kontroversen Ansprüchen eigenen Glücksverlangens und fremder Bedürfnisse. Aber diese Ordnungsleistung sichert kein Glück, sichert auch keine Kongruenz von Moralität und Glück, und verlangt vom Einzelnen unparteiliches Verhalten notfalls unter Bedingungen des Abbruchs aller eigenen Ansprüche auf ein wenn auch defizientes Glück in dieser Welt.

[30] A.a.O., engl.: S. 213: „It is indisputable that the being whose capacities of enjoyment are low, has the greatest chance of having them fully satisfied; and a highly endowed being will always feel that any happiness which he can look for, as the world is constituted, is imperfect. But he can learn to bear its imperfections, if they are at all bearable; and they will not make him envy the being who is indeed unconscious of the imperfections, but only because he feels not at all the good which those imperfections qualify. It is better to be a human being dissatisfied than a pig satisfied; better to be Socrates dissatisfied than a fool satisfied. And if the fool, or the pig, are of a different opinion, it is because they only know their own side of the question. The other party to the comparison knows both sides."

Kant ist der durchaus plausiblen Meinung, daß ein derart verabsolutiertes moralisches Selbstverständnis sich nur durchhalten läßt im Rahmen eines (theoretischen) *Vernunftglaubens,* der eine Jenseitsperspektive eröffnet, die die Hoffnung auf Vollkommenheit und einen gerechten Ausgleich von Moralität und Glückseligkeit trägt. Mill wagt auf diesen das moralische Selbstverständnis stabilisierenden Vernunftglauben nicht mehr zu setzen. Und eine moderne philosophische Ethik muß sich, denke ich, dem Faktum stellen, daß einem erheblichen Teil der Menschen heute die Kraft der Hoffnung eines religiösen oder auch eines rein rationalen Glaubens an eine andere Welt und ein anderes Leben fehlt.

9. Mills Antwort: Selbstkorrektur der Vernunft, Überwindung der Egozentrik und Entwicklung geistiger Interessen

Die Antwort Mills auf die Herausforderung des Kantianismus einerseits und der neuen (wenn man so sagen will) post-metaphysischen Problemlage andererseits ist vielschichtig.

Sie besteht zunächst im Programm einer *Selbstkorrektur der Vernunft.* Es gilt, ihre (nicht zuletzt religiös und theologisch genährten) Totalitätsvorstellungen und Vollkommenheitsaspirationen[31] auf das Maß des faktisch Möglichen herabzuschneiden und eine Grundhaltung menschlichen Verlangens einzuüben, „nicht *mehr* vom Leben zu erwarten, als es geben kann“.[32] Nur so ist das Glück des ‘Begabten’ mit seinem unausweichlichen Teil an Unzufriedenheit zu versöhnen. Der Aufbau dieser Grundhaltung orientiert sich am erfahrungsgesättigten und analytisch hinreichend geklärten Begriff eines unter Bedingungen des Menschseins erreichbaren Glücks überzeugender Lebensläufe.

Dieses Glück kann nicht in einer Permanenz höchster lustvoller Erregtheit zu suchen und zu finden sein, sondern muß ein ausgewogenes Verhältnis von Ruhe und Erregung aufweisen, bestehend aus gelegentlichen Erlebnissen

[31] Der Trieb der menschlichen Vernunft zur Ewigkeit und unüberbietbaren Fülle des Seins und Erkennens ist vor allem dem Boden des (Neu-)Platonismus erwachsen (vgl. Plotin, *Enneaden.* IV, 84: ὄρεξις νοηρά) und von Augustinus in Verbindung mit dem skeptischen Gedanken genährt worden, daß er aus menschlicher Kraft sein Ziel nicht erreichen kann. Vgl. dazu T. Borsche, *Was etwas ist,* München (Fink) 2. Aufl. 1992, 112 ff.

[32] A.a.O., dt.: S. 23; engl.: S. 215: „... and having as the foundation of the whole, not to expect more from life than it is capable of bestowing“.

überschwänglicher Verzückung inmitten eines ruhigen Flusses vieler und vielfältiger Freuden.[33] Mill verbindet hier offensichtlich, seiner Art gedanklichen Ausgleichs entsprechend, Motive der aristotelischen Vorstellung des Maßes der Affekte (μετριοπάθεια), der stoischen Vorstellung des ruhigen Flusses des Lebens (εὔροια βίου) und der (zeitgenössischen) Vorstellung (des jungen Goethe) von Sturm und Drang.

Um dieses Glück zu erreichen, genügt der Rahmen eines „leidlich günstigen äußeren Schicksals".[34] Was man selbst zu leisten hat, sind zwei miteinander verwobene Dinge: die *Überwindung der Egozentrik* und die *Entwicklung geistiger Interessen.* In diesem Gedanken dürfte die wichtigste und bleibende Einsicht von Mills Theorie liegen.

Ein Mensch, „der Gefühl und Interesse nur für das übrig hat, was sich um seine eigene erbärmliche Person dreht",[35] kann nicht glücklich werden. Die geschäftige Freudlosigkeit und betriebsame Leere vieler Menschen haben ihre „Ursache gewöhnlich darin, daß sie nur an sich selbst denken. Wem jede Gefühlsbindung – sei es zur Gemeinschaft, sei es zu einzelnen Menschen – abgeht, dem sind die Reize des Lebens erheblich beschnitten, und schwinden in jedem Fall in ihrem Wert dahin, je näher der Augenblick rückt, in dem der Tod der Verfolgung aller selbstsüchtigen Interessen ein Ende setzt".[36] Das Glück des Menschen beinhaltet emotionale Bindung und praktisches Engagement für andere Menschen um ihretwillen.

Der zweite wesentliche Grund für die trostlose Banalität vieler Lebensläufe ist der Mangel an Kultur des Geistes, ist das Fehlen von Interesse und Verständnis für eine kontemplative, eitler Neugier ebenso wie borniertem Zweckdenken ferne Beschäftigung mit der Fülle, der Ordnung, den Gründen und Abgründen der Phänomene unserer Lebenswelt. „Daß ein Leben unbefriedigend ist, hat seine Ursache außer im Egoismus vor allem auch im Mangel an geistiger Bildung (*want of mental cultivation*). Ein gebildeter Mensch (*a cultivated mind*) ... findet Gegenstände unerschöpflichen Interesses in allem, was ihn umgibt: in den Dingen der Natur, den Werken der Kunst, den Gebilden der Poesie, den Ereignissen der Geschichte, dem Schicksal der Menschheit in Vergangenheit und Gegenwart und ihren Aussichten für die Zukunft".[37] Zur Kultur des Geistes gehört für Mill offensichtlich die Fähigkeit

[33] Vgl. ebd.

[34] Ebd.

[35] A.a.O., dt.: S. 25; engl.: S. 216.

[36] A.a.O., dt.: S. 24; engl.: S. 215: „To those who have neither public nor private affections, the excitements of life are much curtailed, and in any case dwindle in value as the time approaches when all selfish interests must be terminated by death."

[37] A.a.O., dt.: S. 25; engl.: S. 215 f.

zur Distanzierung der eigenen Bedürfnisse und Nöte (zur Distanzierung des 'erbärmlichen' Selbst) und zum „zweckfreien" Sicheinlassen auf die Vorgänge der Natur, die Gebilde der Kultur und die Ereignisse der Geschichte.

Eine derartige Distanzierung ist natürlich nur dem möglich, der „von den größten Übeln des Lebens, den Hauptursachen körperlichen und seelischen Leids, nämlich von Not, Krankheit und der Herzlosigkeit, Unwürdigkeit und dem vorzeitigen Verlust derer, die wir lieben, verschont bleibt".[38] Nun kann niemand ernsthaft damit rechnen, für die Dauer seines Lebens von allen diesen Übeln verschont zu bleiben. Mill eröffnet, wie gesagt, keinen Ausblick in ein erwartbares Jenseits, der den Druck zu lindern vermöchte, mit dem die Sorge und Angst vor den genannten Übeln und der Schmerz der von ihnen Betroffenen die Menschen belastet. Doch er bietet als Substitut dieser Perspektive die (zu seiner Zeit durchaus verständliche, noch ganz vom Optimismus eines Bacon getragene) Hoffnung und das Vertrauen auf den *Fortschritt der Menschheit* an. Mit der wissenschaftlichen und politischen Avantgarde seiner Zeit, insbesondere mit Auguste Comte teilt er die Überzeugung, daß die wirklich großen Übel der Welt – Armut, Krankheit, Wechselfälle des Schicksals und andere Enttäuschungen – prinzipiell ausrottbar sind: durch private und öffentliche körperliche und geistige Erziehung, durch den Progress von Wissenschaft und Technik, durch die Änderung und Vervollkommnung politischer und sozialer Verhältnisse.[39]

Auch und gerade wenn man diese Hoffnung nach den Erfahrungen, die wir seit Mills Zeit gemacht haben, nicht mehr uneingeschränkt und ungebrochen teilen mag, verdienen seine Gedanken Beachtung, die für ihn in der '*Zwischenzeit des Kampfes*' um die Beseitigung der genannten 'Mächte des Unheils' unser Verhalten orientieren sollen. Denn die Struktur, die Mill der Zwischenzeit zuspricht, scheint für uns (wenn man sie von der Dramatik der Extremlage und vom Pathos des Kampfes löst) wieder zur Signatur der *conditio humana* überhaupt geworden zu sein.

Es ist einmal der in der antiken Philosophie (bei Platon, Aristoteles, in der Stoa) verwurzelte und in der Aufklärung restituierte Gedanke, daß der persönliche Einsatz für die Gemeinschaft (und den Fortschritt), der mit einem Verzicht auf privaten Lebensgenuß (*the personal enjoyment of life*) verbunden sein kann, mit einer vorzüglichen moralischen Befriedigung einhergeht. Obgleich Dauer und Opfer dieses Kampfes bedrückend sein mögen, wird jeder, so Mill, „der hinreichend intelligent und großmütig ist, um einen wie auch immer geringen und unbedeutenden Teil der Aufgabe zu übernehmen, diesen

38 A.a.O., dt.: S. 26.

39 Vgl. a.a.O., dt. S. 26 f.; engl.: S. 216 f.: All the grand sources, in short, of human suffering are in a great degree, many of them almost entirely, conquerable by human care and effort.

Kampf als eine edle Befriedigung (*a noble enjoyment*) erleben, die er um keiner Lockung selbstsüchtigen Genusses willen aufzugeben bereit ist".[40]

Es ist zum zweiten der gleichfalls antike, insbesondere im Hellenismus beheimatete Gedanke, daß menschliches Glück im Vollsinn sich nur demjenigen erschließt, der sich von sich (d.h. von seinem 'erbärmlichen' Selbst) so weit zu distanzieren vermag, daß er in Freiheit und Gelassenheit auch auf das Glück des Lebens verzichten kann. Mill kann sich hier ganz in den Bahnen der epikureischen Weisheitstradition bewegen, der er sich hinsichtlich seiner philosophischen Quellen am meisten verpflichtet weiß.

Die große Menge, so Epikur, scheut bald den Tod als das größte Übel, bald sucht sie ihn als Befreiung von der Not. Der Weise hingegen weist weder das Leben von sich noch fürchtet er sich vor dem Nichtsein. Denn weder wird ihm das Leben zum Gegner, noch hält er es für ein Übel, nicht zu leben.[41] Die hellenistische *ars vivendi* ist auch (und ineins) eine *ars moriendi*. Menschliches Glück ist danach nur möglich in Gelassenheit und Distanz zu ihm, d.h. dadurch, daß man es nicht zum Gegenstand eines unbedingten Verlangens macht. „Obgleich es sehr unvollkommene Verhältnisse sein müssen, in denen man dem Glück anderer am ehesten dadurch dient, daß man das eigene bedingungslos aufgibt, so erkenne ich doch voll an, daß, solange sich die Welt in diesem unvollkommenen Zustand befindet, die Bereitschaft zu einem solchen Opfer die höchste Tugend ist, zu der sich ein Mensch erheben kann. Ich füge hinzu, daß in dem gegenwärtigen Zustand der Welt – so paradox die Behauptung auch sein mag – die Bereitschaft, ohne Glück auszukommen, wohl am ehesten geeignet ist, so viel Glück (auch für ihn selbst) zu bewirken, wie überhaupt nur erreichbar ist. Denn nichts als diese Bereitschaft kann einen Menschen über die Wechselfälle des Lebens erheben und ihm das Gefühl geben, daß das Schicksal, wie schlimm es ihm auch mitspielen mag, am Ende doch keine Macht hat, ihn zu unterwerfen; ein Gefühl, das ihn von übermäßiger Angst vor den Übeln des Lebens befreit und ihn ... dazu befähigt, die ihm zugänglichen Quellen der Freude in Ruhe zu pflegen, ohne sich um die Ungewißheit ihrer Dauer und die Unausweichlichkeit ihres Endes Sorgen zu machen".[42]

[40] A.a.O., dt.: S. 27; engl.: S. 217.

[41] Vgl. Diogenes Laertius, X, 125-126 (Anm. 5).

[42] A.a.O., dt.: S. 29.

10. Die Versöhnung von Lust und Würde in Mills aufgeklärtem Hedonismus

Menschliches Glück, so lassen sich Mills Gedanken zusammenfassen, realisiert sich im Vergnügen unbehinderten naturgemäßen Tuns. Der menschlichen Natur gemäß ist geistgeprägtes Tun, das sich forschend und betrachtend, herstellend und handelnd auf die Dinge der Natur und der gesellschaftlich-geschichtlichen Welt einläßt. Die Überwindung der Egozentrik, die Pflege menschlicher Bindungen, sachorientierte Beschäftigung mit Dingen, die Interesse verdienen, sind konstitutiv für gelingendes Leben. Zur Kultur des Geistes gehört Großmut, d.h. sowohl eine Bereitschaft zu selbstlosem Einsatz für andere als auch die Fähigkeit zur Freude an Dingen, die die Zusammenhänge von menschlicher Not und Bedürfnisbefriedigung übersteigen. Zur Kultur des Geistes gehört auch und vor allem Gelassenheit, im Grunde ein Habitus der Distanz zum eigenen Lebenstrieb, der erst eine ungetrübte Freude am jeweils Gegebenen und Möglichen im Bewußtsein seiner Vergänglichkeit freisetzt.

Man mag diese Ethik Hedonismus nennen. Aber es ist ein Hedonismus, der um des Vergnügens des Lebens willen anderes als die eigene Lust als um seiner selbst willen zu erstreben empfiehlt. Es ist ein Hedonismus, der weiß, daß ein freudvolles Leben am sichersten dadurch verfehlt wird, daß man sich auf den Genuß des (eigenen) Lebens konzentriert. Und es ist ein Hedonismus, dem man schwerlich absprechen kann, der Würde der menschlichen Natur gerecht zu werden.

Die Rolle des Glücksbegriffs in der Moralphilosophie

Das Vorbild der Antike

Malte Hossenfelder

1. Einleitung[*]

1.1 Ist die Ethik eine exakte Wissenschaft?

Aristoteles ist sicher einer der Größten in der Philosophiegeschichte. Aber er hat nicht nur Gutes in die Welt gebracht. Eine seiner weniger segensreichen Wirkungen ist, daß er – derb ausgedrückt – die „Schlamperei" in der Ethik sanktioniert hat. Zu Beginn seines ethischen Hauptwerkes, der *Nikomachischen Ethik*, schreibt er, man dürfe von einer wissenschaftlichen Darlegung nur soviel Exaktheit erwarten, wie der Stoff gestatte. Bei den Gegenständen der Ethik gebe es so große Ungleichheiten und Schwankungen, daß die Güter zuweilen sogar schadeten.

> Man muß sich also damit bescheiden, bei einem solchen Thema und bei solchen Prämissen die Wahrheit nur grob und umrißhaft anzudeuten sowie bei Gegenständen und Prämissen, die nur im Großen und Ganzen feststehen, in der Diskussion eben auch nur zu entsprechenden Schlüssen zu kommen. Im selben Sinne nun muß auch der Hörer die Einzelheiten der Darstellung entgegennehmen: Der logisch geschulte Hörer wird nur insoweit Genauigkeit auf dem einzelnen Gebiet verlangen, als es die Natur des Gegenstandes zuläßt. Es ist nämlich genauso ungereimt, vom Mathematiker Wahrscheinlichkeiten entgegenzunehmen wie vom Rhetor denknotwendige Beweise zu fordern.[1]

[*] Die Zwischentitel sind dankenswerterweise vom Herausgeber in das Vortragsmanuskript eingefügt worden.

[1] Aristoteles, *Nikomachische Ethik*, Übers. F. Dirlmeier, Darmstadt (WBG) 1979, 1094 b 11.

Auf diese Passage ist in der Folgezeit zur eigenen Entschuldigung immer gern verwiesen worden, und besonders unserer Gegenwart, die ja durch eine gewisse skeptische Grundstimmung geprägt ist, spricht sie aus der Seele. Dabei gehen die heutigen Ethiker über das von Aristoteles Gemeinte in der Regel einen guten Schritt hinaus. Aristoteles sah die Schwierigkeit z.B. in der konkreten Umsetzung des Tugendbegriffs. Die ethischen Tugenden bestehen für ihn darin, daß man die Mitte zwischen zwei Extremen einhält; so ist Tapferkeit die Mitte zwischen Tollkühnheit und Feigheit. Diese Mitte aber läßt sich nicht mathematisch exakt bestimmen. Im Tugendbegriff selbst dagegen – eben daß ethische Tugend die Mitte zwischen zwei Extremen sei –, sah Aristoteles keinerlei Vagheit oder Ungewißheit. Die heutigen Ethiker neigen jedoch dazu, die Ungewißheit auch auf die Grundprinzipien der Moral auszudehnen: Eine Letztbegründung sei undenkbar, das einzige, was man erreichen könne, sei eine gewisse Plausibilität. Diese Auffassung muß nicht in einen Relativismus münden, wie ihn etwa die Kommunitaristen vertreten, für die Moral stets epochen- und gesellschaftsbedingt ist. Vielmehr sind viele Ethiker der Überzeugung, daß es durchaus eine allgemeingültige Moral gebe, nur daß unsere Erkenntnismittel nicht ausreichten, sie mit Gewißheit zu bestimmen, so daß alle vorgeschlagenen Theorien am Ende hypothetischen Charakter hätten und als prinzipiell revidierbar angesehen werden müßten.

Ich meine, daß wir uns bei dieser Position nicht beruhigen sollten. Die moralischen Normen und insbesondere die Rechtsnormen besitzen die Eigenheit, daß sie ganz entscheidend in das Leben jedes Einzelnen eingreifen, bis hin zur völligen Vernichtung. Reicht es da aus, daß sie uns nur plausibel erscheinen? Kann man ruhigen Gewissens einen Mörder auf den elektrischen Stuhl schicken, wenn durchaus die Möglichkeit besteht, daß ihm Unrecht geschieht? Und zwar nicht, weil die Schuldfrage nicht geklärt wäre, sondern weil die Rechtslage ungewiß ist. In der Schuldfrage gilt gemeinhin die Regel: im Zweifel für den Angeklagten. Müssen wir diese Regel nicht auch auf die Rechtsfrage anwenden, so daß ein Gesetz auf niemanden angewendet werden darf, solange nicht sicher ist, ob es zu Recht erlassen wurde? Das würde dann freilich bedeuten, daß, wenn die Grundprinzipien von Recht und Moral nicht zweifelsfrei sind, wir überhaupt keine moralischen oder rechtlichen Urteile fällen dürften.

Ähnlich prekär wäre der Export unserer Vorstellungen in die Dritte Welt, der im Zuge der Globalisierung unseres Lebens immer aufdringlicher wird. Mit welchem Recht klagen die westlichen Demokratien die Einhaltung der Menschenrechte ein, wenn es ihnen selbst nur plausibel erscheint, daß es solche Rechte gibt und daß es gerade diejenigen sind, die sie dafür halten? In diesem Fall haben andere Kulturen leicht argumentieren, daß ihnen unsere Vorstellungen keineswegs plausibel seien, daß der abendländische Individualismus für sie keinen Wert darstelle, weil es nicht auf das Wohl des Einzelnen ankomme, sondern auf das Wohl der Gemeinschaft, der der Einzelne nachzuordnen sei. Und sie könnten dabei sogar auf unsere eigene Vergangenheit verweisen, in der ähnliche Gedanken vorherrschend waren, nämlich auf die griechische Klassik. Wenn wir denn unsere Vorstellungen anderen Kulturen oktroyieren wollen, dann ist es doch keine unbillige Forderung, daß wir es nur dann versuchen, wenn wir uns wenigstens selbst ihrer sicher sind.

Damit möchte ich nicht darauf hinwirken, daß wir unsere skeptische Vorsicht gegenüber allen Letztbegründern aufgeben. Wogegen ich mich wende, ist das vorschnelle Aufgeben des *Anspruchs* auf Letztbegründung. Denn solches Aufgeben ist keine wohlverstandene Skepsis, sondern negativer Dogmatismus. Schon die alten Skeptiker haben zwischen drei möglichen Positionen bei der Wahrheitssuche unterschieden. Entweder man behaupte, die Wahrheit gefunden zu haben, oder man behaupte, sie lasse sich grundsätzlich nicht finden, oder man sei noch auf der Suche.[2] Diese letzte Position nahmen die Anhänger der pyrrhonischen Skepsis für sich in Anspruch, woher sich auch der Name „Skepsis" herleitet, denn das griechische Wort bedeutet „Umherspähen, Suchen". Dieses Fortfahren in der Suche nach der Wahrheit empfehle ich auch den heutigen skeptischen Ethikern, damit wir uns nicht voreilig mit Plausibilitäten zufriedengeben, sondern nicht nachlassen in der Suche nach moralischen Prinzipien, die sich so begründen lassen, daß jeder Mensch argumentativ dazu gezwungen werden kann, sie anzuerkennen.

Ich glaube auch nicht, daß Aristoteles recht hat, wenn er meint, man dürfe vom Ethiker nicht die Exaktheit des Mathematikers verlangen. Wählt man Kant zum Zeugen, müßte man eher zum gegenteiligen Ergebnis kommen. Nach Kant lassen sich die mathematischen Begriffe deswegen exakt definieren, weil sie selbstgemachte Begriffe sind. Anders als die empirischen Begriffe sind die mathematischen keine gegebenen Begriffe, bei deren Definition Ungenauigkeiten auftreten können; vielmehr werden sie durch unsere Definition allererst erzeugt, so daß sie nie mehr oder weniger enthalten können, als in der Definition ausgesagt. Z.B. denken sich die Geometer Raumgestalten mit bestimmten Eigenschaften aus, um dann zu versuchen, sie in der Anschauung zu konstruieren.[3] Ähnlich verhält es sich aber offenbar auch in der Ethik. Begriffe wie Recht, Gesetz, Eigentum, Versprechen, Ehe, Wohlfahrt usw. sind ja keine Begriffe, die uns ursprünglich in der Erfahrung gegeben worden wären, sondern die Menschen haben sie sich irgendwann selbst ausgedacht, um mit ihrer Hilfe ihr Verhalten zu regeln. Und da müßte es im Prinzip doch möglich sein, sie so exakt zu fassen, daß kein Rest an Unklarheit übrigbleibt, sondern jeder genau erkennt, was gemeint ist.

2 Sextus Empiricus, *Grundriß der pyrrhonischen Skepsis*, Übers. M. Hossenfelder, 3. Auflage, Frankfurt/M. (Suhrkamp) 1993, 1.1ff.

3 I. Kant, *Kritik der reinen Vernunft*, B 755ff.

1.2 Sind Glücksregeln unverbindliche Ratschläge?

Nun gibt es freilich in der Ethik auch Begriffe, die sich als empirische Begriffe deuten lassen, und zu ihnen gehört zweifellos der Begriff des Glücks. Wenn man heute jemanden fragt, was er unter Glück verstehe, so wird man in den allermeisten Fällen zur Antwort bekommen, daß es eine Art Hochgefühl sei, das uns gelegentlich erfülle. Glück wäre demnach ein bestimmtes psychisches Phänomen, ein Gefühl, das, wie andere Gefühle auch, zuweilen in uns auftritt, zuweilen nicht und das als im höchsten Grade positiv empfunden wird. Wir haben hier also einen empirischen, psychologischen Begriff, und deshalb treten in der Tat die aristotelischen Unsicherheiten bei der wissenschaftlichen Erfassung auf. Denn die Konsequenz dieser Glücksauffassung ist, daß jeder nur allein entscheiden kann, ob er glücklich ist. Zu unseren Gefühlen haben andere keinen unmittelbaren Zugang, so daß jeder nur über sich selbst urteilen kann, von welchen Gefühlen er zur Zeit beherrscht wird. Wir rechnen durchaus mit der Möglichkeit, daß jemand, der offenbar vom Glück verwöhnt wird, der gesund und wohlhabend ist, im Beruf erfolgreich, mit einem zuverlässigen Partner in Liebe verbunden, woraus ein strebsamer Sohn und eine schöne Tochter entsprungen sind, und dem auch sonst zuteil wurde, was immer man für positiv halten mag – daß also ein solcher „wahrer Glückspilz" uns dennoch betrübt anblickt und behauptet, er sei todunglücklich. Und wenn wir ihm alle seine Vorteile herzählen und er dabei bleibt, daß er unglücklich sei, so sehen wir uns mit unserem Latein am Ende. Das gleiche gilt für die entgegengesetzte Situation. Wenn einer krank, bettelarm, erfolglos, vom Partner verlassen usw. ist und dennoch behauptet, er sei rundum glücklich, so werden wir das letztlich akzeptieren, weil eben Glück für uns eine reine Privatsache ist, über die kein anderer urteilen kann.

Daher unsere verbreitete Auffassung, daß sich keine allgemeinverbindlichen Glücksregeln aufstellen ließen, sondern jeder „auf seine Fasson selig werden" müsse. Denn wenn Glück ein subjektives Gefühl ist, muß jeder seine eigenen Erfahrungen mit ihm machen, um zu ergründen, bei welcher Gelegenheit es auftritt und welche Umstände ihm entgegenwirken. Aber nicht einmal für die eigenen Glücksmöglichkeiten lassen sich sichere Regeln aufstellen, weil sie sich auf empirische Erkenntnisse stützen müssen, die – zumal bei der so schmalen Basis einer Einpersonenerfahrung – keine absolut zuverlässigen Vorhersagen gestatten. Das hat bereits Kant anschaulich erläutert:[4]

> Nun ist's unmöglich, daß das einsehendste und zugleich allervermögendste, aber doch endliche Wesen sich einen bestimmten Begriff von

[4] I. Kant, *Grundlegung zur Metaphysik der Sitten*, IV, 47f.; ich zitiere Kants Schriften, außer der *Kritik der reinen Vernunft*, nach Band- und Seitenzahl der Ausgabe: *Immanuel Kant, Werke in sechs Bänden*, hrsg. v. W. Weischedel, Darmstadt (WBG) 1956ff.

> dem mache, was er hier eigentlich wolle. Will jemand Reichtum, wieviel Sorge, Neid und Nachstellung könnte er sich dadurch nicht auf den Hals ziehen. Will er viel Erkenntnis und Einsicht, vielleicht könnte das ein nur um desto schärferes Auge werden, um die Übel, die sich für ihn jetzt noch verbergen und doch nicht vermieden werden können, ihm nur um desto schrecklicher zu zeigen, oder seinen Begierden, die ihm schon genug zu schaffen machen, noch mehr Bedürfnisse aufzubürden. Will er ein langes Leben, wer steht ihm dafür, daß es nicht ein langes Elend sein würde? Will er wenigstens Gesundheit, wie oft hat noch Ungemächlichkeit des Körpers von Ausschweifung abgehalten, darein unbeschränkte Gesundheit würde haben fallen lassen usw.

Für Kant lassen sich daher allenfalls unverbindliche „Ratschläge" für das menschliche Glücksstreben geben.

1.3 Warum moralisch handeln wollen?

Anders liegen die Dinge dagegen bei den moralischen Normen. Hier ist die verbreitetste Auffassung, daß sie unbedingt und objektiv gölten und also allgemeingültig seien. Ob jemand sein Versprechen halten solle, hänge nicht von seinen Neigungen oder seiner gegenwärtigen Gemütsverfassung ab, vielmehr müsse ein einmal gegebenes Versprechen in jedem Falle eingehalten werden. Dabei wird immer wieder auf Kant Bezug genommen, für den das Sittengesetz sich in einem kategorischen, also unbedingten Imperativ ausdrückt. Kant versucht in einer kleinen Schrift zu verdeutlichen, daß es moralisch geboten sei, selbst dann die Wahrheit zu sagen, wenn man von einem Mörder nach dem Fluchtweg seines Opfers gefragt werde.[5] Aber nicht nur für Kant gelten die moralischen Forderungen unbedingt. Selbst im Utilitarismus, in dem man es am wenigsten erwarten sollte und der sich ja zum Teil als Gegenposition zu Kant versteht, wird diese Auffassung geteilt. Oberstes moralisches Prinzip ist für den Utilitarismus das größte Glück der größten Zahl, wobei Glück hedonistisch gedeutet wird. Also lautet die oberste Maxime: Handle so, daß möglichst viele Menschen möglichst viel Lust empfinden. Hier nun ist leicht zu ersehen, daß sich viele Fälle denken lassen, in denen es nützlicher, d.h. lustfördernder ist, zu lügen als die Wahrheit zu sagen oder sein Versprechen zu brechen als es zu halten oder gar einen Unschuldigen zu bestrafen als ihn freizusprechen. Es schaut eben in solchen Fällen alles in allem am Ende mehr Lust als Unlust heraus. Diese Konsequenz wollten die Utilitaristen freilich nicht hinnehmen, und so haben sie sich in komplizierten Überlegungen bemüht, die Unbedingtheit moralischer Forderungen utilitaristisch zu rechtfertigen. Besonders in jüngerer Zeit ist darauf großes Gewicht gelegt worden, was zu einer neuen Form des Utilitarismus geführt hat, dem sogenannten Re-

[5] I. Kant, *Über ein vermeintes Recht aus Menschenliebe zu lügen*, IV, 637ff.

gelutilitarismus, der freilich in meinen Augen eine völlige Fehlentwicklung ist.

Angenommen also, die moralischen Forderungen gölten unbedingt. Das heißt dann, daß sie Gefolgschaft verlangen ohne Rücksicht auf die eigenen Interessen, das eigene Wohl, kurz, das eigene Glück. Kant ist hierin ganz eindeutig. Zwar ist es ein Mißverständnis, daß er das Streben nach Glück verbiete; Glück ist für ihn, ganz im Gegenteil, Teil des höchsten Gutes. Was er verbietet, ist, daß man moralisch handle um der eigenen Glückseligkeit willen, d.h. weil man sich davon, sei es in diesem, sei es in einem anderen Leben, größere Glückseligkeit verspricht. Für Kant muß die Sittlichkeit allein um ihrer selbst willen gewollt werden, ohne Rücksicht auf irgendwelche anderen Vorteile; nur ein solcher Wille ist ein guter Wille.

Die Frage, die sich dann freilich stellt, ist: Warum sollte jemand sich so verhalten? Warum sollte er einem moralischen Gesetz auch dann folgen, wenn es offenkundig zu seinem eigenen Nachteil wäre? Kant hat das Problem natürlich gesehen, und seine Antwort ist: Ein guter Mensch handelt moralisch aus Achtung vor dem Gesetz. Er sagt unter allen Umständen die Wahrheit allein deshalb, weil es Gesetz ist, und aus keinem anderen Grunde. Kant hat sich mit dieser Achtung vor dem Gesetz viel Mühe gegeben, weil ihm klar war, daß er hier Gefahr lief, sich selbst zu widersprechen. Ich möchte auf diese immanenten Schwierigkeiten seiner Theorie hier nicht eingehen, sondern nur eine Überlegung anstellen, die auch ohne genauere Kant-Kenntnis verständlich ist. Man fragt sich nämlich: Was ist mit den Menschen, denen die bloße Vorstellung eines Gesetzes keine Achtung einflößt? Für sie gibt es keinen Grund, moralisch zu handeln. Denn wenn die Achtung vor dem Gesetz der letzte Grund moralischen Handelns sein soll, dann kann man für sie selbst kein weiteres Motiv mehr angeben. D.h. man kann nicht argumentieren, aus diesen und diesen Gründen müsse man vor dem bloßen Gesetze Achtung haben. Dann nämlich wären die genannten Gründe der letzte Grund moralischen Handelns und nicht mehr die Achtung vor dem Gesetz. Jeder muß also warten, ob die Vorstellung des Gesetzes ihm Achtung abnötigt oder nicht. Und ich fürchte, bei den meisten wird das nicht der Fall sein. Denn jeder normal denkende Mensch wird sich fragen: Was ist die dürre Vorstellung eines abstrakten Gesetzes, daß ich ihm mein Wohlergehen nachordnen sollte? Und selbst wenn man Kant glaubt, daß das Sittengesetz aus der reinen Vernunft stamme, so verschiebt sich das Problem nur. Man wird sich fragen: Was ist an der Vernunft so Großes, daß ich ihr auch dann folgen soll, wenn sie mich offenkundig ins Unglück führt?

Die in der utilitaristischen Tradition stehenden Autoren bevorzugen denn auch eine andere Lösung. Sie lehren, die moralischen Normen müßten deswegen unbedingt befolgt werden, weil das für alle auf Dauer am vorteilhaftesten sei, auch wenn es für den Einzelnen nicht in jeder Situation erkennbar sei. An diese Auffassung knüpfen sich jedoch drei Fragen. Erstens: Wer bestimmt, was für mich am vorteilhaftesten ist? Nach dem zugrundeliegenden verinnerlichten Glücksbegriff kann jeder nur für sich selbst entscheiden, worin sein Glück liegt, so daß also gar keine allgemeinen Regeln aufgestellt werden können. Zweitens: Selbst wenn über die Vorteile Einigkeit bestünde, wie läßt sich erkennen, daß die moralischen Regeln zu ihnen führen, und zwar mit solcher Sicherheit, daß man ihre unbedingte Einhaltung fordern kann? Und schließlich drittens: Warum sollte jemand in einer konkreten Situation, in der es für ihn unzweifelhaft vorteilhafter wäre, zu lügen als die Wahrheit zu sagen, mit Rücksicht auf das Ganze auf seinen Vorteil verzichten und einen Nachteil in Kauf nehmen? Eine solche Haltung setzt bereits einen moralischen Willen voraus, kann ihn aber nicht erst erzeugen.

Es ist immer wieder darauf hingewiesen worden, daß die Unbedingtheitsforderung der moralischen Normen ursprünglich theologisch begründet war und daß sie vor einem theologischen Hintergrund auch einen vernünftigen Sinn ergebe. Es ist dann Gottes Wille, der hinter den moralischen Normen steht, und Gottes Wille muß unbedingt erfüllt werden. Freilich gilt diese Vorstellung nur für die Gläubigen, für die Ungläubigen ist sie nicht nachvollziehbar. Für eine allgemeingültige Moralbegründung müßte man daher versuchen, Gottes Willen durch etwas zu ersetzen, zu dem jeder sich bekennt, und bei diesem Versuch, meine ich, könnten die antiken Auffassungen einige Hilfe leisten. Sie bieten nämlich die Möglichkeit, Gottes Willen durch den eigenen Willen zu ersetzen. Ich möchte deswegen im Folgenden zunächst die Moralbegründungen der Antike, und zwar der griechischen Klassik einerseits und des Hellenismus andererseits, vorführen, um dann zu zeigen, wie man, daran anknüpfend, eine moderne Moralbegründung versuchen könnte. Zunächst also zurück in die Antike.

2. Eudämonistische Moralbegründungen der Antike

Man pflegt die antike Philosophiegeschichte in mehrere Epochen einzuteilen, von denen ich mich hier auf die Klassik, die vor allem durch Platon und Aristoteles repräsentiert wird, und den anschließenden Hellenismus, dessen Hauptvertreter Stoiker, Epikureer und Skeptiker sind, beschränke, weil in diesem Zeitraum die Grundlagen für unser Problem gelegt worden sind. Die antiken Ethiker sind – mit einer bemerkenswerten Ausnahme[6] – durchweg

[6] Aristipp von Kyrene und seine Schule, die Kyrenaiker, vertraten einen Hedonismus, in dem das Glück ausdrücklich als abgeleitetes Gut bezeichnet wurde. Vermutlich muß man aber auch Eudoxos von Knidos zu den Antieudämonisten zählen. Vgl. zu beiden M. Hossenfelder, *Epikur*, München (Beck) 1991, S. 29ff.

Eudämonisten, d.h. Glück ist für sie das höchste Gut, das allein um seiner selbst willen erstrebt wird, während alles andere nur um seinetwillen geschieht, also nur Mittel zur Erreichung der Glückseligkeit ist. Was wir mit „Glück" oder „Glückseligkeit" übersetzen, heißt im Griechischen *eudaimonia*; es bedeutet wörtlich soviel wie „einen guten Dämon haben", „unter einem guten Stern stehen", wie wir sagen würden, also einfach, daß es einem wohl ergeht. Dabei ist ursprünglich in erster Linie an das äußere Wohlergehen wie Schönheit, Reichtum, Macht und dergleichen gedacht. Aber bereits in der griechischen Klassik tritt uns ein verinnerlichter Glücksbegriff entgegen, allerdings in einem ganz anderen Sinn als dem vorhin skizzierten, der für uns typisch ist.

2.1 Der objektive Glücksbegriff der Klassik: Verwirklichung der natürlichen Weltordnung

Platon sieht die Eudämonie in der Gerechtigkeit, und diese besteht für ihn darin, daß jeder „das Seine tut".[7] So geht es dem Staat dann wohl, wenn jeder Stand sich darauf beschränkt, die ihm von der natürlichen Ordnung zugewiesene Aufgabe genau zu erfüllen, und in analoger Weise ist der Einzelne dann glücklich, wenn jeder seiner Seelenteile sich mit seiner natürlichen Funktion begnügt, was insbesondere heißt, daß die Vernunft die Leitung innehat, wie auch im glücklichen Staat die Philosophen die Könige sind.

Ähnlich Aristoteles. Er definiert die Eudämonie als „Tätigsein der Seele im Sinne der ihr wesenhaften Tüchtigkeit".[8] Damit ist folgendes gemeint: Für Aristoteles bildet die Welt einen sinnvoll geordneten Kosmos, in dem jedem Ding und jedem Wesen sein bestimmter Platz und seine bestimmte Rolle zugewiesen sind. Daher hat auch jedes Wesen eine bestimmte für es spezifische Tätigkeit. Für den Schuster ist es das Schuhemachen, für den Zitherspieler das Zitherspielen, für das Pferd der schnelle Lauf. Und so muß es auch für den Menschen als solchen eine spezifische Tätigkeit geben. In der Körperlichkeit nun kann sie nicht liegen, denn diese haben wir mit allen, selbst mit den anorganischen Dingen gemein. In der Lebendigkeit kann sie ebenfalls nicht liegen, denn diese besitzen auch schon die Pflanzen. Im Beseeltsein kann sie wiederum nicht liegen, weil wir es mit den Tieren teilen. Also kann sie nur in einem bestimmten Teil der Seele liegen, nämlich in der Vernunft, denn diese ist es, die uns vor allen anderen vergänglichen Wesen auszeichnet. Vernünftiges Denken ist also die wesenhafte Rolle des Menschen, sein eigentlicher Zweck in der Welt. Somit verwirklicht er dann die Eudämonie, wenn er ganz seiner Vernunft lebt.

[7] Platon, *Staat*, 354a; 433b.

[8] Aristoteles, *Nikomachische Ethik*, 1098 a 16.

Man sieht leicht, daß hier ein anderer Glücksbegriff vorliegt als der heute gängige. Glück ist für die Klassiker kein subjektives Gefühl, über das nur der Betroffene befinden kann, sondern die vollendete Erfüllung der natürlichen Weltordnung, also ein objektiver Zustand, der im Prinzip durch jeden anderen kontrollierbar ist. Es ist daher durchaus denkbar, daß jemand anders besser über meinen Glückszustand Auskunft geben kann als ich selbst, für den Fall nämlich, daß er die besseren metaphysischen Kenntnisse besitzt; denn um zu beurteilen, ob ich glücklich bin, muß ich wissen, welche Aufgabe mir in der Welt zugedacht ist. Von Verinnerlichung kann in der Klassik also nur im eigentlichen, räumlichen Sinn die Rede sein, insofern es nicht mehr auf die äußeren Verhältnisse des Menschen ankommt, sondern auf die Verfassung seiner Seele: ob die Vernunft ihre Funktion in vollendeter Weise erfüllt. Freilich verzichten weder Platon noch Aristoteles ganz auf das subjektive Empfinden als Teil des Glücksbegriffs. Beide sind aber bemüht, ihm unter dem Namen der *hedone*, der Lust, nur eine untergeordnete oder begleitende Funktion zuzugestehen. Die Lust ist niemals das eigentliche und letzte Kriterium, sondern bedarf in ihrer Bedeutung für die Eudämonie selbst erst der Beurteilung nach metaphysischen Kriterien.

Infolge dieses Objektivismus haben die Klassiker denn auch keine Schwierigkeiten, allgemeinverbindliche Regeln des Glückserwerbs aufzustellen. Glück ist die vollkommene Verwirklichung der natürlichen Weltordnung. Der Mensch als das Vernunftwesen erreicht es also dadurch, daß er sich in vollkommener Weise in den Dienst seiner Vernunft stellt. Nun bezeichnen die Griechen die Vorzüglichkeit oder Vollkommenheit einer Sache mit dem Ausdruck *arete*, den wir traditionell mit „Tugend" übersetzen. So besteht die *arete* des Auges im vollkommenen Sehen, die des Pferdes im vollkommenen Laufen und Tragen des Reiters, und so die des Menschen in der vollkommenen Vernunftbestimmtheit. Damit wird zum einen verständlich, warum die Klassiker das Glück in der Tugend sehen: weil nämlich Glück Vollkommensein ist und das *arete*, Tugend, heißt; zum andern versteht man, warum Tugend Vernunftbestimmtheit sein soll: weil eben darin das vollkommene Menschsein besteht. Daraus ergeben sich dann die einzelnen Tugenden der Klassiker, bei Platon die vier Kardinaltugenden: Gerechtigkeit als Obertugend, die, wie bereits erwähnt, mit dem Glück identisch ist, Weisheit als Tugend des vernünftigen Seelenteils, Tapferkeit als Tugend des mutartigen Seelenteils und Besonnenheit als die Übereinstimmung aller Seelenteile, daß der Vernunft die Herrschaft gebührt. Etwas anders bei Aristoteles. Er teilt die Tugenden in zwei Klassen, die dianoetischen als die Vernunfttugenden und die ethischen als die Tugenden des unteren Seelenteils, die darin bestehen, daß die Erregungen dieses Seelenteils stets das von der Vernunft gesteckte Maß einhalten. Beiden Klassikern gemeinsam ist, daß an oberster Stelle die

Eudämonie des Gemeinwesens, der Polis, steht; das Glück des Individuums ist wesensmäßig in das der Polis eingeschlossen.

2.2 Die Subjektivierung des Glücksbegriffs im Hellenismus: Erreichung aller selbstgesetzten Zwecke

Das ändert sich in der nachfolgenden Epoche des Hellenismus entscheidend. Höchstes Gut ist nicht mehr die Eudämonie des Gemeinwesens, sondern die des Individuums. Dieser Individualismus, der den Einzelnen in den Mittelpunkt des Interesses rückt, äußert sich auf allen Gebieten des Geisteslebens und ist immer als Charakteristikum der Epoche anerkannt worden. Aus ihm nun ergibt sich eine radikale Verinnerlichung der Eudämonie, jetzt nicht mehr im eigentlichen, räumlichen Sinne der Klassik, sondern im übertragenen Sinne einer völligen Privatisierung. Dabei mögen die Gedanken der Hellenisten etwa diesen Weg genommen haben: Wenn der Einzelne absoluter Endzweck sein soll, um dessentwillen alle übrigen Dinge da sind, während er selbst um keines anderen willen da ist, dann muß jeder Einzelne alle seine Zwecke schlechthin, einschließlich seiner selbst als Endzwecks, sich selbst gesetzt haben. Denn angenommen, alle Zwecke seien zwar um des Einzelnen willen, aber nicht von ihm selbst gesetzt, dann ließe sich dies nur so denken, daß eine übergreifende Ordnung existierte, durch die eine Wert- und Zweckhierarchie festgelegt wäre, durch die also bestimmt würde, daß das Individuum Zweck alles übrigen sei. Aber in diesem Fall wäre eben diese Ordnung der höchste Zweck; denn wenn gefragt würde, warum alle Dinge um des Einzelnen willen zu geschehen hätten, so wäre zu antworten: „Damit die vorgegebene Ordnung erfüllt werde“, und erst die Frage nach dem Sinn dieser Ordnung wäre nicht mehr beantwortbar. Wenn der Einzelne dagegen alle seine Zwecke selbst setzt, dann allein ist er der absolute Endzweck; denn auf die Frage, warum gerade diese und nicht andere Zwecke für ihn gölten, gibt es nur die Antwort: „Weil er selbst es so will.“ Der hellenistische Individualismus führt somit zu einer Privatisierung aller Werte und Zwecke.

Und damit wird auch die Eudämonie in der Weise subjektiviert und verinnerlicht, wie es für das gesamte spätere Abendland bestimmend geworden ist. Man kann Eudämonie allgemein so definieren, daß sie in der Verwirklichung aller vorgesetzten Zwecke besteht. Diese Definition läßt sich sowohl auf die Klassik als auf den Hellenismus anwenden, nur mit dem entscheidenden Unterschied, daß im Hellenismus die Zwecke nicht mehr von einer metaphysischen Ordnung vorgegeben sind, sondern der Einzelne sie sich selbst setzt. Eudämonie besteht so in der Erreichung aller selbstgesetzten Zwecke. Man ist glücklich, wenn man alles erlangt, was man möchte, wenn alle eigenen Wünsche in Erfüllung gehen. Folglich kann nur jeder Einzelne für sich selbst entscheiden, wann er glücklich ist und wann nicht; denn da es von ihm allein abhängt, welche Wünsche und Zwecke für ihn gelten, so kann niemand anders als er selbst wissen, ob die Situation, in der er sich befindet, seinen Zwecken entspricht. Das Glück wird zu einer reinen Privatsache.

Dadurch wird es zugleich zu einem reinen Bewußtseinsphänomen, wie es zum Ausdruck kommt, wenn Epikur schreibt: „Alles Gut und Übel ist in der Wahrnehmung“[9], oder wenn Seneca einen Komödiendichter zitiert mit dem Vers: „Non est beatus, esse se qui non putat.“[10] Daß jemand glücklich ist, ohne es zu merken, was in der Klassik immerhin möglich schien, wäre nun undenkbar. Glück besteht ja in nichts anderem als dem Bewußtsein, daß alle eigenen Zwecke erreicht werden.

Die Hellenisten haben auch versucht, eine psychologische Erklärung zu geben. Alles Unglück besteht für sie in einer unkontrollierten Erregung der Seele, einem „Affekt“. Ursache ist das angestrengte Streben nach Dingen, die man haben möchte, aber nicht hat. Sind jedoch alle Ziele erreicht, dann löst sich die Spannung des dauernden Strebens und eine heitere Ruhe und Gelassenheit erfüllt die Seele. Entsprechend umschrieben Pyrrhon und Epikur den Zustand der Glückseligkeit mit „Ataraxie“, „Erregungsfreiheit“. Die Stoiker gebrauchten den Ausdruck „Apathie“, der „Affektfreiheit“ bedeutet. Gemeint ist jedesmal dasselbe, nämlich das Freisein von jeglicher Erregung, die Ruhe und Ausgeglichenheit des Gemüts, der vollkommene innere Friede. Veranschaulicht wurden die Seelenzustände mit Hilfe der Zustände des Wassers. Der Zustand der Erregung und des Unglücks wurde verglichen mit dem sturmgepeitschten Meere, während die Ataraxie der Pyrrhoneer und Epikureer der heiteren Meeresstille gleichgesetzt wurde. Die Stoiker definierten die Eudämonie als „Wohlfluß des Lebens“, und diese Metapher scheint mir raffinierter. Denn wenn man sich fragt, wann ein Fluß „wohl fließt“, dann dürfte die Antwort lauten, daß es dann der Fall ist, wenn er ungehindert seinen Lauf nimmt, so daß sich keine Strudel oder Wellen bilden. Das *Tertium comparationis* wäre also auch hier die glatte und sanfte Oberfläche, zugleich wird aber durch die stoische Metapher auch verdeutlicht, wann dieser Zustand gegeben ist, nämlich dann, wenn sich dem Leben keine Hindernisse in den Weg legen, d.h. wenn man alle seine Zwecke stets erreicht.

Das läßt sich so auslegen, daß das Bewußtsein der Zweckerfüllung nicht selbst die Eudämonie ausmacht, sondern ihre Ursache ist, während die Eudämonie selbst im Bewußtsein der inneren Entspanntheit und Ruhe besteht. Damit wäre man schon sehr nahe an der heute vorherrschenden Auffassung, daß das Glück ein bestimmtes Gefühl sei. Der Initiator dieser Meinung scheint im besonderen Epikur gewesen zu sein, insofern er zu der Überzeu-

9 Epikur, *Brief an Menoikeus*, 124.

10 „Niemand ist glücklich, der sich nicht dafür hält“, Seneca, *Briefe an Lucilius*, 9,21. Der Vers stammt vermutlich von Publilius Syrus (1. Jh. v. Chr.).

gung gelangt war, daß das Glück als oberster und ursprünglicher Wert nicht von der Vernunft erkannt, sondern nur von der Sinnlichkeit gegeben und also nur – als Lust – gefühlt werden könne.

2.3 Objektive Regeln zum subjektiven Glück: das Prinzip der Zweckökonomie

Unser heute gängiger Glücksbegriff ist also letztlich das Erbe des Hellenismus. Trotzdem zogen die Hellenisten nicht die Konsequenz, daß jeder nach seiner Fasson selig werden müsse, sondern hielten an der Möglichkeit objektiver Glücksregeln fest. Die Aufstellung solcher Regeln war für sie sogar die eigentliche Aufgabe der Philosophie, die sie ganz diesem Ziele unterordneten. Alle wissenschaftliche Betätigung war nur dann berechtigt, wenn ihr unmittelbarer oder mittelbarer Bezug zur Glückseligkeit des Einzelnen einsichtig war; andernfalls war sie nutzlose Spielerei. Bei Epikur, der in diesem Punkte besonders radikal war, führte das zu einer ausgesprochenen Bildungsfeindlichkeit. Philosophie war Heilslehre im engsten Sinn, sie diente ausschließlich der richtigen Lebensgestaltung, und zwar nicht nur in der Theorie, sondern ebenso in der Praxis. Die hellenistischen Philosophen beschränkten sich nicht auf einige Vorlesungsstunden in der Woche, um dann ihr eigenes Leben zu leben, sondern sie lebten auch vor, was sie lehrten, in der Gemeinschaft mit den Schülern. Darauf beruht auch sicher ein Großteil ihrer Wirkung; denn der Einsatz des eigenen Lebens ist allemal wirksamer als Kathedervorträge oder papierene Schriften.

Daß ein allgemeines Glücksrezept trotz der Privatisierung der Eudämonie möglich schien, lag daran, daß die Hellenisten einen der Neuzeit entgegengesetzten Weg einschlugen, das Glück zu verwirklichen. Wenn das Glück in der Erreichung aller selbstgesetzten Zwecke, in der Befriedigung aller eigenen Bedürfnisse besteht, dann kann man auf zweierlei Weise versuchen, es zu erlangen. Man versucht, entweder möglichst viel Befriedigung oder möglichst wenig Bedürfnisse zu haben. Die Neuzeit hat den ersten Weg beschritten. Sie hat es unternommen, die Natur dem Menschen untertänig zu machen, damit er durch ihre technische Beherrschung seine immer neuen Bedürfnisse befriedigen könne. Die hellenistischen Denker dagegen haben von vornherein den alternativen Weg gewählt: nicht die Natur den eigenen Zwecken, sondern umgekehrt, diese jener anzumessen. Dem liegt die Überzeugung zugrunde, daß, wenn das Glück in der Erreichung aller Zwecke besteht und die Wahl unserer Zwecke bei uns liegt, dann der kürzeste und sicherste Weg zum Glück darin besteht, sich nur solche Zwecke zu setzen, bei denen kein Zweifel besteht, daß sie verwirklicht werden. Das läuft darauf hinaus, daß man sich nur Zwecke setzt, von denen man sicher ist, daß man sie *selber* jederzeit aus eigener Kraft verwirklichen kann. Das Credo also war: *Damit wir können, was wir wollen, müssen wir wollen, was wir können.*

Dieses Prinzip der Zweckökonomie gestattete es den Hellenisten nun, trotz ihrem subjektivistischen Glücksbegriff an die Möglichkeit allgemeinverbindlicher Glücksregeln zu glauben. Denn erstens gründet das Prinzip das Glück ja nicht auf die *a priori* nicht vorhersehbare individuelle Bedürfnisstruktur, sondern schreibt die Bedürfnisstruktur selbst vor, indem es nur stillbare Bedürfnisse gestattet. Welche Bedürfnisse aber stillbar sind und welche nicht, unterliegt nicht der privaten Entscheidung des Einzelnen, sondern ist ein objektiver Tatbestand. Zweitens bestimmten die Hellenisten die stillbaren Bedürfnisse, die erreichbaren Zwecke so, daß deren Zahl gegen Null tendierte, so daß sich ganz konkrete Lebensregeln, die sich aus einer endlichen Zahl bestimmter Zwecke ergaben, ableiten ließen.

Infolgedessen hatten die Hellenisten natürlich ebensowenig Schwierigkeiten, eine Tugendforderung zu begründen, wie die Klassiker, nur daß die Tugend nicht mehr die Erfüllung der natürlichen Weltordnung darstellt, sondern sich auf einen radikalen Egoismus gründet. Sie ist ausschließlich Mittel zur eigenen Glückseligkeit des Einzelnen. Für die Stoiker ist das, was die Tugend ausmacht, die Einsicht in die Notwendigkeit einer radikalen Zweckreduktion durch Vergleichgültigung aller Dinge außer dieser Einsicht, also der Tugend, selbst. Die Tugend bewirkt so die Glückseligkeit unmittelbar; denn indem ich die Einsicht vollziehe, erreiche ich alle meine Zwecke, weil ich mir keine weiteren mehr setze. Epikur gibt der hellenistischen Zweckökonomie eine hedonistische Wendung und begründet die Tugendforderung damit, daß ein lustvolles Leben ohne Tugend nicht möglich sei. Und selbst die Pyrrhoneer, obwohl sie die Zweckökonomie durch eine konsequente Skepsis zu erreichen trachten, rechtfertigen zumindest mittelbar eine tugendhaftes Leben. Denn aus ihrer Skepsis ergibt sich als oberste Lebensregel das Weitermachen wie bisher und folglich auch das Weiterbefolgen der bisherigen Tugendvorstellungen.[11]

3. Versuch einer modernen Moralbegründung

3.1 Revisionen

Diese antike Möglichkeit der Moralbegründung ging erst verloren, als sich in der Neuzeit die Überzeugung durchsetzte, die Natur lasse sich mit techni-

[11] S. das Genauere in M. Hossenfelder, *Stoa, Epikureismus und Skepsis*, 2. Auflage, München (Beck) 1995 (*Geschichte der Philosophie*, hg. v. W. Röd, Bd. 3).

schen Mitteln beherrschen, so daß eine Zweckökonomie, wie sie die Hellenisten propagiert hatten, nicht mehr einsichtig blieb. Da sich die Natur den Zwecken des Menschen anpassen ließ, durfte jeder beliebige Ziele verfolgen, in deren Erreichung er sein Glück fand, mit der Konsequenz, daß allgemeine Glücksregeln nicht mehr angebbar waren. Für die Moralbegründung war das zunächst deshalb nicht empfindlich, weil der antike Eudämonismus durch die christliche Glaubenslehre ersetzt werden konnte, so daß die moralischen Forderungen mit dem Willen Gottes gerechtfertigt wurden. Je größer aber der Glaubensschwund wurde, desto mehr begannen die moralischen Forderungen in der Luft zu hängen, so daß die heutige Notlage entstand. Um aus ihr herauszugelangen, scheint mir der beste Weg, sich auf den antiken Eudämonismus rückzubesinnen, und zwar so, daß man den individualistischen Egoismus des Hellenismus mit den Kosmosvorstellungen der Klassik verbindet, indem man zeigt, daß eine allgemeine Zweckordnung im eigenen Interesse jedes Einzelnen liegt.

Der Egoismus ist allemal die beste Grundlage für die Begründung praktischer Regeln. Wenn man nachweist, daß eine Verhaltensweise Bedingung des eigenen Glücks ist, ist man aller Motivationsprobleme ledig. Bereits Platon stellt fest, daß die Frage, warum einer sein eigenes Glück erstreben solle, sinnlos sei.[12] Auch läßt sich für jede beliebige Tat ein egoistisches Motiv denken, während es unmöglich ist, irgendein unbezweifelbares Beispiel altruistischen Verhaltens zu geben. Das räumen selbst die glühendsten Verfechter des Altruismus ein. Freilich läßt sich der hellenistische Weg der egoistischen Moralbegründung nicht mehr gehen, weil er nicht zwingend ist. Das zeigt der alternative Weg der Neuzeit, der durchaus auch in der Konsequenz des hellenistischen Ansatzes liegt. Die hellenistischen Denker machten empirische Voraussetzungen, die nicht jedem einleuchten müssen. Genauso wenig allgemeinüberzeugend sind natürlich die metaphysischen Voraussetzungen der Klassik, aber eine Verbindung beider Ansätze läßt den Makel verschwinden. Dabei kann man durchaus an unseren heutigen Glücksbegriff anknüpfen.

3.2 Alle Menschen streben nach Glück

Ich hatte gesagt, daß wir bei Glück zuerst an ein besonderes Hochgefühl denken. Es ist aber offenbar kein beliebiges Hochgefühl. Fragt man nämlich nach der Art dieses Gefühles, so wird man in den meisten Fällen zur Antwort erhalten, daß es ein Gefühl der Zufriedenheit sei. Das ist sicher auch noch die Nachwirkung des Hellenismus, und so läßt sich auch die Glücksdefinition, die ich für die Antike vorgeschlagen hatte, beibehalten. Denn zufrieden ist man, wenn man alles bekommt, was man will. Das Glück besteht also in der Verwirklichung aller eigenen Zwecke.

[12] Platon, *Gastmahl*, 205 a.

Das angenommen, wird die Behauptung, daß alle Menschen nach Glück streben, zu einem analytischen und daher *a priori* gewissen Satz. Denn Glück bedeutet das Erreichen aller eigenen Zwecke. Eigener Zweck aber bedeutet dasjenige, dessen Wirklichkeit ich tatsächlich erstrebe, das Ziel meines Handelns ist, im Unterschied zum bloßen Wunsch, der sich z.B. auch auf Unmögliches richten kann. Es gilt also analytisch, daß jeder seine Zwecke erreichen will; denn, wenn er es nicht wollte, wären sie *per definitionem* nicht seine Zwecke. Da nun im Erreichen der Zwecke das Glück besteht, so ist der Satz, daß alle Menschen nach Glück streben, keine bloße empirische Feststellung, sondern er wird auf diese Weise zu einer Tautologie.

3.3 Allgemeine Zweckharmonie als Bedingung des Glücks

Ich behaupte nun, daß sich daraus, ebenfalls auf analytischem Wege, moralische Forderungen allgemeingültig begründen lassen. Es läßt sich nämlich zeigen, daß eine bestimmte Zweckordnung Bedingung der eigenen Glückseligkeit ist. Diese Ordnung wird daher nicht, wie die der Klassiker, aufgrund metaphysischer Annahmen, die nicht alle Menschen teilen müssen, postuliert, vielmehr läßt sich nachweisen, daß alle Menschen sie tatsächlich erstreben. Und zwar ist es diejenige Ordnung, die im liberalistischen Rechtsbegriff gedacht wird, dessen klassische Definition Kant gibt:[13]

> Das Recht ist also der Inbegriff der Bedingungen, unter denen die Willkür des einen mit der Willkür des andern nach einem allgemeinen Gesetze der Freiheit zusammen vereinigt werden kann.

Ist dies das Ziel, dann ergibt sich das entsprechende Rechtsgesetz, das Kant so formuliert:[14]

> Handle äußerlich so, daß der freie Gebrauch deiner Willkür mit der Freiheit von jedermann nach einem allgemeinen Gesetze zusammen bestehen könne.

Kant selbst meint zwar, daß dieses Gesetz keines Beweises fähig sei. Ich glaube aber, daß er sich darin irrt. Zum Beweis gehe ich aus von dem genannten Begriff des Zwecks, aus dem analytisch folgt, daß jeder seine Zwecke erreichen will. Sodann gilt: Wer den Zweck will, will auch das dazu unentbehrlich notwendige Mittel. Auch dieser Satz ist – wie Kant herausgestellt hat[15] –, was das Wollen betrifft, analytisch. Das hängt ebenfalls am Begriff des Zwecks, der eben dasjenige meint, was ich tatsächlich zu verwirklichen strebe; das aber geht nicht, ohne die notwendigen Mittel zu ergreifen. Natürlich kann ich im

13 I. Kant, *Metaphysik der Sitten*, IV, 337.

14 I. Kant, *Metaphysik der Sitten*, IV, 338.

15 I. Kant, *Grundlegung zur Metaphysik der Sitten*, IV, 46f.

Zuge meines Handelns Mittel als unentbehrlich entdecken, die ich, etwa aus moralischen Gründen, ablehne, jedoch gebe ich dann mit diesen Mitteln auch meinen Zweck auf, der allenfalls als bloßer Wunsch fortbestehen kann. Wenn jemand feststellt, daß das absolut einzige Mittel, sein Haus zu finanzieren, ein Bankraub wäre, den er ablehnt, gibt er damit sein Bauvorhaben auf, obgleich er sich natürlich weiterhin ein Haus wünschen kann.

Zu den Mitteln nun zählen nicht nur die Dinge, die die Verwirklichung des Zwecks unmittelbar befördern, sondern auch diejenigen, die ein entgegenstehendes Hindernis beseitigen oder vermeiden lassen; denn für die Verwirklichung ist die Vermeidung dessen, was sie verhindert, unentbehrlich notwendig. Welches im einzelnen die geeigneten Mittel sind, hängt von den jeweiligen Zwecken ab, und es herauszufinden, verlangt in der Regel empirische Erkenntnis. *Ein* Hindernis jedoch betrifft *alle* Zwecke und ist *a priori* einsichtig: der Fall, daß sie einander widersprechen. Wenn er eintritt, wenn sich im Verlauf meines Wirkens herausstellt, daß ich eine Sache sowohl tun als auch lassen will, dann muß ich einen meiner Zwecke aufgeben, weil ich nicht beide verwirklichen kann. Folglich ist es ein notwendiges Mittel zur Erreichung meiner Zwecke, daß sie miteinander verträglich sind. Und dies gilt nicht nur für die eigenen Zwecke untereinander, sondern nicht minder für ihr Verhältnis zu den Zwecken der anderen. Insofern nämlich auch ein Konflikt mit den Zwecken anderer möglich ist, tritt dieselbe Situation ein: Von Zwekken, die einander widerstreiten, so daß die Verwirklichung des einen die der anderen ausschließt, kann nur einer beibehalten, alle anderen müssen aufgegeben werden, gleichgültig, ob eine oder mehrere Personen beteiligt sind. Wenn zwei denselben Picasso wollen, muß einer zurückstecken. Es ist also eine notwendige Bedingung zur Verwirklichung aller Zwecke, daß sie nicht konfligieren, sondern daß alle Zwecke aller miteinander verträglich sind.

Das läßt sich, wenn man nur auf das Resultat der Verträglichkeit schaut, auch Kantisch so formulieren, daß der freie Gebrauch der Willkür mit der Freiheit von jedermann zusammen bestehen können muß. Damit hätte man den einen Teil des Kantischen Rechtsgesetzes deduziert.

3.4 Gerechtigkeit als Bedingung des Glücks

Es ist jedoch noch nichts darüber ausgesagt, auf welche Art nun die allgemeine Zweckharmonie zustande zu bringen sei. Schließlich könnte man sagen, daß auch ein Diktator Zweckharmonie schaffe, indem er alle Zwecke, die mit den seinen nicht übereinstimmten, unterdrücke. Kant sagt, die Zwecke müßten „nach einem allgemeinen Gesetze“ zusammen bestehen können. Er erläutert und begründet dies nicht näher, aber wenn man es so versteht, daß ein für alle gleichermaßen geltendes Gesetz zu befolgen sei, dann ergibt es sich, wie ich meine, zwingend daraus, daß die Harmonie *alle* Zwecke *aller* umfassen soll, damit grundsätzlich jede Konfliktmöglichkeit ausgeschaltet ist; denn das bedeutet, daß die Regeln, nach denen die Harmonie herzustellen ist, für alle gleichermaßen Gültigkeit besitzen müssen.

Freilich scheint das auch auf die Erlasse des Diktators zuzutreffen, da er alle Bestrebungen, die ihnen zuwiderlaufen, ausnahmslos unterdrückt. Allein man muß berücksichtigen, daß es um eine Harmonie der *Zwecke* geht. Auf diese aber hat der Diktator keinen Einfluß. Er kann allenfalls eine Harmonie der äußeren Handlungen erreichen, nicht aber eine solche der Zwecke; denn im Gegensatz zu äußeren Handlungen lassen sich Zwecke nicht unterdrükken, sondern nur freiwillig aufgeben. So kann der Diktator z.B. den Mann, der ihn stürzen will, in den Kerker werfen und ihn so an der Ausführung seines Vorhabens hindern. Das besagt jedoch nicht, daß der Rebell seinen Plan aufgibt. Er kann ihn weiter hegen und bei nächstbester Gelegenheit wiederum die Verwirklichung versuchen. Wenn also die Zwecke harmonisiert werden sollen, so ist dies nur so denkbar, daß die Regeln, nach denen es geschehen soll, von allen *freiwillig* gebilligt werden. Damit hätte man auch den zweiten Teil des Kantischen Rechtsgesetzes abgeleitet: daß die Zweckharmonie „nach einem allgemeinen Gesetze der Freiheit“ herzustellen ist.

Falls diese Überlegungen zutreffen, dann ist also die Befolgung des Rechtsgesetzes, wie etwa Kant es formuliert, Bedingung des Glücks jedes Einzelnen, und die moralische Forderung der Gerechtigkeit[16] ist keine unbedingte, die sich in einem kategorischen, in seiner Unbedingtheit unverständlichen Imperativ ausdrückt, sondern eine bedingte, die einen hypothetischen, jedem verständlichen Imperativ ergibt: Wenn du glücklich werden willst, handle gerecht. Trotz ihrem hypothetischen Charakter gilt diese Forderung allgemein für jedermann, weil sie analytisch ist; denn daß alle Menschen nach Glück streben und daher eine allgemeine Zweckharmonie wollen, gilt analytisch (s.o.). Die Frage nach dem Motiv bietet somit keine Schwierigkeit mehr; denn wenn jemand fragt, warum er gerecht handeln solle, so ist die Antwort leicht gegeben: weil er es ohnehin schon will.

Das sieht nun freilich so aus, als ob alle Menschen stets gut handelten, weil sie, als zwecktätige Wesen, es notwendig täten. Um daher nicht einer weltfremden Träumerei bezichtigt zu werden, ist eine Einschränkung zu machen. Unausweichlich und für jeden leicht einzusehen gilt, daß eine Zweckharmonie hergestellt werden muß. Und es gilt nicht minder, daß eine Zweckharmonie nur „nach einem allgemeinen Gesetze der Freiheit“ zu erreichen ist. In diesem Punkte könnten indessen jemandem Zweifel kommen, der auf den augenscheinlichen Erfolg der vielen Übeltäter, kleinen und großen Stils, in

[16] Zum Verhältnis von Recht und Moral vgl. M. Hossenfelder: „Sind die Guten glücklich? Überlegungen zu unseren Begriffen von Glück und Moral“, in: K. Salamun (Hrsg.), *Geistige Tendenzen der Zeit. Perspektiven der Weltanschauungstheorie und Kulturphilosophie. Ernst Topitsch zum 75. Geburtstag gewidmet*, Frankfurt/M. u.a. (Lang) 1996, S. 298ff.

der Welt blickt. Hat nicht der Dieb, der nicht erwischt wird, seinen Zweck erreicht, und hat nicht Stalin bis zu seinem natürlichen Tode die halbe Welt unterjocht? Ohne jetzt darüber rechten zu wollen, ob es sich aus der Sicht der Betreffenden um wirkliche Erfolge gehandelt hat, sei daran erinnert, daß ein Mann wie Stalin keine Harmonie der Zwecke, sondern allenfalls eine der äußeren Handlungen herstellen konnte, so daß er sich dauernd bedroht fühlen mußte (was er auch, bis zum Verfolgungswahn, tat). Wer seine Zwecke mit Gewalt durchzusetzen versucht, sollte also bedenken, daß dies allenfalls teilweise gelingen kann. Die einzige Chance, alle seine Zwecke (einschließlich der künftigen) zu verwirklichen, ist die Befolgung des Rechtsgesetzes. Aber das mögen ungeduldige Naturen vielleicht nicht sogleich einsehen, und so erklären sich die Rechtsbrüche.

3.5 Folgerungen: Gleichheit und Freiheit

Aus dem allgemeinen Rechtsgesetz lassen sich nun konkrete Forderungen ableiten. Ich kann dies hier nicht mehr ausführen,[17] möchte nur zum Schluß ganz kurz zwei Beispiele geben, um dem Vorwurf vorzubeugen, der gegen Kants kategorischen Imperativ immer wieder erhoben wird, daß es sich um ein völlig leeres Gesetz handle, aus dem sich keinerlei konkrete Pflichten ableiten ließen. So lassen sich mit dem hier begründeten Rechtsgesetz z.B. zwei Forderungen rechtfertigen, die stets an vorderster Stelle der Menschenrechte genannt, aber nie überzeugend begründet werden: die der *Gleichheit* und die der *Freiheit*. Prinzip des Rechts ist die Verhinderung von Zweckkonflikten. Ein echter Konflikt tritt aber nur dann auf, wenn die Zwecke gleichrangig sind. Wenn ich während meiner Überlegungen feststelle, daß ein Zweck, den ich verfolge, einem anderen meiner Zwecke zuwiderläuft, der ihm übergeordnet ist, so entsteht kein wirklicher Konflikt, weil klar ist, daß ich den untergeordneten aufgebe. Ebenso verhält es sich, wenn mehrere Personen beteiligt sind. Sofern alle Beteiligten sich darüber einig sind, daß eine Rangordnung unter den Zwecken besteht, gibt es keinen wirklichen Konflikt. Denn daß jemand den einen Zweck höher bewertet als den anderen, bedeutet nichts anderes, als daß er im Konfliktfalle den einen verwirklicht sehen möchte, den anderen nicht. Es bedarf für diesen Fall also keines besonderen Gesetzes als Rechtsgesetzes. Das Recht bezieht sich somit nur auf gleichrangige Zwecke, das heißt, daß vor dem Recht alle Zwecke gleich sind, und das wiederum heißt, daß grundsätzlich alle die gleichen Rechte haben. Aus dem Grundsatz der Gleichheit läßt sich dann der der Freiheit ableiten. Denn wenn alle Zwek-

[17] Vgl. M. Hossenfelder: „Der Liberalismus als Naturrecht im Anschluß an Kant", in: L. Kreimendahl (Hrsg.), *Aufklärung und Skepsis. Studien zur Philosophie und Geistesgeschichte des 17. und 18. Jahrhunderts. Günter Gawlick zum 65. Geburtstag*, Stuttgart-Bad Cannstatt (Frommann-Holzboog) 1995, S. 130ff.

ke gleichberechtigt sind, dann hat niemand das Recht, mich an der Verfolgung meiner Zwecke, solange sie sich im Rahmen der allgemeinen Zweckharmonie bewegen, zu hindern oder mich zu etwas zu nötigen, das ich nicht will.

Angaben zu den Autoren

Günther Bien: geb. 1936; Studium der Philosophie, Klassischen Philologie, Soziologie und Mathematischen Logik; Promotion 1968; Habilitation 1969; seit 1976 Professor für Philosophie an der Universität Stuttgart, Honorarprofessor an der Universität Ulm.

Buchveröffentlichungen: *Historisches Wörterbuch der Philosophie* (Mithrsg.), Darmstadt 1971; *Aristoteles, Nikomachische Ethik*, Hamburg 1972; *Die Grundlegung der politischen Philosophie bei Aristoteles*, Freiburg 1973; *Alber-Reihe Praktische Philosophie* (Mithrsg.), 1975ff.; *Die Frage nach dem Glück* (Hrsg. und Mitverf.) Stuttgart 1978; *Die politische Philosophie des Aristoteles*, Hagen 1981; *Aristoteles, Politik* (Hrsg.), Hamburg 1981; *'Natur' im Umbruch* (Mithrsg.) Stuttgart 1994; *Grundpositionen philosophischer Ethik*, Stuttgart u.a. 1997.

Dieter Birnbacher: geb. 1946; Studium der Philosophie, Anglistik und Allgemeinen Sprachwissenschaft in Düsseldorf, Cambridge/G.B. und Hamburg; Promotion in Philosophie 1973; Wiss. Ass. an den Universitäten Hannover und Essen; Akademischer Rat 1978; Habilitation 1988; 1993-96 Professor für Philosophie an der Universität Dortmund; seit 1996 Professor für Philosophie an der Universität Düsseldorf.

Buchveröffentlichungen: *Die Logik der Kriterien. Analysen zur Spätphilosophie Wittgensteins*, Hamburg 1974; *Texte zur Ethik* (Mithrsg.), München 1976; *John Stuart Mill: Der Utilitarismus* (Hrsg.), Stuttgart 1976; *Was braucht der Mensch um glücklich zu sein? Bedürfnisforschung und Konsumkritik* (Mithrsg.), München 1979; *Ökologie und Ethik* (Hrsg.), Stuttgart 1980; *Glück. Arbeitstexte für den Unterricht* (Hrsg.), Stuttgart 1983; *John Stuart Mill: Drei Essays über Religion* (Hrsg.), Stuttgart 1984; *Sprachspiel und Methode. Zum Stand der Wittgenstein-Diskussion* (Mithrsg.), Berlin-New York 1985; *Medizin-Ethik* (Hrsg.), Hannover 1986; *Verantwortung für zukünftige Generationen*, Stuttgart 1988; *Verantwortung für die Natur* (Mithrsg.), Hannover 1988; *Die Zukunft der Arbeit* (Mithrsg.), Hannover 1990; *Tun und Unterlassen*, Stuttgart 1995; *Schopenhauer in der Philosophie der Gegenwart* (Hrsg.), Würzburg 1996; *Ökophilosophie* (Hrsg.), Stuttgart 1997.

Maximilian Forschner: geb. 1943; Studium der Theologie in Dillingen a.d. Donau und München (1962-67) und der Philosophie in München (1967-72); Promotion in Philosophie 1972; Wiss. Ass. an den Universitäten Augsburg und Erlangen-Nürnberg; Habilitation 1980; Lehrstuhlvertretungen in Heidelberg und Erlangen; 1982-85 Professor für Philosophie an der Universtität Osnabrück; seit 1985 Professor für Philosophie in Erlangen.

Buchveröffentlichungen: *Gesetz und Freiheit. Zum Problem der Autonomie bei Immanuel Kant*, München 1974; *Rousseau*, Freiburg-München 1974; *Die stoische Ethik. Über den Zusammenhang von Natur-, Sprach- und Moralphilosophie im altstoischen System*, Stuttgart 1981, 2. Aufl. Darmstadt 1995; *Mensch und Gesellschaft. Grundbegriffe der Sozialphilosophie*, Darmstadt 1989; *Über das Glück des Menschen.*

Aristoteles, Epikur, Stoa, Thomas v. Aquin, Kant, Darmstadt 1993; *Über das Handeln im Einklang mit der Natur*, Darmstadt 1998.

Malte Hossenfelder: geb. 1935; Studium der Philosophie und Klassischen Philologie in Tübingen und Hamburg 1955-60; Staatsexamen in Griechisch und Latein 1961; Promotion in Philosophie 1964; Habilitation 1973; Professor für Philosophie an der Universität Münster 1976-91; seit 1991 Professor an der Universität Graz.

Buchveröffentlichungen: *Sextus Empiricus, Grundriß der pyrrhonischen Skepsis. Einleitung und Übersetzung*, Frankfurt/M. 1968, 3. Aufl. 1993; *Kants Konstitutionstheorie und die Transzendentale Deduktion*, Berlin-New York 1978; *Stoa, Epikureismus und Skepsis (Geschichte der Philosophie, hg. v. W. Röd, Bd. III)*, München 1985, 3. Aufl. 1995; *Epikur*, München 1991, 2. Aufl. 1998; *Antike Glückslehren. Kynismus und Kyrenaismus. Stoa, Epikureismus und Skepsis. Quellen in deutscher Übersetzung mit Einführungen*, Stuttgart 1996.

Hans Krämer: geb. 1929; Studium der Philosophie, Klassischen Philologie und Germanistik in Tübingen und München; Promotion 1957; Habilitation 1963; seit 1970 Professor für Philosophie an der Universität Tübingen; Gastprofessur Universität Wien 1995.

Buchveröffentlichungen (Auswahl): *Arete bei Platon und Aristoteles*, 2. Aufl. Amsterdam 1967; *Platonismus und hellenistische Philosophie*, Berlin 1971; *Plädoyer für eine Rehabilitierung der Individualethik*, Amsterdam 1983; *Platone e i fondamenti della metafisica*, 5. Aufl. Milano 1993 (englisch: 1990, spanisch: 1996, kroatisch: 1997); *Integrative Ethik*, Frankfurt/M. 1992, 1995; *Überlegungen zu einer Anthropologie der Kunst*, Tübingen 1994.

Gregor Paul: geb. 1947; Studium der Philosophie, Mathematik und Germanistik an den Universitäten Tübingen, Heidelberg und Mannheim; Wissenschaftliches Staatsexamen 1971; Pädagogisches Staatsexamen 1974; Promotion Philosophie 1976; Habilitation Philosophie 1983; 1971-79 Gymnasiallehrer (OStR), 1979-93 DAAD-Lektorate, Associate-Professuren und Gast-Professuren in Japan und der VR China; seit 1993 apl. Prof. für Philosophie an der Universität Karlsruhe und Wissenschaftlicher Berater des Hauses der Japanischen Kultur in Düsseldorf.

Buchveröffentlichungen: *Die Kantische Geschmacksästhetik als Philosophie der Kunst*, Mannheim 1976; *Lehrbuch Philosophie* (Mithrsg.), Frankfurt/M. u.a. 1980; *Asien und Europa - Philosophien im Vergleich*, Frankfurt/M. u.a. 1984; *Der Mythos von der modernen Kunst*, Stuttgart 1985; *Die Aktualität der klassischen chinesischen Philosophie*, München 1987; *Klischee und Wirklichkeit japanischer Kultur* (Hrsg.), Frankfurt/M. u.a. 1987; *Mythos, Philosophie und Rationalität*, Frankfurt/M. u.a. 1988; *Aspects of Confucianism*, Frankfurt/M. 1990, *Philosophie in Japan*, München 1993; *Epistemological Issues in Classical Chinese Philosophy* (Mithrsg.), Albany 1993; *Traditionelle chinesische Kultur und Menschenrechtsfrage* (Mithrsg.), Baden-Baden 1997; *Abiturwissen Philosophische Ästhetik*, Stuttgart 1998; Mithrsg. von: *Horin. Vergleichende Studien zur japanischen Kultur*; *Buddhismus-Studien*; *Deutsche Uebersetzungen buddhistischer Klassiker*.

Annemarie Pieper: geb. 1941; Studium der Philosophie, Anglistik und Germanistik an der Universität Saarbrücken (1960-67); Promotion in Philosophie 1967; Habilitation an der Universität München 1972; 1972-1981 Universitätsdozentin/Professorin für Philosophie an der Universität München; seit 1981 Professorin für Philosophie an der Universität Basel.

Buchveröffentlichungen: *Geschichte und Ewigkeit bei Sören Kierkegaard*, Meisenheim 1968; *Sprachanalytische Ethik und praktische Freiheit*, Stuttgart 1993; *Pragmatische und ethische Normenbegründung*, Freiburg-München 1979; *Albert Camus*, München 1984; *Ethik und Moral*, München 1985; *'Ein Seil geknüpft zwischen Tier und Übermensch'. Philosophische Erläuterungen zu Nietzsches erstem 'Zarathustra'*, Stuttgart 1990; *Die Macht der Freiheit* (Hrsg.), Zürich 1990; *Einführung in die Ethik*, Tübingen 1991; *Geschichte der neueren Ethik, 2 Bde.* (Hrsg.), Tübingen 1992; *Aufstand des stillgelegten Geschlechts. Einführung in die feministische Ethik*, Freiburg u.a. 1993; *Die Gegenwart des Absurden. Studien zu Albert Camus* (Hrsg.), Tübingen 1994; *Was sollen Philosophen lesen?* (Mitverf.), Berlin 1994; *Aristoteles*, München 1995; *F.W.J. Schelling, Über das Wesen der menschlichen Freiheit* (Mithrsg.), Berlin 1995; *Selber denken. Anstiften zum Philosophieren*, Leipzig 1997; *Gut und Böse*, München 1997.

Wilhelm Schmid: geb. 1953; Studium der Philosophie und Geschichte in Berlin, Tübingen und Paris; Promotion in Tübingen; Habilitation in Erfurt; Privatdozent in Erfurt; Gastdozent in Riga/Lettland und Tbilissi/Georgien; lebt in Berlin.

Buchveröffentlichungen: *Die Geburt der Philosophie im Garten der Lüste*, Frankfurt/M. 1987; *Wege zu Edgar Degas* (Hrsg.), München 1988; *Denken und Existenz bei Michel Foucault* (Hrsg.), Frankfurt/M. 1991; *Auf der Suche nach einer neuen Lebenskunst*, Frankfurt/M. 1991; *Was geht uns Deutschland an? Ein Essay*, Frankfurt/M. 1993; *Philosophie der Lebenskunst - Eine Grundlegung*, Frankfurt/M. 1998.

Joachim Schummer: geb. 1963; Studium der Chemie, Philosophie, Soziologie und Kunstgeschichte an den Universitäten Bonn und Karlsruhe; Chemie-Diplom 1990; *Magister Artium* 1991; Promotion in Philosophie 1994; 1990-95 Dozent für Chemie und Umweltchemie an der Berufsakademie Karlsruhe; seit 1993 Wissenschaftlicher Angestellter am Institut für Philosophie der Universität Karlsruhe.

Buchveröffentlichungen: *Realismus und Chemie. Philosophische Untersuchungen der Wissenschaft von den Stoffen*, Würzburg 1996; *Philosophie der Chemie - Bestandsaufnahme und Ausblick* (Mithrsg.), Würzburg 1996; Hrsg. von *HYLE - An International Journal for the Philosophy of Chemistry*.

Martin Seel: geb. 1954; Studium der Germanistik, Philosophie und Geschichte in Marburg und Konstanz; Promotion 1984, Habilitation 1990 in Konstanz; 1992 Professor für Philosophie an der Universität Hamburg; seit 1995 Professor für Philosophie an der Justus-Liebig-Universität Gießen.

Buchveröffentlichungen: *Die Kunst der Entzweiung. Zum Begriff der ästhetischen Rationalität*, Frankfurt/M. 1985; *Eine Ästhetik der Natur*, Frankfurt/M. 1991; *Versuch über die Form des Glücks*, Frankfurt/M. 1995; *Ethisch-ästhetische Studien*, Frankfurt/M. 1996.

Namenregister